U0851725

高等职业教育教材

铁路客运组织

李　丹　王淑霞◎主编
吴宝晖◎主审

中国铁道出版社有限公司

2025年·北京

内 容 简 介

本书是高等职业教育铁道交通运营管理专业教材，主要包括确定铁路客运运价、办理旅客运输业务、运输行李、旅客运输计划及站车工作组织、铁路客运安全与管理、铁路客运应急处置、路内运输、铁路国际旅客联运 8 个项目。本书采用项目—任务的编写体例，每个任务设置任务引入、知识链接、德育天地、任务布置、任务实施、任务评价、学生反思等模块，引导学生更好地完成工作任务。

本书适合作为高等职业院校铁道交通运营管理专业教材，也可供从事铁路客运工作的干部、职工学习、参考。

图书在版编目(CIP)数据

铁路客运组织 / 李丹，王淑霞主编. -- 北京 ：中国铁道出版社有限公司，2024. 12. --（高等职业教育教材）. -- ISBN 978-7-113-30779-0

Ⅰ. U293.1

中国国家版本馆 CIP 数据核字第 2024TU1401 号

书　　名：铁路客运组织
作　　者：李　丹　王淑霞

责任编辑：悦　彩　　**编辑部电话：**(010)51873206　　**电子邮箱：**sxyuecai@163.com
封面设计：刘　莎
责任校对：刘　畅
责任印制：樊启鹏

出版发行：中国铁道出版社有限公司(100054，北京市西城区右安门西街 8 号)
网　　址：https://www.tdpress.com
印　　刷：河北宝昌佳彩印刷有限公司
版　　次：2024 年 12 月第 1 版　2024 年 12 月第 1 次印刷
开　　本：787 mm×1 092 mm 1/16　**印张：**15.75　**字数：**325 千
书　　号：ISBN 978-7-113-30779-0
定　　价：48.00 元

版权所有　侵权必究

凡购买铁道版图书，如有印制质量问题，请与本社读者服务部联系调换。电话：(010)51873174

打击盗版举报电话：(010)63549461

前言

铁路运输关系国计民生，而旅客运输在铁路运输中占据着重要地位。要更好地服务国家战略，顺应未来铁路运输业发展趋势，需要培养大量高素质技术技能型铁道运输类专业人才。“铁路客运组织”是铁道交通运营管理专业核心课程，在培养专业技术人才方面起着重要作用。

本教材紧紧围绕高职教育的培养目标，本着“以能力为本位，以实践为基础，以学生为主体”的基本理念进行编写。其特点如下：

(1)德育先行，素养引领。

教材落实立德树人根本任务，秉承“课程思政”理念，每个任务均设置“德育天地”栏目，运用铁路职工先进事迹、铁路站段真实工作案例等，将专业知识与思政元素巧妙融合，培养学生的爱国情怀和铁路职业操守，树立学生“人民铁路为人民”的服务意识。

(2)校企双元，紧随前沿。

教材编写团队由校企双元组成。编写团队深入铁路运输一线进行调研，使教材内容及各项目、各任务的设置紧贴企业实际。教材中运用了最新的铁路客运规章，吸收了铁路旅客运输的新技术、新工艺和新设备。

(3)项目引领，任务驱动。

教材基于铁路客运组织工作过程，对教学内容进行构建，包括8个项目、29个任务。每个项目包括项目导读、学习目标、学习工具、若干个任务、知识拓展、巩固提升等内容，每项任务设置了任务引入、知识链接、德育天地、任务布置、任务实施、任务评价、学生反思等模块，引导学生按照工作流程完成工作任务，掌握相关知识和技能，并在反思中不断提升。

(4)数字资源，辅助学习。

教材配备有丰富的数字资源，包括微课、动画、课件等，可通过注册、登录智慧职教平台或联系编辑部获取、学习。

教材由山西铁道职业技术学院李丹、赵爱威、邢祥焕、李娟、曹健、吕航，大秦铁路股份有限公司太原职工培训基地王淑霞，中国铁路太原局集团有限公司董雅敬共同编写。李丹、王淑霞担任主编,中国铁路北京局集团有限公司吴宝晖担任主审,赵爱威、董雅敬、邢祥焕、李娟、曹健、吕航参与编写。具体分工如下:李丹编写项目1;王淑霞编写项目2;李娟编写项目3;赵爱威编写项目4;吕航编写项目5;邢祥焕编写项目6;董雅敬编写项目7;曹健编写项目8。

编写过程中参阅了许多相关教材和资料,在此谨向这些教材和资料的作者致谢!

由于编者水平有限,书中难免存在一些疏漏和不妥之处,敬请读者批评指正。

编　者

2024年9月

目　录

项目1　确定铁路客运运价

项目导读

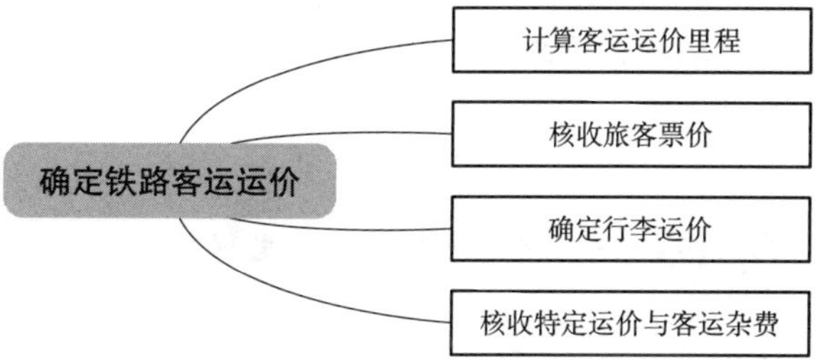

学习目标

1. 知识目标

(1)了解《全国铁路客运运价里程接算站示意图》。

(2)掌握旅客票价制定原理。

(3)理解确定行李运价的原理及方法。

(4)了解特定运价核收规定。

(5)掌握客运杂费核收标准。

2. 技能目标

(1)能运用《铁路客运运价里程表》计算客运运价里程。

(2)能计算旅客票价。

(3)能计算行李运价。

(4)能运用《铁路客运运价里程表》《铁路旅客票价表》《行李包裹运价表》查找旅客票价和行李运价。

3. 素养目标

(1)树立人民铁路为人民的服务意识。

(2)培养坚韧不拔、永不放弃的铁路职业精神。

(3)坚守初心,彰显铁路担当精神。

学习工具

《铁路客运运价里程表》《铁路旅客票价表》《行李包裹运价表》。

<table>
<tr><td rowspan="3">任务1　计算客运运价里程</td><td>编号</td><td>XM1-1</td></tr>
<tr><td>岗位</td><td>铁路客运员、列车员</td></tr>
<tr><td>技能点</td><td>运用《铁路客运运价里程表》确定客运运价里程</td></tr>
</table>

任务引入

李某在太原一家教育培训公司工作，公司派他去北京洽谈业务。他乘坐的列车从太原出发，终到北京(经过原平)。

请思考：

如何确定太原到北京(经原平)这段线路的运价里程呢?

知识链接

1.1.1　客运运价里程计算依据

客运运价里程包括旅客票价里程和行李、包裹运价里程两部分。旅客票价里程指计算旅客票价所应用的里程，行李、包裹运价里程指计算行李、包裹运价所应用的里程。

全路的客运运价里程以《铁路客运运价里程表》为计算依据。发到站间跨及两条及其以上线路时，应按规定的接算站接算；通过轮渡时，应将规定的轮渡里程加入运价里程内计算。

旅客票价里程，按旅客乘车的实际径路计算。行李、包裹运价里程，按行李、包裹实际运送的径路计算。

计算旅客票价，行李、包裹运价，除考虑实行票价、运价区段外，还需考虑运输成本及分流等问题，因此对票价、运价的计算规定了起码里程：客票为20 km，空调票为20 km，加快票为100 km，卧铺票为400 km(特殊区段另有规定者除外)，行李为20 km，包裹为100 km。

国家铁路、合资铁路、地方铁路及特殊运价区段间相互办理直通过轨运输时，应分别按各段里程计算客运运价，加总核收。国家铁路涉及几个区段时，里程采取通算。上述各段由于分段计算，有不足起码里程区段时，按起码里程计算，但卧铺票价按表1-1所列比例计算。

表1-1　400 km卧铺票价比例计算表

里程/km	占400 km卧铺票价的比例/%	里程/km	占400 km卧铺票价的比例/%
1～100	25	201～300	75
101～200	50	301～400	100

1.1.2 《铁路客运运价里程表》使用说明

1. 认识“里程表”

“里程表”从左至右由六部分组成，示例见表1-2。

(1)企业简称栏。

(2)站名栏。里程栏的站名。

(3)本线里程栏。

(4)行政区划栏。表明该站所属的行政区域。

(5)接续线名栏。

(6)备注栏。

表1-2 太中线里程表

太中线(摘录) 太原南—中卫

企业简称	站名	本线里程		行政区划	接续线名	备注
		太原南	中卫			
1	2	3	4	5	6	7
太	⊗ 太原南	—	739	晋	接石太客专、大西高速线，郑太客专	
	⊗ 清徐	49	690	晋		
	⊗ 交城	60	679	晋		
	⊗ 文水	74	665	晋		
	⊗ 汾阳	91	648	晋		
	⊗ 吕梁	173	566	晋	接吕临线	
	⊗ 柳林南	198	541	晋		

2. 查找发、到站

(1)当能确切知道所查发、到站的所属线路时，可从“线名排序索引表”或“线名音序索引表”中，查出该站所属线在“里程表”的页码，再到里程表中查相关发、到站，如图1-1(a)所示。

(2)当不能确切知道所查发、到站的所属线路时，可从“站名首字笔画索引表”中查出该站在“站名索引表”的页码，再到“站名牵引表”查出该站在“里程表”的页码，最后到“里程表”中查到该站。或者直接从“站名索引表”中查出该站在“里程表”的页码，然后到“里程表”查出该站，如图1-1(b)所示。

3. 确认有无营业办理限制

查出到站后，应首先确认该站有无营业办理限制。各站的营业办理限制，在各站名前用不同符号表示：

※ 旅客乘降所，只办理旅客乘降业务。

⊗ 不办理行李和包裹业务的车站。

◎ 不办理包裹业务的车站。

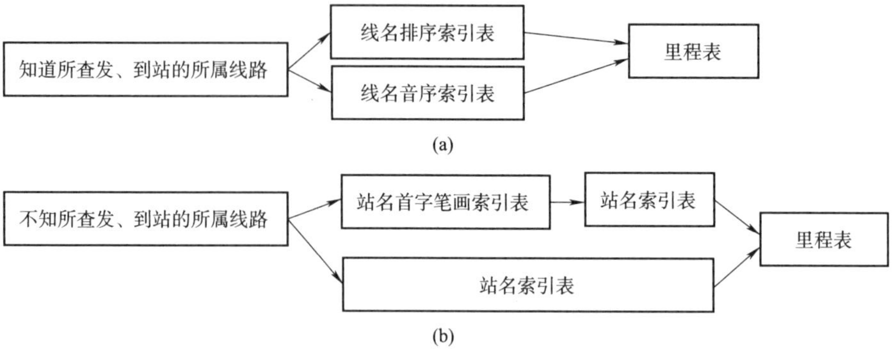

图 1-1 《铁路客运运价里程表》发、到站查找方法

△ 不办理客运业务的线路连接点车站。

4. 客运运价里程径路计算规定

径路:列车由始发站出发至终到站所经由的铁路线路。

5. 确定接算站

所谓规定的接算站,就是为了将发、到站间跨及两条以上不同的线路衔接起来,进行里程加总计算票价和运价所规定的接算衔接点。

在《全国铁路客运运价里程接算站示意图》中,接算站用红色圆圈表示。在《铁路客运运价里程表》中,接算站站名用黑体字印刷,站名下部印有黑色横线,并在该站的第 6 栏印有“接 × ×线”字样,如图 1-2、图 1-3 所示。图 1-2 彩色图片可扫描二维码获取。

图1–2

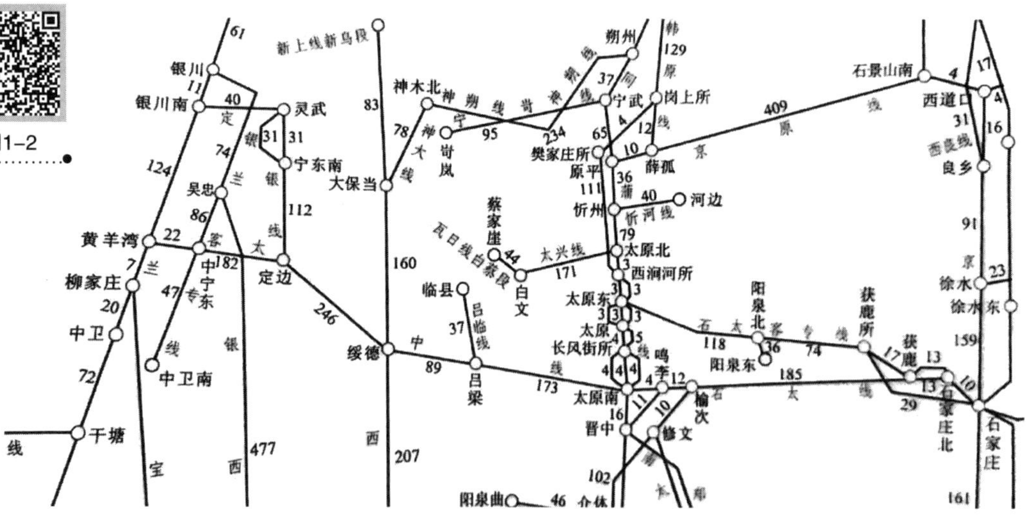

图 1-2 《全国铁路客运运价里程接算站示意图》(节选)

石太客专线　　石家庄—太原南

企业简称	站　名	本线里程		行政区划	接续线名	备　注
		石家庄	太原南			
1	2	3	4	5	6	7
北	石　家　庄	—	232	冀	接京广、石太、石德、石济客专、京广高速线	
	△获　鹿　所	29	203	冀	接石获线	
	⊗阳　泉　北	103	129	晋	接阳泉东线	
太	△太　原　东	221	11	晋	接大西高速、北同蒲线	
	太　　　原	224	8	晋	接大西高速、北同蒲线	
	△长风街所	228	4	晋	接大西高速线、郑太客专	
	⊗太　原　南	232	—	晋	接太中、大西高速线，郑太客专	

注：石家庄至获鹿所属京石铁路客运专线有限责任公司，获鹿所至太原（不含获鹿所、太原、太原东）属石太铁路客运专线有限责任公司。

图 1-3　《铁路客运运价里程表》(节选)

大多数接算站是两条及其以上线路相互衔接的接轨站，此类接算站查找、计算里程都较为方便，各相关线路段的运价里程按照接算站直接接算即可，如株洲站、德州站(图 1-4)。

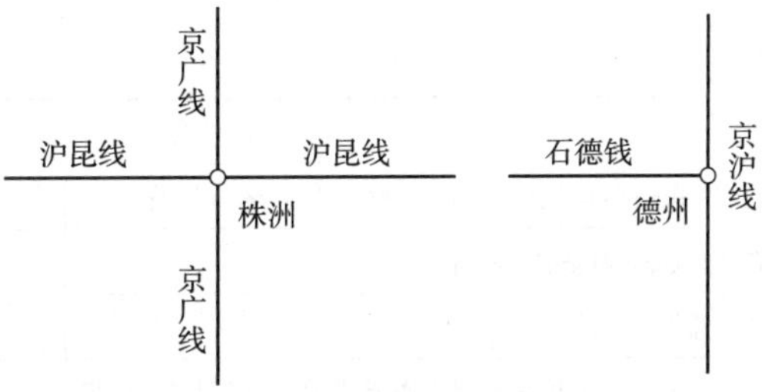

图 1-4　接算站示意

6. 计算里程

在《铁路客运运价里程表》中查出发、到站后，根据发、到站是否在同一条线路上，分以下三种情况进行计算：

(1)发站和到站在同一条线。

用自本线起点站(3 栏)或终点站(4 栏)至发站和到站的运价里程相减，即可计算出发站至到站的运价里程。

(2)发站和到站在互相衔接的两条线。

分别计算出自发站和到站至该两条线的接算站间的运价里程，然后相加，即可算出发站至到站的运价里程。

(3)发站和到站在不相衔接的两条线。

按指定的径路顺序，逐段计算出各线的运价里程，然后相加，即得出发站至到站的运价里程。

德育天地

以笔绘心，绘就全国铁路精神图谱

在浩瀚的知识海洋中，有一种独特的学习方式，它不单是技艺的磨砺，更是心灵与国家情怀的交融，这便是默画《全国铁路客运运价里程接算站示意图》。这一行为，超越了简单的线条勾勒与色彩填充，它是对国家发展脉络的深刻理解与致敬。

想象一下，在空白的画纸上，没有任何参考，仅凭记忆与想象，一笔一画地勾勒出中国庞大的铁路客运网络。这不仅仅是对铁路线路知识的考验，更是对国家铁路发展历程的一次深情回顾。每一条铁路线都承载着历史的重量，连接着城市的繁华与乡村的宁静，编织成一幅流动的国家铁路发展画卷。

任务布置

一名旅客在榆次站要求购买2月13日榆次站至安康站的K6××次(空调车，自太原站经由榆次站、孟塬站、灞桥站、安康站、达州站开至重庆北站)硬卧(中)车票(9号车3号中)，运用《铁路客运运价里程表》确定该次列车的客运运价里程。

任务实施

操作流程	工作任务	
	运用《铁路客运运价里程表》确定客运运价里程	实操记录
查找发、到站	发站：榆次站；到站：安康站	
确定接算站	榆次—孟塬—灞桥—安康	
计算票价里程	运用《铁路客运运价里程表》查找各段线路里程，总里程为各段里程相加之和	

任务评价

任务测评	评分标准	本人自评得分(20%)	小组互评得分(20%)	任课教师评价得分(30%)	企业导师评价得分(30%)	综合得分
知识点掌握(30分)	能说出客运运价里程计算依据					

续上表

任务测评	评分标准	本人自评得分（20%）	小组互评得分（20%）	任课教师评价得分（30%）	企业导师评价得分（30%）	综合得分
技能点运用（40分）	能够正确使用《铁路客运运价里程表》确定列车客运里程					
职业素养（30分）	具有认真严谨，精益求精的职业精神					
综合评价						

学生反思

思考总结	
心得分享	

任务2　核收旅客票价	编号	XM1-2
	岗位	铁路客运员、列车员
	技能点	计算旅客列车票价

任务引入

小王是太原某软件公司的一名销售代表，经常去各地开拓市场。这次公司派其去天津拜访客户，因此小王在12306网站上查询由太原发往天津的列车车次及票价，以便订购到合适的车票。在这个过程中，小王发现不同列车的票价有着不小的差异，比如由太原南站至天津西站的G26××次列车，二等座票价为194元，而由太原南站至天津站的K15××次列车硬座票价仅为86元。同样是从太原去往天津，为何票价不一样呢？

请思考：

旅客票价是如何制定的？与哪些因素有关？

知识链接

铁路旅客票价，即铁路旅客运输产品的销售价格。旅客票价既要合理反映旅客运输成本与利润，同时也要受到旅客运输市场价值规律的调节。旅客票价的高低，在一定程度上影响着旅客客流、乘车座别及客运量在各种运输方式之间的分配。因此，旅客票价的制定，必须考虑妥善处理国家积累与照顾人民生活需要的关系，以及各种运输工具的合理利用。

1.2.1 认识客运运价基本规定

1. 客运运价及客运运输费用构成

《铁路客运运价规则》规定客运运价包括旅客票价和行李、包裹运价。客运运价与客运杂费构成全部客运运输费用。

2. 国家铁路旅客、行李、包裹运输费用的计算基本依据

《铁路客运运价规则》规定,除另有规定者外,本规则是计算国家铁路的旅客、行李、包裹运输费用的基本依据。

3. 客运运价计算单位及尾数处理规定

(1)《铁路客运运价规则》规定,国家铁路的旅客票价,以5角为计算单位,不足5角的尾数按2.5角以下舍去、2.5角及以上进为5角处理。国家铁路的行李、包裹运价及客运杂费的尾数保留至角。对浮动票价应分别按票种处理尾数。

(2)加收罚款尾数的计算。

①因违章乘车加收罚款,尾数一律到角。

加收罚款的尾数按客运杂费处理到角,如0.25元按0.3元计,0.75元按0.8元计。

②产生两种及以上罚款,应分别计算,尾数分别处理,加总核收。

1.2.2 核收普速旅客列车旅客票价

1. 普速旅客列车旅客票价种类

现阶段,普速旅客列车旅客票价分为非空调列车票价和空调列车票价两类。非空调列车票价和空调列车票价均包括客票票价和附加票票价两部分。客票票价分为硬座、软座客票票价。附加票票价分为加快、卧铺、空调票票价。票价种类如图1-5所示。

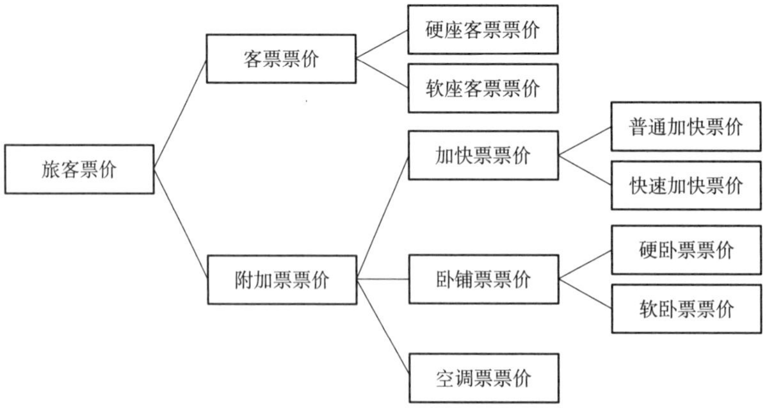

图1-5 普速旅客列车旅客票价种类

2. 普速旅客列车旅客票价构成

普速旅客列车旅客票价是以每人每千米的票价率为基础,按照旅客旅行的距离和不同的列车设备条件,采取递远递减的办法确定。即票价构成包含以下三个要素:

(1)旅客票价率与票价比例关系。

旅客票价率指每人每千米的票价。我国铁路现行各种普速旅客列车旅客票价率是以硬座客票票价率为基础的,非空调列车各种票价率是以非空调硬座客票票价率为基础,按照一定比例关系确定。空调列车各种票价率是在非空调列车各相应票种票价率基础上加成50%计算。因此,硬座客票票价率是决定全部旅客票价水平的最重要因素。

现行铁路非空调列车的各种旅客票价率及其与普通硬座客票票价率的比例关系见表1-3。

表1-3 非空调列车票价率和硬座客票票价率的比例关系

<table>
<tr><th colspan="5">票种</th><th>票价率/[元/(人·km)]</th><th>比例/%</th></tr>
<tr><td rowspan="2">客票</td><td colspan="4">硬座</td><td>0.058 61</td><td>100</td></tr>
<tr><td colspan="4">软座</td><td>0.117 22</td><td>200</td></tr>
<tr><td rowspan="10">附加票</td><td colspan="2" rowspan="2">加快</td><td colspan="2">普通加快</td><td>0.011 72</td><td>20</td></tr>
<tr><td colspan="2">快速加快</td><td colspan="2">按普通加快票价200%计算</td></tr>
<tr><td colspan="4">空调票</td><td>0.014 65</td><td>25</td></tr>
<tr><td rowspan="7">卧铺</td><td rowspan="5">硬卧</td><td rowspan="3">开放式</td><td>上铺</td><td>0.064 47</td><td>110</td></tr>
<tr><td>中铺</td><td>0.070 33</td><td>120</td></tr>
<tr><td>下铺</td><td>0.076 19</td><td>130</td></tr>
<tr><td rowspan="2">包房式</td><td>上铺</td><td colspan="2">按开放式硬卧中铺票价另加30%计算</td></tr>
<tr><td>下铺</td><td colspan="2">按开放式硬卧下铺票价另加30%计算</td></tr>
<tr><td rowspan="2">软卧</td><td colspan="2">上铺</td><td>0.102 57</td><td>175</td></tr>
<tr><td colspan="2">下铺</td><td>0.114 29</td><td>195</td></tr>
</table>

(2)旅客票价里程区段。

旅客票价要按照旅客旅行的里程进行计算。但是考虑到按旅客旅行的实际里程一一进行票价计算过于烦琐,为简化计算并兼顾旅客合理地支付票价,旅客票价计算采用将运输里程分为若干区段,对同一里程区段,均按照该区段的中间里程核收同一票价的办法。现行旅客票价里程区段的划分见表1-4。

(3)旅客票价递远递减率。

铁路旅客运输成本具有随着运距增加而不断降低,即递远递减的特点,同时考虑到减轻长途旅客的经济负担,旅客票价的制定采取按运输距离递远递减的办法,即在规定的起码里程区段内实行基本票价率,每隔一定里程区段规定一个票价递减率,进而形成递远递减的票价率。现行旅客票价的递远递减率见表1-5。

表 1-4　旅客票价里程区段划分

里程区段/km	区段数/个	每小区段间距/km	里程区段/km	区段数/个	每小区段间距/km
1 ~ 200	19	10	1 601 ~ 2 200	10	60
201 ~ 400	10	20	2 201 ~ 2 900	10	70
401 ~ 700	10	30	2 901 ~ 3 700	10	80
701 ~ 1 100	10	40	3 701 ~ 4 600	10	90
1 101 ~ 1 600	10	50	4 601 以上	—	100

注：客票起码里程为 20 km，故 1 ~ 200 km 里程区段的区段数为 19。

表 1-5　旅客票价递远递减率和递减票价率（以硬座票价为例）

里程区段/km	递减率/%	票价率/[元/(人·km)]	各区段全程票价/元	区段累计/元
1 ~ 200	0	0. 058 61	11. 722	—
201 ~ 500	10	0. 052 749	15. 824 7	27. 546 7
501 ~ 1 000	20	0. 046 888	23. 444	50. 990 7
1 001 ~ 1 500	30	0. 041 027	20. 513 5	71. 504 2
1 501 ~ 2 500	40	0. 035 166	35. 166	106. 670 2
2 501 以上	50	0. 029 305	—	—

1. 2. 3　核收动车组列车旅客票价

1. 动车组列车旅客票价种类

现阶段按照速度等级不同，动车组列车旅客票价分为 200 ~ 250 km/h 动车组列车旅客票价和 300 ~ 350 km/h 动车组列车旅客票价。

动车组列车座席和卧铺均属软席。其中动车组列车座席票价按照种类不同分为二等座票价、一等座票价、特等座票价、商务座票价等；卧铺票价按照种类不同分为软卧票价和高级软卧票价。现阶段，仅限 200 ~ 250 km/h 动车组列车有卧铺编组。

2. 200 ~ 250 km/h 动车组列车座席票价

（1）200 ~ 250 km/h 动车组列车座席公布票价计算规定。

①一等座、二等座。

根据《关于动车组票价有关事项的通知》（铁运电〔2007〕75 号）规定，200 ~ 250 km/h 动车组座车票价基准价为：每人公里一等座车为 0. 336 6 元，二等座车为 0. 280 5 元，可上下浮动 10%。其公布票价计算方法如下：

一等座车公布票价 = 0. 336 6 × (1 + 10%) × 运价里程

二等座车公布票价 = 0. 280 5 × (1 + 10%) × 运价里程

【例1-1】 计算太原南站—北京站(513 km)动车组一等座车、二等座车公布旅客票价。

【解】 一等座车公布票价 = 0.336 6 × (1 + 10%) × 运价里程

= 0.336 6 × (1 + 10%) × 513

= 189.943 3 ≈ 190.00(元)

二等座车公布票价 = 0.280 5 × (1 + 10%) × 运价里程

= 0.280 5 × (1 + 10%) × 513

= 158.286 1 ≈ 158.50(元)

②特等座、商务座等。

根据《关于时速200～250公里动车组列车特等座、商务座等席别票价有关事项的通知》(铁运电〔2011〕85号)规定,200～250 km/h动车组列车特等座、商务座、一等包座、观光座公布票价计算公式如下:

特等座公布票价 = 0.280 5 × (1 + 10%) × 1.8 × 运价里程

商务座公布票价 = 0.280 5 × (1 + 10%) × 3 × 运价里程

一等包座、观光座按商务座公布票价执行。

根据《关于时速200～250公里动车组列车观光座、一等包座票价有关事项的通知》(铁运电〔2011〕109号)规定,自2011年8月28日起将现时速200～250 km动车组列车的观光座、一等包座公布票价修改为按特等座公布票价执行。

【例1-2】 计算太原南站—北京站(513 km)动车组特等座、商务座公布旅客票价。

【解】 特等座公布票价 = 0.280 5 × (1 + 10%) × 1.8 × 运价里程

= 0.280 5 × (1 + 10%) × 1.8 × 513

= 284.915 0 ≈ 285.00(元)

商务座公布票价 = 0.280 5 × (1 + 10%) × 3 × 运价里程

= 0.280 5 × (1 + 10%) × 3 × 513

= 474.858 4 ≈ 475.00(元)

(2)200～250 km/h动车组列车座车票价打折规定。

按照规定,200～250 km/h动车组列车座车票价可按公布票价打折,但应符合下列条件:

①根据不同区域、不同季节、不同时段的市场需求,实行不同形式的打折票价。

②二等座车公布票价打折后不得低于相同运价里程的新空软座票价。在短途,公布票价低于新空软座票价时,按公布票价执行。70 km及以下运价里程的动车组不进行任何形式打折优惠,一律按公布票价执行。

③经过相同径路,相同站间、相同时段,不同车次应执行同一票价。

④同一车次,各经停站的票价在里程上不能倒挂。

⑤一等座车与二等座车的比价在1∶1.2～1∶1.25之间。

(3)200～250 km/h动车组列车票价的公布规定。

根据规定,200～250 km/h动车组列车票价应按列车开行日期,至少提前7 d在车站营业场所向旅客公布点到点公布票价,不公布价率。实行打折优惠时,车站除公布票价外,另要及时公布车次别点到点票价的折扣率和折后票价。

3. 200～250 km/h动车组列车软卧车票价

200～250 km/h动车组列车软卧车票价分为软卧票价和高级软卧票价两种。

(1)200～250 km/h动车组软卧票价。

按照《关于动车组软卧票价有关事项的通知》(铁运电〔2008〕135号)规定,200～250 km/h动车组软卧票价参照现行新空特快不同席别的比价关系和200～250 km/h动车组座车的票价,计算规定如下:

软卧上铺公布票价=0.336 6×(1+10%)×1.6×运价里程

软卧下铺公布票价=0.336 6×(1+10%)×1.8×运价里程

【例1-3】 计算里程为1 666 km的动车组软卧上、下铺票价。

【解】 软卧(上)票价=0.336 6×(1+10%)×1.6×运价里程

=0.336 6×(1+10%)×1.6×1 666

=986.965≈987.00(元)

软卧(下)票价=0.336 6×(1+10%)×1.8×运价里程

=0.336 6×(1+10%)×1.8×1 666

=1 110.335 6≈1110.50(元)

(2)200～250 km/h动车组高级软卧票价。

按照《关于动车组高级软卧票价有关事项的通知》(铁运电〔2009〕108号)规定,200～250 km/h动车组高级软卧票价计算规定如下:

高级软卧上铺公布票价=0.336 6×(1+10%)×3.2×运价里程

高级软卧下铺公布票价=0.336 6×(1+10%)×3.6×运价里程

【例1-4】 计算里程为1 666 km的动车组软卧上、下铺票价。

【解】 软卧(上)票价=0.336 6×(1+10%)×3.2×运价里程

=0.366 6×(1+10%)×3.2×16

=1 973.930 1≈1 974.0(元)

软卧(下)票价=0.336 6×(1+10%)×3.6×运价里程

=0.336 6×(1+10%)×3.6×1 666

=2 220.671 3≈2 220.50(元)

(3)200～250 km/h动车组软卧、高级软卧票价打折规定。

200～250 km/h动车组软卧、高级软卧票价可按公布票价打折,但打折后不得低于相同运价里程的新空软卧、动车组软卧票价。

4. 动车组减价票票价

根据现行相关规定,按《中国国家铁路集团有限公司铁路旅客运输规程》(以下简称《国铁集团客规》)等有关规定,享受减价优惠、优待的儿童、学生、残疾军人乘坐动车组时,其票价均以公布票价为基础计算。优惠票、优待票票价尾数处理均按照现行《铁路客运运价规则》规定执行。

(1)动车组列车学生优惠票票价计算方法。

根据《关于取消强制保险后动车组列车票价及票价浮动计算等有关事项的通知》(铁运电〔2012〕102号)规定,学生可享受动车组列车二等座票价优惠。动车组列车学生优惠票票价按二等座公布票价的75%计算。

【例1-5】 计算太原南站—北京站(513 km)学生优惠票票价。

【解】 二等座车公布票价 = 0.280 5 × (1 + 10%) × 运价里程

= 0.280 5 × (1 + 10%) × 513 ≈ 158.50(元)

动车组列车学生优惠票票价 = 二等座公布票价 × 75%

= 158.50 × 75% ≈ 119.00(元)

(2)动车组列车儿童优惠票票价计算方法。

根据相关规定,动车组列车座席儿童优惠票票价按相应座席公布票价的50%计算。动车组列车软卧(高级软卧)儿童优惠票票价计算方法如下:

动车组软卧(高级软卧)儿童优惠票票价 = 动车组列车软卧公布票价 − 动车组列车一等座公布票价/2

符合免费乘车条件的儿童单独使用动车组列车软卧(高级软卧)时,票价应为动车组列车软卧(高级软卧)公布票价减去动车组列车一等座公布票价。

根据《关于明确动车组儿童卧铺票价计算有关事项的通知》(运营运价电〔2009〕3348号)规定,在运价里程不足400 km时,公式中扣减的动车组一等座公布票价均按400 km处公布票价计算。

【例1-6】 一名旅客携带8岁儿童一名,要求购买北京南站—杭州站(1 624 km)动车组列车软卧(下)两张。计算该里程动车组列车(不打折)软卧(下)儿童优惠票票价。

【解】 软卧(下)票价 = 0.336 6 × (1 + 10%) × 1.8 × 运价里程

= 0.336 6 × (1 + 10%) × 1.8 × 1 624

= 1 082.344 ≈ 1 082.50(元)

一等座车公布票价 = 0.336 6 × (1 + 10%) × 运价里程

= 0.336 6 × (1 + 10%) × 1 624 = 601.302 2 ≈ 601.50(元)

动车组列车软卧(下)儿童优惠票票价 = 动车组列车软卧(下)公布票价 − 动车组一等座车公布票价/2

= 1 082.50 − 601.50/2 ≈ 782.00(元)

（3）动车组列车优待票票价计算方法。

动车组列车优待票座席票或卧铺票票价均按照动车组列车相应座席票或卧铺票公布票价的50%计算。

此外，根据《关于动车组儿童、学生、伤残军人票价计算事项的解释》（运营运价电〔2009〕3474号）规定，当计算出的动车组儿童、学生优惠票，优待票票价高于动车组折扣票价时，动车组儿童、学生优惠票，优待票票价改按动车组折扣票价执行。

1.2.4 《铁路旅客票价表》的使用

（1）《铁路旅客票价表》的组成。

现行《铁路旅客票价表》按客车装备分为两部分，分别是非空调列车票价表和空调列车票价表，适用于普通旅客慢车、普通旅客快车、快速旅客列车、特快旅客列车、直达特快旅客列车等非动车组列车。

非空调列车票价表与空调列车票价表中均包含分票种票价表及联合票价表。

分票种票价表是将客票和附加票票价分别列出的票价表。其中，加快票票价仅列有普通加快、快速加快两种票价。为体现列车提速不提价，现阶段，特快旅客列车、直达特快旅客列车尚未核收特别加快票，暂按快速加快票核收。

联合票价表是由分票种票价表中硬座客票或软座客票与有关附加票票价相加得出的票价表，分为硬席联合票价表和软席联合票价表。其中，硬座、硬卧统称为硬席，软座、软卧统称为软席。

（2）在现行《铁路旅客票价表》中，针对特定对象未公布半价票票价，只规定半价票票价按全价票的50%计算。具体如下：

①儿童优惠票可享受客票、加快票和空调票的优惠。儿童优惠票票价按相应客票和附加票票价的50%计算。免费乘车及持儿童优惠票乘车的儿童单独使用卧铺时，应另收全价卧铺票价，有空调时还应另收半价空调票票价。

②学生优惠票可享受硬座客票、加快票和空调票的优惠，学生优惠票票价按相应客票和附加票票价的50%计算。持学生优惠票乘车的学生使用硬卧时，应另收全价硬卧票价，有空调时还应另收半价空调票票价。学生可享受动车组列车二等座票价优惠。动车组列车学生优惠票票价按二等座公布票价的75%计算。

③优待票可享受客票和附加票的优惠，优待票票价按相应客票和附加票票价的50%计算。

④享受优惠的儿童、学生、伤残军人等乘坐市郊、棚车时，仍按硬座半价计算，不再减价。

⑤包房式的硬卧票价分别按硬卧中、下铺票价另加30%计算。

德育天地

那些年，陪我们成长的火车票

在历史的长河中，小小的车票不仅是人们出行的重要凭证，更是社会变迁、科技进步与时代发展的缩影。从纸质车票到电子客票，从人工售票到网络购票，车票的每一次变迁，都深刻反映了国家经济社会发展的巨大成就和人民群众生活质量的显著提升。

1. 纸质车票：时代的记忆与温情

改革开放初期，车票是民众出行不可或缺的“硬通货”。那时的车站，人头攒动，排队购票的场景成为一代人的共同记忆。纸质车票，作为唯一的乘车凭证，承载着无数人对远方亲人的思念、对未知世界的憧憬。

2. 网络购票：科技的力量与便捷

随着互联网技术的飞速发展，车票购票方式发生了革命性变化。从电话订票到网络购票，再到移动客户端一键购票，科技的力量极大地提高了购票效率，减少了排队等候的烦恼。电子客票的推出，更是让“无纸化”出行成为现实，极大地方便了旅客出行。

3. 实名制购票：安全与公平的守护

为了打击黄牛倒票、保障旅客权益，车票实名制购票制度应运而生。这一制度的实施，保障了旅客的购票公平与安全。

车票的变迁，记录了国家铁路事业的发展轨迹，见证了社会的进步历程。在这个过程中，我们不仅看到了科技的力量，更感受到了人民对美好生活的向往与追求。

任务布置

张某是一名公司职员，公司所在地为陕西省西安市，公司派他去郑州参加技能培训，张某准备在西安站购买西安站至郑州站 K20××次硬卧中铺车票一张，请为他计算该车票票价。（西安站至郑州站里程为 511 km。）

任务实施

操作流程	工作任务	
	计算旅客列车联合票价	实操记录
确定联合票价构成	硬座客票、硬卧中铺票、快速加快票	
确定分票种票价	运用《铁路旅客票价表》确定分票种票价	
确定联合票价	运用《铁路旅客票价表》确定联合票价	

任务评价

任务测评	评分标准	本人自评得分（20%）	小组互评得分（20%）	任课教师评价得分（30%）	企业导师评价得分（30%）	综合得分
知识点掌握（30分）	1. 掌握普速旅客列车票价分类 2. 掌握普速旅客列车票价构成要素					
技能点运用（40分）	1. 能够对普速旅客列车票价进行理论计算 2. 运用《铁路旅客票价表》查找分票种票价及联合票价					
职业素养（30分）	1. 具有爱岗敬业精神 2. 具有严谨细致、认真负责的工作作风					
综合评价						

学生反思

思考总结	
心得分享	

任务3　确定行李运价	编号	XM1-3
	岗位	铁路客运员、列车员
	技能点	计算行李运价

任务引入

一名旅客凭西安站至郑州站的车票，在西安站行李房托运自用的被褥、衣服和书籍共计53.2 kg，到站郑州。（西安站至郑州站运价里程为511 km。）

请思考：

如何确定其托运行李运费？

知识链接

1.3.1　制定行李运价

铁路行李运价是根据运输条件、运输成本，并参照铁路零担货物运价和民航、公路等其他运输工具的行李运价水平而制定的。现行行李运价的制定原理与旅客票价的制定原理类似，也是由运价率、里程区段、递远递减率等要素构成。

1. 行李运价构成要素

（1）行李运价率。

行李运价率按照普通硬座客票票价率1%计算，现行运价率为0.000 586 1元/（kg·km），即每100 kg·km的行李运价等于1人·km的普通硬座客票票价率。

（2）行李运价里程区段和递远递减率。

行李运价的制定方法与旅客票价的制定方法相同，采用运价区段递远递减的办法，以减轻长途旅客和托运人的经济负担。

行李运输属于旅客运输组成部分，行李的运价里程区段递远递减率与旅客票价里程区段、递远递减率相同，可参见表1-4和表1-5。

2. 计算行李运价

$$F = E \cdot Q_{计价}$$

式中 E——行李基本运价（查询行李包裹运价表），元/kg；

F——行李运价，元，尾数保留到角；

$Q_{计价}$——行李的计价重量，kg，不足1 kg进整为1 kg。

1.3.2 核收行李运费

1. 运价里程

行李运费计算起码里程为20 km。

行李运价里程与旅客票价里程的计算方法类同，亦以《铁路客运运价里程表》为计算依据。

行李运价里程，按行李实际运送径路计算，即按旅客旅行的车票指定的径路计算。但旅客持远径路的车票，要求行李由近径路运送时，如有直达列车可按近径路计算。

2. 计费重量

（1）行李运价一般按物品实际重量计算，其起码重量为5 kg，即不足5 kg的按5 kg计算，超过5 kg时，以1 kg为单位，不足1 kg进为1 kg。另外，有规定计价重量的物品要按规定计价重量计价，行李规定计价重量见表1-6。

表1-6 行李规定计价重量

物品名称	计价单位	规定计价重量/kg	备注
残疾人用车	每辆	25	以包裹托运时，按实际重量计算
自行车	每辆	25	—
助力自行车	每辆	40	含机动自行车
两轮轻型摩托车	每辆	50	1. 含轻骑 2. 气缸容量50 cm^3以下时
两轮重型摩托车	每辆	按气缸容量每1 cm^3折合1 kg计算	气缸容量超过50 cm^3时
警犬、猎犬	每头	20	超重时，按实际重量计算

(2)旅客可凭有效车票和有效身份证件办理一次行李托运。托运的行李在50 kg以内,按行李运价计算,超过50 kg时(行李中有残疾人用车时为75 kg),对超出部分按行李运价加倍计算。

3. 运费计算

(1)行李运费,以元为单位,尾数保留到角。通常,运费根据《行李包裹运价表》按每张票据计算,每张行李票的起码运费为1元。

(2)按保价运输的行李核收保价费。行李保价费按声明价格的0.5%计算。

【例1-7】 计算太原站—北京站(经原平)23 kg行李运价。

【解】 (1)确定行李运价计价里程:

太原站—北京站(经原平)行李运价里程为568 km。

(2)查找行李基本运价:

$$E=0.306\ 元/kg$$

(3)计算行李运价:

$$F=E\cdot Q_{计价}=0.306\times 23=7.038\approx 7.00(元)$$

德育天地

高铁快运:速度与责任

在快速发展的现代社会,高速铁路作为中国的一张亮丽名片,不仅以其惊人的速度重塑了人们的出行方式,更在物流领域开辟了一片新天地——高铁快运。这一创新服务模式,体现了科技进步的力量,成为新时代下责任与效率并重的生动案例。

高铁快运,是利用高速铁路网络进行货物运输的一种高效运输方式。它依托高速列车的快速、准时、安全特性,实现了货物从一地到另一地的快速流通。面对日益严峻的环境保护挑战,高铁快运通过优化运输组织、采用环保包装材料、推广电子运单等措施,有效降低了物流过程中的碳排放和环境污染。这一举措体现了高铁快运企业的社会责任感,也向全社会传递了绿色发展的价值理念。高铁快运是科技进步与物流需求深度融合的产物,展现了我国在高速铁路技术领域的领先地位和创新能力。通过高铁快运,企业能够享受到更加便捷、高效的物流服务,进一步促进了产业链上下游的紧密连接和协同发展。

任务布置

在太原上大学的王某毕业了,他接到了石家庄一家文化服务公司的录用通知,准备购买太原南站至石家庄站的车票,在太原南站托运自用被褥、衣服、书籍共35.2 kg至石家庄站,请为其计算该行李运价。(太原南站至石家庄站里程232 km。)

任务实施

操作流程	工作任务	
	计算行李运价	实操记录
确定行李运价里程	太原南站—石家庄站客运运价里程为 232 km	
查询行李的基本运价	查询行李基本运价	
确定行李计费重量	行李的计价重量,以 kg 为单位,不足 1 kg 进整为 1 kg	
计算行李运价	运用公式计算:$F=E\cdot Q_{计价}$	

任务评价

任务测评	评分标准	本人自评得分(20%)	小组互评得分(20%)	任课教师评价得分(30%)	企业导师评价得分(30%)	综合得分
知识点掌握(30 分)	掌握行李运价的核收规定					
技能点运用(40 分)	能够运用《行李包裹运价表》计算行李运价					
职业素养(30 分)	1. 具有严谨细致的工作品格 2. 具有为旅客提供优质服务的意识					
综合评价						

学生反思

思考总结	
心得分享	

任务 4　核收特定运价与客运杂费	编号	XM1-4
	岗位	铁路客运员、列车员
	技能点	掌握特定运价计算及客运杂费核收标准

任务引入

2024 年 2 月 1 日,某旅游团共 35 人,其中 6~14 岁儿童 5 名,在南京站要求包用带空调的餐车、软卧车各一辆,路程单中提出 2 月 15 日于南京站挂 T1××次列车到北京站,停留后于 2 月 19 日挂 Z2×次列车到兰州站,到站后停止使用。因南京站没有包车人所需车辆，故从上海站调配RW5××× 一辆（定员32人）、CA9×××× 一辆至南京站。（旅客列车时刻表2月15日南京站T1××次列车22:07开；2月16日北京站T1××次列车10:08到；2月19日北京西站Z2×次列车19:55开；2月20日兰州站Z2×次列车12:16到。）

请思考：

南京站该如何办理？

知识链接

1.4.1 核收特定运价

特定运价是对一些特殊运输方式和特殊运价区段而制定的客运运价。包括以下两个方面：

（1）包车、租车、挂运、行驶等运价的计算。

（2）国家铁路、地方铁路及特殊运价区段间办理直通、过轨运输运价的计算。

1. 包车、租车、挂运、行驶等计价规定

（1）包车。

按规定，凡旅客要求单独使用加挂车辆或加开专用列车时，均按包车处理。包用客车、公务车、专用列车、豪华列车时，应预先支付相当于运费20%的定金。

为满足旅游市场需要，促进旅游列车规范有序发展，《旅游列车开行管理办法》（铁运〔2007〕232号）规定：旅游列车是指由旅行社等单位（简称包车人）往返全部包用、运载旅游团体旅客的列车，两个以上（含本数）单位同时包用一列车时，应当由一个牵头单位作为包车人。包用旅游列车时，铁路局集团公司可以在签订包车合同时，要求包车人向发站交付包车费用20%以内的定金。

①包车运输费用的计算。

a. 旅客票价。

（a）客车和合造车的客车部分，按客车种别、定员核收全价客票票价。成人与儿童（含享受减价优待的学生、伤残军人）混乘一辆车，人数不足时，按定员核收全价客票票价；实际人数超过定员时，对超过人数按实际分别核收全价或半价客票票价。

（b）卧车按种别、定员核收客票及卧铺票的全价票价。

（c）公务车按40个定员核收软座客票及高级软卧票（上下铺各二分之一）的全价票价。

（d）豪华列车每辆按32个定员核收软座客票及高级软卧票（上下铺各二分之一）的全价票价。

（e）棚车代用客车，按车辆标记载重计算定员（每吨按1.5人折算）核收棚车客票票价。

(f)当包用的客车、公务车加挂在普通快车、特别快车列车上或加开的专用列车、豪华列车按上述等级速度运行时,都应根据核收客票票价人数核收相应的加快票价;途中发生中转换挂(或开行)不同等级的列车时,按首次加挂(或开行)的列车等级核收加快票价。

(g)包用车辆使用空调设备时,还应按核收客票票价的人数核收空调费。

(h)计算票价时,在包车的全部运行途中,里程采取通算。

(i)旅游列车票价按相应的设备条件(非空调或空调,空调车按新空票价执行)、普快和标记定员的90% 核收,车辆标记定员不足32 人的按32 人计算。使用宿营车内铺位时,按实际铺位计费。

旅游列车实际运行技术标准高于前述规定的,按相应等级核收票价。

旅游列车享受上款优惠后,不再同时享受其他任何形式的票价优惠。

旅游列车按单程里程通算计算票价;运行径路涉及国铁、地铁、合资铁路等特殊运价区段的,可分段计算,加总核收,但优惠幅度比照上述规定办理。

b. 运价。

(a)包用行李车或合造车的行李车部分时,按车辆标记载重核收行李运费。

(b)用棚车代用行李车时,按行李的实际重量核收行李运费,起码计费重量按标记载重的三分之一计算(不足1 t的尾数进整为1 t)。

(c)行李、包裹混装时,按其中运价高的核收。

c. 使用费。

包用餐车、娱乐车时按每日每辆5 000 元核收使用费,包用餐车合造车时按每日每辆2 500 元核收使用费(不足1 d按1 d核收)。若餐车或娱乐车使用空调设备时,其空调费按使用费的25% 计算。

旅游列车编挂1 辆餐车时,不核收使用费;超过1 辆时,对超过部分按相应等级硬卧车标记定员票价核收使用费。

旅游列车编挂娱乐车、会议车时,均按相应等级硬卧车标记定员票价核收使用费。

包车人对车辆设备、服务设施等有高于规定标准的特殊要求时,可以就特殊要求部分协商收取费用,但不得低于上述标准。

d. 包车停留费。

包车时,根据包车人提出的全程路程单,对要求在发站、中途站、折返站停留的(因换挂接续列车除外),应核收包车停留费。包车停留时间按自0:00 起至24:00 止为一日计算,在停留当日不足12 h的减半核收包车停留费。现行包车停留费核收标准如下:

(a)娱乐车、餐车,每日每辆5 000 元;餐车合造车,每日每辆2 500 元。

(b)公务车,每日每辆5 000 元;高级软卧车,每日每辆3 300 元。

(c)软座车、软卧车、软硬卧车、硬卧车、软座硬卧合造车,每日每辆1 800 元。

(d)硬座车、行李车、软硬座合造车、行李邮政车、软座行李合造车、硬座行李合造车,每日每辆 1 400 元。

包用娱乐车、餐车,一日内同时发生停留费、使用费两项费用时只收一项整日费用。

旅游列车在中途站停留 24 h、折返站停留 48 h 以内的,免收停留费。超过上述时限的,自超过时起,不足 12 h 的,按半日核收停留费,超过 12 h 但不超过 24 h 的,按 1 d 核收停留费。

e. 服务费。

包用公务车、豪华列车时,按车票票价的 15% 核收服务费。

旅游列车使用豪华车辆(每辆车定员不足 20 人)的核收服务费。

f. 欠编费。

包用专用列车、豪华列车,当列车编成辆数不足 12 辆时,应按实际运行日数,每欠编一辆每日核收欠编费 850 元,当日不足 12 h 的减半核收。

开行跨局旅游列车的,载客车辆不少于 14 辆;经过限制区段的,载客车辆为限制牵引辆数减 3 辆;宿营车只能使用 1 辆。开行旅游列车应当在列车始发站(局)具备相应的旅游客流量。

g. 空驶费。

包车时,因包车单位指定的乘车站(或装运站)没有所需车辆,需从外站向乘车站(或装运站)空送,或车辆使用完毕需回送至车辆原所在站时,应核收车辆空驶费。核收时,对空驶区段(里程按最短径路并采取通算),不分车种,每车每千米核收 3.458 元的空驶费。棚车不核收空驶费。

旅游列车在始发站发车前及终到停车后,因调用车辆产生空驶的,不收取空驶费。

②包车变更费用。

包车变更是指包车单位包用的车辆由于某种原因需要变更。通常,签订包车合同后,因不可抗力无法履行合同时,双方均不负违约责任。若承运人违约时,应向包车单位双倍返还定金。如包车单位在未交付运费前取消用车计划时,定金不退;交付运费后提出变更时,包车变更费用按下列规定计算:

a. 包车单位在始发站停止使用,除退还已收空驶费与已产生的空驶区段往返空驶费差额外,其他费用按下列规定办理:

(a)开车前 48 h 以前退还全部费用,核收票价、使用费、运费 10% 的停止使用费。

(b)开车前 6 h 至不足 48 h 时,退还全部费用,核收票价、使用费、运费 20% 的停止使用费。

(c)开车前不足 6 h 退还全部费用,核收票价、使用费、运费 50% 的停止使用费。

(d)开车后要求停止使用,只退还尚未产生的包车停留费。

b. 包车单位在始发站延期使用。

(a)在开车前 6 h 以前提出时,按规定核收包车停留费。

(b)在开车前不足 6 h 提出时,核收票价、使用费、运费 50% 的延期使用费,并重新办理包车手续。

c. 包车单位在中途站延长使用时，经中途变更站报请铁路局集团公司同意后，核收票价、使用费、运费或包车停留费；如包车单位付款有困难，可根据书面要求，由变更站电告发站或到站补收应收费用。

d. 包车单位中途缩短使用时，所收费用不退。

【例1-8】 2024年2月5日，一单位39人（其中6～14岁儿童5名）在杭州站要求包用带空调软卧车1辆，路程单提出2月20日杭州站挂K5××次列车（杭州—成都东，新型空调车）到宜昌东站，停留后挂2月24日Z3××次（深圳东—成都东，新型空调车）到达州站停止使用。杭州站经请示上级，同意办理。因杭州站没有所需车辆，从杭州南站调配RW52××××一辆定员36人，使用完毕后回送杭州南站。杭州站应如何办理？

【解】 (1)计算旅客票价

杭州$\xrightarrow{27\text{ km}}$杭州南$\xrightarrow{258\text{ km}}$衢州$\xrightarrow{334\text{ km}}$九江$\xrightarrow{256\text{ km}}$武昌$\xrightarrow{328\text{ km}}$襄阳$\xrightarrow{233\text{ km}}$宜昌东$\xrightarrow{288\text{ km}}$凉雾$\xrightarrow{89\text{ km}}$万州$\xrightarrow{157\text{ km}}$达州 2 589 km

18人新空软座快速卧(上铺)联合票价：734.50×18＝13 221.00(元)

18人新空软座快速卧(下铺)联合票价：767.50×18＝13 815.00(元)

3人儿童新空调软座快速联合票价：219.00×3＝657.00(元)

(2)计算停留费

K5××次杭州南2月20日12:26开，2月21日5:51到宜昌东。

Z3××次宜昌东2月24日11:02开，2月24日17:52到达州。

西安停留天数：3.5 d

停留费：3.5×1 800.00＝6 300.00(元)

(3)计算空驶费

杭州$\xrightarrow{27\text{ km}}$杭州南，杭州南$\xrightarrow{2\ 562\text{ km}}$达州

3.458×(27＋2 562)＝8 952.76≈8 953.00元(元)

合计：13 221.00＋13 815.00＋657.00＋6 300.00＋8 953.00＝42 289.00(元)

(2)租车、挂运与行驶。

①租车。

租用单位向承运人租用车辆时，应与承运人签订租车合同。租车合同主要应载明：承租人和承运人名称、地址、联系人姓名、电话；租用车辆种类、数量；租用的时间和区间；租车费用；违约责任及双方商定的其他事项。

厂矿、企业等单位租用客车在本单位使用时，按包车停留费标准，按日核收使用费。单独租用发电车时，使用费每日每辆2 100元。

②挂运。

企业租用客车或企业自备客车在国家铁路的旅客列车或货物列车挂运时，按下列标

准核收挂运费:

a. 空车:不分车种,按每轴每千米0.534元核收。

b. 重车:

客车——按标记定员票价的80%核收。

行李车——按标记载重运费的80%核收。

餐车、娱乐车、发电车——按使用费的80%核收。

③行驶。

企业自备机车、车辆或租用车,利用国家铁路线路运行时,不论空车或重车,均按每轴(含机车轴数)每千米0.468元核收行驶费。

2. 过轨运输

过轨运输是国家铁路、合资铁路、地方铁路及特殊运价区段相互办理旅客、行包的运输业务。

办理直通过轨运输时,应分别按各段里程计算客运运价,加总核收。国家铁路涉及几个地段时,里程采取通算。上述各段由于分段计算,有不足起码里程区段时,按起码里程计算,但卧铺票价按表1-7所列比例计算。

办理行李直通运输的,均执行国铁行李统一运价及相关计费标准,里程通算,运费在发站一次核收。

表1-7 400 km卧铺票价比例计算表

里程/km	占400 km卧铺票价的比例/%
1~100	25
101~200	50
201~300	75
301~400	100

1.4.2 核收客运杂费

客运杂费是指在铁路运输过程中,除去旅客车票票价、行李包裹运价以外,铁路运输企业向旅客、托运人、收货人提供的辅助作业、劳务及物耗等所收的费用。

客运杂费的收费项目和收费标准是由国务院铁路主管部门制定,现行客运杂费主要收费项目和收费标准见表1-8。

表1-8 客运杂费收费项目和收费标准

收费项目		计费条件	收费标准	备注
1	站台票		1元/张	
2	手续费	列车上补卧铺	5元/人次	同时发生时按最高标准核收一次手续费
		其他	2元/人次	

续上表

收费项目		计费条件	收费标准	备注
3	退票费	按每张车票面额计算	(1)距票面乘车站开车前8 d以上的不收退票费;开车前48 h以上、不足8 d的,按票面价格5%计;开车前24 h以上、不足48 h的,按票面价格10%计;开车前不足24 h的,按票面价格20%计 (2)距票面乘车站开车前48 h以上、不足8 d的车票,改签或变更到站至开车前8 d以上的列车,又在距开车前8 d以上退票的,核收5%的退票费 (3)改签后的车票乘车日期在春运期间的,退票费按开车前不足24 h标准核收	(1)代用票按每张核收 (2)退票费以5角为单位,尾数小于2.5角的舍去、2.5角以上且小于7.5角的计为5角、7.5角以上的进为1元 (3)最低按2元计收,当车票票面价格不足2元时按票面价格计收
4	送票费	送到集中取票点	3元/人次	
		送到旅客所在地	5元/人次	
5	标签费	货签使用服务费	0.25元/个	
		安全标志使用服务费	0.2元/个	
6	行李、包裹变更手续费	装运前	5元/票次	
		装运后	10元/票次	
7	行李、包裹查询费	行李、包裹交付后,旅客或收货人还要求查询时	5元/票次	
8	行李、包裹装卸费	从行李房收货地点至装上行李车,或从行李车卸下至交付地点,各为一次装卸作业	2元/件次	超过每件规定重量的,按其超重倍数增收
9	行李、包裹保管费	超过免费保管期限,每日核收	3元/件	超过每件规定重量的,按其超重倍数增收
10	行李、包裹搬运费	从车站广场停车地点搬运至行包房办理处或从行包交付处搬运至广场停车地点各为一次搬运作业;由汽车搬上、搬下时,每搬一次,另计一次搬运作业	1元/件次	超过每件规定重量的,按其超重倍数增收
11	行李、包裹接取送达费	接取、送达各为一次作业每5 km(不足5 km按5 km计算)核收	5元/件次	超过每件规定重量的,按其超重倍数增收
12	携带品暂存费		3元/件	每件重量以20 kg为限,超重时按其超重倍数增收

续上表

收费项目		计费条件	收费标准	备注
13	携带品搬运费	从广场停车地点搬运至站台或从站台搬运至广场停车地点各为一次搬运作业；由火车、汽车搬上、搬下时，每搬一次，另计一次搬运作业	2元/件次	每件重量以20 kg为限，超重时按其超重倍数增收

德育天地

铁路特定运价，助力乡村振兴

某省为促进其特色农产品——优质大米的高效流通，决定对运往省外市场的特定大米货物实施铁路特定运价优惠政策。该政策旨在通过降低物流成本，增强本地农产品的市场竞争力，助力乡村振兴。政策实施前，铁路部门广泛调研市场需求，充分考虑农户、经销商及终端消费者的利益，精心设计了科学合理的运价方案，并辅以严格的审核监督机制，确保政策红利精准落地。

在快速发展的交通运输领域中，铁路作为国民经济的大动脉，不仅承载着货物运输与旅客往来的重任，更在推动区域经济发展、促进资源优化配置方面发挥着不可替代的作用。而铁路特定运价作为调节铁路运输市场供需关系、优化资源配置的重要手段之一，其制定与执行不仅体现了经济效率原则，更蕴含了深刻的政治意义。

任务布置

2024年3月26日某单位一行132人，向秦皇岛站提出包车路程单，经客调批准包用66定员的25G型空调硬卧2辆，为YW662×××、YW663×××及空调餐车1辆，为CA90×××，于3月28日自秦皇岛站挂空调列车T5×××次列车（秦皇岛站经由天津站、廊坊北站、北京西站开石家庄站）于当日19:56至石家庄站停留；4月1日15:19挂T9×××次列车（北京站经由郑州站、襄阳站、安康站开重庆站）于4月1日16:33至重庆站。应如何办理该项业务？

往程里程：秦皇岛站$\xrightarrow{412\ \text{km}}$北京西站$\xrightarrow{277\ \text{km}}$石家庄站$\xrightarrow{2\,092\ \text{km}}$重庆站2 781 km。

空驶里程：按最短路径，重庆站$\xrightarrow{531\ \text{km}}$安康站$\xrightarrow{259\ \text{km}}$西安站$\xrightarrow{651\ \text{km}}$太原站$\xrightarrow{508\ \text{km}}$北京站$\xrightarrow{294\ \text{km}}$秦皇岛站2 243 km。

任务实施

操作流程	工作任务	
	核收特定运价	实操记录
判定特殊运输方式类别	凡要求单独使用加挂车辆时，按包车处理	

续上表

操作流程	工作任务	
	核收特定运价	实操记录
核收旅客票价	核收空调硬座快卧(上、中、下)铺票价	
核收停留费	在石家庄站停留3.5天,核收停留费28日半天,29日、30日、31日各一天	
核收餐车使用费	核收餐车使用费(3月28日—3月31日)	
核收餐车空调费	核收餐车空调费(3月29日、30日未使用,不收空调费)	
核收空驶费	核收空驶费	

任务评价

任务测评	评分标准	本人自评得分(20%)	小组互评得分(20%)	任课教师评价得分(30%)	企业导师评价得分(30%)	综合得分
知识点掌握(30分)	1. 掌握包车、租车、挂运、行驶等计价规定 2. 了解客运杂费核收标准					
技能点运用(40分)	会计算包车运价					
职业素养(30分)	1. 具备铁路担当精神 2. 具有人民铁路为人民的服务意识					
综合评价						

学生反思

思考总结	
心得分享	

知识拓展

高铁快运站间运费

铁路运输企业为快运公司办理高铁快运业务提供运力支持,快运公司向铁路运输企业支付铁路站间运费。站到站间运价的最高限价由国铁集团统筹制定和公布,最终执行运价由快运公司和担当铁路运输企业通过市场化机制协商确定。

1. 高铁快运站间运费最高限价

(1)以高铁快运业务办理站所在行政区为基础,按省(自治区、直辖市)划分计价区域,省内运输实行全国统一费率,省间运输实行不同费率。

(2)站间运费的计费重量以千克为单位,不足1千克按1千克计重。

(3)快运公司使用集装容器进行站到站运输时,集装容器自重不计入计费重量。

(4)站间运费为站间费率与计费重量的乘积,运价以元为单位,尾数保留至角。

2. 高铁快运站间运费执行运价

高铁快运站间实际执行运价以公布的站间运价作为最高限价,由快运公司和各担当铁路运输企业根据市场情况和站、车运输能力富余情况,协商确定下浮幅度。协商时遵循以下基本原则:

(1)坚持依法合规。各铁路运输企业和快运公司要根据国家有关政策和国铁集团相关规定,规范开展高铁快运业务,平等协商,在规定范围内用好运价浮动权限。

(2)坚持合作共赢。快运公司与各铁路运输企业作为平等的经营主体,以增加铁路总体收入、扩大快运市场为共同目标,相互促进,共同做大快运市场。

(3)坚持挖潜创效。快运公司与各铁路运输企业要充分协商,开展合作,用好用足高铁确认车和预留车厢等边际运能,在保证旅客不受影响的情况下开展业务。

巩固提升

1. 何为接算站?接算站有哪些形式?

2. 旅客票价由哪些要素构成?

3. 计算运价里程为1 655 km,48 kg的行李运费。

4. 一名旅客乘坐K78××次列车从太原前往大同,试用所学知识确定其票价。(太原到大同里程355 km。)

5. 一旅客在西安站购买西安—北京西T2××次新空调硬座客快卧(下)车票,列车经由陇海线、南同蒲线、石太线、京广线、京九线。运用《铁路客运运价里程表》《铁路旅客票价表》为这位旅客查找分票种票价。

6. 客运杂费是什么?其核收标准是怎样规定的?

项目2　办理旅客运输业务

项目导读

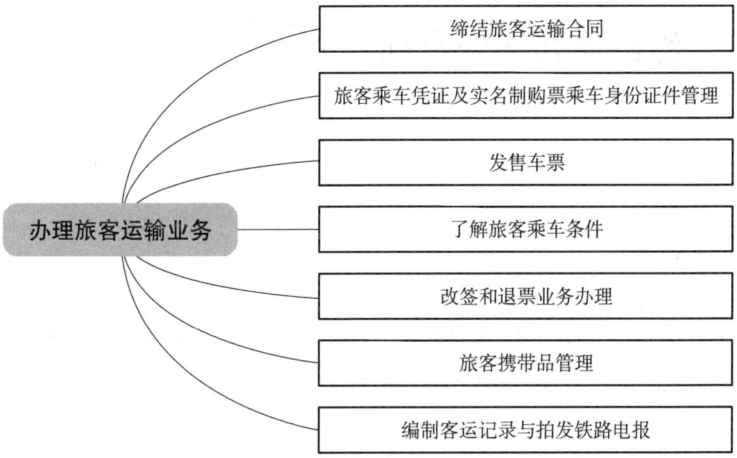

学习目标

1. 知识目标

（1）了解旅客运输合同相关法律法规和乘车凭证及实名制购票乘车身份证件。

（2）了解车票发售有关规定。

（3）熟悉旅客乘车条件和不符合乘车条件的处理过程。

（4）熟悉旅行变更和退票业务办理流程。

（5）掌握旅客携带品及携带导盲犬乘车规定。

（6）掌握铁路客运记录编写和铁路电报拍发规定。

2. 技能目标

（1）运用规章正确发售车票。

（2）熟练运用《铁路客运运价里程表》《铁路旅客票价表》处理旅客不符合乘车条件的各种问题。

（3）运用规章处理旅客旅行变更问题。

（4）运用规章处理旅客违章携带品问题。

（5）熟练编写客运记录和拍发铁路电报。

3. 素养目标

（1）培养服务意识，坚持以理服人的服务理念。

(2)培养爱岗敬业、遵章守纪的职业道德,培养处理问题的能力。

(3)培养依法规范自己行为的意识和习惯。

学习工具

《铁路客运运价里程表》《铁路旅客票价表》《行李包裹运价表》。

<table>
<tr><td rowspan="3">任务1　缔结旅客运输合同</td><td>编号</td><td>XM2-1</td></tr>
<tr><td>岗位</td><td>铁路客运员、铁路售票员、列车员</td></tr>
<tr><td>技能点</td><td>熟悉旅客运输合同相关法律法规</td></tr>
</table>

任务引入

2024 年 9 月 2 日,一旅客在太原站要求购买太原开青岛 K8××/8××次(空调列车)硬座车票和儿童优惠票各一张(未满 14 周岁)。(太原—青岛 914 km。)

请思考:

如何发售?

知识链接

2.1.1　铁路客运用语的含义

旅客:持有铁路有效乘车凭证的人。

儿童:指符合购买铁路儿童优惠票条件和免费乘车条件的未成年人。

车票实名制管理:车票实名购买和实名查验统称为车票实名制管理。

车票实名购买,是指购票人凭乘车人的有效身份证件购买车票,铁路运输企业凭乘车人的有效身份证件销售车票,并记录旅客身份信息和购票信息的行为;车票实名查验,是指铁路运输企业对实行车票实名购买的车票记载的身份信息与乘车人及其有效身份证件进行一致性核对,并记录旅客乘车信息的行为。

联程车票:旅客分段购买的,出发地至目的地间可联程接续的多段车票;前段车票到站与后段车票发站应为同一或同城铁路客运营业站(以下简称车站),且前段车票到站时间与后段车票开车时间间隔不超过 24 h。

报销凭证:铁路运输企业在提供售票、改签、退票等服务后开具的收付款凭证。报销凭证仅可开具一次,不能重复领取。

铁路车票销售代理人:与铁路运输企业签有代售合同,办理铁路车票销售经营业务的独立法人组织。

席位:车票载明的车厢,以及座位或铺位位置。

席别:旅客列车席位的类别,包括硬座、软座、二等座、一等座、特等座、商务座、硬卧、软卧、高级软卧、二等卧、一等卧等。

改签:旅客变更乘车日期、时间、车次、席位、席别和到站时需办理的签证手续。

客运记录:在旅客或行李运输过程中因特殊情况,铁路运输企业与旅客之间需记载某种事项或车站与列车之间办理业务交接的纸质或电子凭证。

时间:以北京时间为准,从零时起计算,实行24小时制。

以上、以下、以前、以后、以内、以外均含本数,超过、未满、不足均不含本数。

2.1.2 旅客运输合同订立、履行

1. 铁路旅客运输合同的定义与凭证

(1)合同的定义。

《中华人民共和国民法典》(以下简称《民法典》)第四百六十四条规定:合同是民事主体之间设立、变更、终止民事法律关系的协议。

(2)运输合同的定义。

《民法典》第八百零九条规定:运输合同是承运人将旅客或者货物从起运地点运输到约定地点,旅客、托运人或者收货人支付票款或者运输费用的合同。

(3)铁路旅客运输合同的定义与凭证。

铁路旅客运输合同是明确铁路运输企业与旅客之间权利义务关系的协议。

车票是铁路旅客运输合同的凭证,可以采用电子数据形式或者纸质形式。《国铁集团客规》中车票是以电子数据形式体现的铁路旅客运输合同的凭证,并实施车票实名制管理。

2. 铁路旅客运输合同的有效期

铁路旅客运输合同从售出车票时起成立,至按车票规定运输结束旅客出站时止,为合同履行完毕。旅客运输的运送期间自检票起至到站出站时止计算。旅客自行中途下车,出站时铁路旅客运输合同履行终止。

在中国铁路12306网站(含铁路12306移动端,以下简称12306网站),购买铁路电子客票以确认交易成功的时间作为铁路旅客运输合同生效的时间,退票以网站确认交易成功的时间作为铁路旅客运输合同终止的时间,改签按照购票、退票处理。

德育天地

人性化服务助力构建和谐社会

某年春运期间,张先生通过网络平台预订了一张从A城至B城的高速铁路动车组车票,准备回家过年。购票成功后,系统自动生成了电子客票信息,并附有详细的乘车时间、车次及座位号,这标志着张先生与铁路部门之间正式缔结了旅客运输合同。然而,临

行前一天,张先生因突发疾病需住院治疗,无法按时乘车。面对这一紧急情况,张先生迅速联系铁路客服,咨询改签或退票事宜。

在本案例中,张先生与铁路部门之间的合同关系明确,双方均应按照合同约定履行各自义务。张先生虽因不可抗力原因无法按时乘车,但他积极寻求解决方案,体现了对合同精神的尊重与遵守。铁路部门在接到张先生的申请后,迅速响应,根据《国铁集团客规》的相关规定,为张先生办理了退票手续,并免除了退票手续费,展现了铁路服务的人性化与责任感。

缔结铁路旅客运输合同,不仅是简单的法律行为,更是社会公德、诚信精神、法治意识和服务理念的综合体现。通过本案例,我们深刻认识到,在快速发展的时代背景下,加强公民思想政治教育,提升全社会的法律素养和道德水平,对于促进社会和谐、推动经济发展具有重要意义。让我们携手并进,共同构建一个更加文明、和谐、法治的社会环境。

任务布置

2018 年 1 月 5 日,在一段时长 3 分 50 秒的网传视频中,身穿羽绒服的女子一边手持电话,用身体挡在列车门口,一边用手抓住门边扶手不放。有列车工作人员劝说其离开车门,但该女子始终用身体阻挠车门关闭。之后,另一名列车工作人员赶到,女子表示“检票口的人不让他来”“我老公下来我就走,他就在门口”“我有票的,我不是没有票”。视频 2 分 10 秒左右,列车工作人员将女子拉离门口,并用对讲机呼叫关闭车门。该女子在车门还未完全关闭时,再次将车门卡住,工作人员只得将车门打开,女子再次站在门口,并拉住车门。在此期间,视频中一直有人情绪激动地说道:“你妨碍所有的车。”“要关门了。”“晚点了。”“要么就下去,要么就在这里。”

合肥铁路警方介绍,这段视频内容属实。合肥铁路公安认定,罗某的行为涉嫌“非法拦截列车、阻断铁路运输”,扰乱了铁路车站、列车正常秩序,试问该女子触犯了哪些法规?

任务实施

操作流程	学习任务	
	女子为等老公阻拦高铁发车,涉嫌“非法拦截列车、阻断铁路运输”,扰乱了铁路车站、列车正常秩序,试问该女子触犯了哪些法规?	实操记录
查找《铁路安全管理条例》第七十七条规定	《铁路安全管理条例》第七十七条规定,禁止实施下列危害铁路安全的行为: 1. 非法拦截列车、阻断铁路运输; 2. 扰乱铁路运输指挥调度机构及车站、列车的正常秩序; ……	
查找《铁路安全管理条例》第九十五条规定	第九十五条规定,违反本条例第五十一条、第五十二条、第五十三条、第七十七条规定的,由公安机关责令改正,对单位处 1 万元以上 5 万元以下的罚款,对个人处 500 元以上 2 000 元以下的罚款	

任务评价

任务测评	评分标准	本人自评得分（20%）	小组互评得分（20%）	任课教师评价得分（30%）	企业导师评价得分（30%）	综合得分
知识点掌握（30分）	熟悉旅客运输合同相关法律法规					
技能点运用（40分）	根据案例会运用相关法律法规					
职业素养（30分）	具有热情服务的意识和敬业爱岗精神					
综合评价						

学生反思

思考总结	
心得分享	

任务2　旅客乘车凭证及实名制购票乘车身份证件管理	编号	XM2-2
	岗位	铁路客运员、铁路售票员、列车员
	技能点	掌握实名制购票 乘车身份证件

任务引入

旅客应通过车站售票窗口、自动售票机、12306网站、订票电话或铁路车票销售代理人的售票处购票。

请思考：

旅客购票可以使用的有效身份证件包括哪些？

知识链接

2.2.1　认知旅客乘车凭证

车票是旅客乘车的凭证，是旅客和铁路缔结运输合同发生运输关系的依据，同时也是旅客支付票价的收据。

1. 车票的种类

车票包括纸质车票、铁路电子客票、铁路乘车卡及其他符合规定的乘车凭证。其中，纸质车票又可分为:红色底纹的计算机软纸车票;浅蓝色底纹的计算机磁介质车票;列车移动补票机出具的车补票;代用票、区段票、客运运价杂费收据(以下简称“客杂”)等。

铁路电子客票是以电子数据形式体现的铁路旅客运输合同的凭证。

铁路乘车卡是内装磁介质或者集成电路芯片、通过自动检票机(闸机)记录旅客乘车信息的卡片式乘车凭证。其中,中铁银通卡是目前正在广泛推广使用的一种铁路乘车卡。

2. 车票应当载明的主要信息

车票(特殊票种除外)主要信息应包含:

(1)发站和到站站名。

(2)车厢号、席位号、席别。

(3)票价。

(4)车次。

(5)乘车日期和开车时间。

(6)有效期。

(7)旅客身份证件信息。

2.2.2 实名制购票乘车身份证件管理

铁路运输企业应当按照国务院铁路行业监督管理部门的规定实施车票实名购买、查验制度。旅客购买车票及办理补票、取票、改签、退票等业务时,应当提供乘车人真实有效的身份证件或者身份证件信息。不能提供有效身份证件或者身份证件信息的,铁路运输企业应当拒绝办理上述业务。

1. 实名制购票乘车有效身份证件的种类

通过车站售票窗口、铁路车票销售代理人的售票处购票或列车上购票、补票时,可以使用的有效身份证件包括:中华人民共和国居民身份证(含中华人民共和国临时居民身份证),居民户口簿,中华人民共和国护照,中华人民共和国出入境通行证,中华人民共和国旅行证,新生儿出生医学证明,军官证、警官证、文职干部证、义务兵证、士官证、军士证、警官证、文职人员证,海员证,以及公安机关出具的临时乘车身份证明,中华人民共和国港澳居民居住证,中华人民共和国台湾居民居住证,港澳居民来往内地通行证,往来港澳通行证,大陆居民往来台湾通行证,台湾居民来往大陆通行证,外国人永久居留身份证,外国人护照,外国人出入境证,公安机关出具的外国人签证证件受理回执、护照报失证明,各国驻华使领馆签发的临时性国际旅行证件(应当附具公安机关签发的有效签证或者停留证件)。

通过 12306 网站、订票电话购票时,可以使用的有效身份证件包括:中华人民共和国居民身份证(含中华人民共和国临时居民身份证),中华人民共和国护照,中华人民共和国港澳居民居住证,中华人民共和国台湾居民居住证,港澳居民来往内地通行证,台湾居民来往大陆通行证,外国人永久居留身份证,外国人护照。

2. 办理临时身份证明须符合的条件

铁路运输企业应当为无法出示有效身份证件的旅客提供咨询服务，为公安机关办理临时乘车身份证明提供场所及必要办公条件。

鼓励铁路运输企业配合有关部门通过互联网、自助办证设备等方式为旅客办理临时乘车身份证明提供便利。

为此，车站售票厅设有铁路公安制证口，为无法出示有效身份证件的旅客办理临时身份证明。办理时，须符合下列条件之一，并提供一寸照片一张：

（1）出具所在地公安机关的户籍证明信。

（2）学生旅客出具所在学校的证明信。

（3）中国人民解放军、武警部队现役军人持所在部队出具的证明信。

（4）外籍旅客持当地使领馆出具的证明信。

（5）凭其他有效证件购买车票的旅客持发证部门出具的证明信。

（6）通过其他方式能够证明本人身份的。

证明信内容必须包括旅客姓名、性别、出生年月、籍贯、有效身份证件号码等信息，并加盖证明单位公章。购票后丢失有效身份证件的，证明信内容应与车票票面记载的旅客身份信息一致。

车站铁路公安部门办理的临时身份证明一式两联，载明持有人姓名、性别、年龄、身份证件号码，一联为公安留存，一联供旅客购票、退票、中转签证、验证检票及乘车使用，由旅客自行妥善保管，站车不予收回。

同城车站均实行实名制时，临时身份证明可以通用。

3. 电子临时乘车身份证明

2023 年 1 月 15 日正式在铁路 12306 移动端发布电子临时乘车身份证明的开具功能，并在实行电子客票的站车提供相关售检票服务。

（1）旅客可通过铁路 12306 移动端申办电子临时乘车身份证明，车站窗口售退改、进站实名制核验、进出站检票、车上验票等终端程序支持通过扫描设备识读铁路 12306 移动端电子临时乘车身份证明动态二维码办理相关业务。

（2）应急条件下，无法识读电子临时乘车身份证明时，需确认旅客所持电子临时乘车身份证明信息是否来自铁路 12306 移动端、照片与本人是否一致后，手工输入旅客身份证号码及其他信息办理相关业务。

4. 自助售票机购票可使用的有效身份证件

通过自动售票机购票时，可以使用的有效身份证件包括：中华人民共和国居民身份证，中华人民共和国护照，中华人民共和国港澳居民居住证，中华人民共和国台湾居民居住证，港澳居民来往内地通行证，台湾居民来往大陆通行证，外国人永久居留身份证。

德育天地

纸质车票到电子客票的飞跃

在浩瀚的历史长河中，交通工具的每一次革新都深刻地影响着人类社会的发展与进步。其中，铁路作为工业革命的重要标志，不仅极大地缩短了地理距离，更在无形中编织了一张连接经济、文化，乃至思想交流的庞大网络。而铁路车票，作为这一庞大网络中不可或缺的“通行证”，其变迁历程不仅是技术进步的见证，更是社会制度、经济发展乃至思想变革的生动案例。

曾几何时，乘坐列车需手持一张精心裁剪、印有车次、座位号及发站、到站信息的纸质车票，它不仅是旅客身份的象征，更是那个时代科技水平的缩影。然而，随着信息技术的飞速发展，电子客票应运而生，彻底改变了人们的出行方式。旅客只需通过移动客户端或互联网购票，凭借身份证即可完成进出站验证，极大地方便了旅客，提高了通行效率，同时也减少了纸张消耗，体现了绿色出行的理念。这一变化，不仅是技术创新的直接结果，更是国家推进“互联网+政务服务”战略、提升社会治理能力现代化的具体体现，彰显了我国在科技创新和社会治理方面的进步与决心。

任务布置

为了确保旅客运输安全有序，保障人民的行车安全，快速寻找到人们的行踪，防止危险群体进入公共场所，铁路运输企业依照国家有关规定实行了火车票实名制管理。

一位外国友人准备来中国旅游，请向该旅客介绍我国铁路车票实名制管理制度，说明实名制购票乘车有效身份证件的相关规定。

任务实施

操作流程	工作任务	
	铁路车票实名制管理	实操记录
核查实名制车票	掌握实名制车票的含义	
明确实施范围	熟悉实名制车票的实施范围	
核查有效身份证件	熟悉铁路相关规定公布的实名制购票乘车有效身份证件	

任务评价

任务测评	评分标准	本人自评得分（20%）	小组互评得分（20%）	任课教师评价得分（30%）	企业导师评价得分（30%）	综合得分
知识点掌握（30分）	掌握实名制购票身份证件					

续上表

任务测评	评分标准	本人自评得分（20%）	小组互评得分（20%）	任课教师评价得分（30%）	企业导师评价得分（30%）	综合得分
技能点运用（40分）	熟悉实名制购票身份证件的具体内容					
职业素养（30分）	熟悉实名制购票身份证件具体内容，更好地为旅客服务					
综合评价						

学生反思

思考总结	
心得分享	

任务3　发售车票	编号	XM2-3
	岗位	铁路客运员、铁路售票员、列车员
	技能点	正确发售车票

任务引入

2024年9月2日，一旅客在太原站要求购买太原开青岛K8××/8××次（空调列车）硬座车票，携带未满14周岁的儿童随同成年人旅客旅行。

请思考：

具体发售儿童优惠票是如何规定的？

知识链接

2.3.1　车票发售基本规定及售票条件

1. 车票发售基本规定

车票应通过铁路运输企业提供的车站售票窗口、自动售票机、12306网站、订票电话或铁路车票销售代理人的售票处购买。旅客应按约定支付运输费用，购票后应核对票、款，妥善保管车票信息及购票时所使用的有效身份证件。

铁路运输企业开办定期票、计次票、乘车卡等多种业务时，具体售票、改签、退票、检票和行李托运等业务规则由开办业务的铁路运输企业另行规定。

车票最远发售至本次列车终到站。铁路运输企业另有规定的票种除外。

2. 售票条件

(1)儿童优惠票。

除需要乘坐旅客列车通勤上学的学生和铁路运输企业同意在旅途中监护的儿童外，未满 14 周岁的儿童应当随同成年人旅客旅行。

①随同成年人乘车的儿童，年满 6 周岁且未满 14 周岁的应当购买儿童优惠票；年满 14 周岁，应当购买全价票。每一名持票成年人旅客可免费携带一名未满 6 周岁且不单独占用席位的儿童乘车，超过一名时，超过人数应当购买儿童优惠票。儿童年龄按乘车日期计算。

②旅客携带免费乘车儿童时，应当在购票时向铁路运输企业提前申明，购票申明时使用的免费乘车儿童有效身份证件为其乘车凭证。

③免费乘车的儿童单独使用席位时应购买儿童优惠票。

④儿童优惠票的乘车日期、车次及席别应与同行成年人所持车票相同，到站不得远于成年人车票的到站。

【例 2-1】 2024 年 9 月 22 日，一名旅客携带一名身份证显示 5 周岁的儿童，在杭州站要求购买 K5××/5××次(新型空调，杭州经由萧山)到贵阳的软卧(下)车票，如何办理?

【解】 每一名持票成年人旅客可免费携带一名未满 6 周岁且不单独占用席位的儿童乘车。

杭州$\overline{\text{30 km}}$萧山$\overline{\text{1 819 km}}$贵阳 1 849 km

新空软座客快速卧(下)票价:598.00 元

合计:598.00 元

(2)学生优惠票。

在全日制高等学校(含国务院教育行政部门、省级人民政府审批设置的实施高等学历教育的民办学校)，承担研究生教育任务的科学研究机构，军事院校，普通中、小学和中等职业学校(含有实施学历教育资格的公办及民办中等专业学校、职业高中、技工学校)，国务院或国务院宗教事务局批准的正式宗教院校就读的学生、研究生，家庭居住地和学校所在地不在同一城市时，凭附有标注减价优惠区间和火车票学生优惠卡的学生证(中、小学生凭加盖学校公章的书面证明)，优惠区间应加盖院校公章，每学年(10 月 1 日至次年 9 月 30 日)可购买家庭居住地至院校(实习地点)所在地之间四次单程的学生优惠票。新生凭录取通知书、毕业生凭盖有院校公章的学校书面证明当年可购买一次学生优惠票。学生优惠票限于使用普通旅客列车硬座、硬卧和动车组列车二等座。

学生每学年乘车前应通过 12306 网站或到车站指定售票窗口、自动售票机办理一次学生优惠资质核验手续。通过车站指定售票窗口或自动售票机办理学生优惠资质核验手续时，应出具本人有效身份证件和学生证（附有火车票学生优惠卡），没有火车票学生优惠卡，火车票学生优惠卡所载信息不全、不能识别或者与学生证记载不一致的，无法通过学生优惠资质核验。

未办理或未通过优惠资质核验购买学生优惠票乘车时，列车应先办理补收票价差额手续，开具客运记录。旅客到站后可凭车补车票、学生证和购票时所使用的有效身份证件（列车如开具纸质客运记录，还应携带纸质客运记录），30 日以内到车站售票窗口办理资质核验和退票手续。车站核实学生所购学生优惠票符合有关规定后，为其办理资质核验，扣减学生火车票优惠卡次数，退还车补车票票款，不收退票费。

华侨学生和港澳台学生可购买学校所在地车站至口岸城市车站间的学生优惠票。铁路运输企业另有规定的除外。

学生证的减价优惠区间更改时，应重新加盖院校公章，并修改火车票学生优惠卡内相关信息。

学生优惠票根据减价优惠区间按相对近径路或合理径路发售。在减价优惠区间内购买联程车票时，扣减一次优惠乘车次数。超过减价优惠区间的，不发售学生优惠票。

优惠乘车次数按学年使用有效，当学年不能使用下一学年的次数，当学年未使用的不能留作下学年使用。

【例 2-2】 2024 年 9 月 2 日，旅客林平在兰州站购买当日 K5 × ×次（空调，经由郑州，开深圳西）兰州至洛阳硬卧（中）学生优惠票，旅客持有洛阳职业技术学院学生证及优惠卡，售票系统故障，应如何办理？

【解】 学生优惠票限于使用普通旅客列车硬座、硬卧和动车组列车二等座。

兰州—洛阳 1 063 km

半价新空硬座客快速票价：69. 50 元

全价新空硬卧（中）票价：108. 00 元

合计：69. 50 + 108. 00 = 177. 50（元）

填发代用票（图 2-1）。

（3）优待票。

持中华人民共和国残疾军人证、中华人民共和国伤残人民警察证、国家综合性消防救援队伍残疾人员证的人员凭证可以购买优待票。

【例 2-3】 2024 年 9 月 3 日一名旅客持有效中华人民共和国残疾军人证，携带身份证显示 8 周岁儿童一名和一名持有效学生证的学生在太原站要求购买 K6 × ×次太原经由原平至北京软卧 3 张（儿童使用上铺、其他两人使用下铺），太原站有票额，如何办理？

【解】 太原$\overline{\text{124 km}}$原平$\overline{\text{444 km}}$北京 568 km

残疾军人核收半价新型空调软座客快速卧（下）票价 111. 50 元；

学生应核收全价新型空调软座客快速卧（下）票价 223. 00 元；

儿童应核收半价新型空调软座客快速票价 61.50 元，全价软卧（上）票价 91.00 元；票价合计：111.50 + 223.00 + (61.50 + 91.00) = 487.00（元）

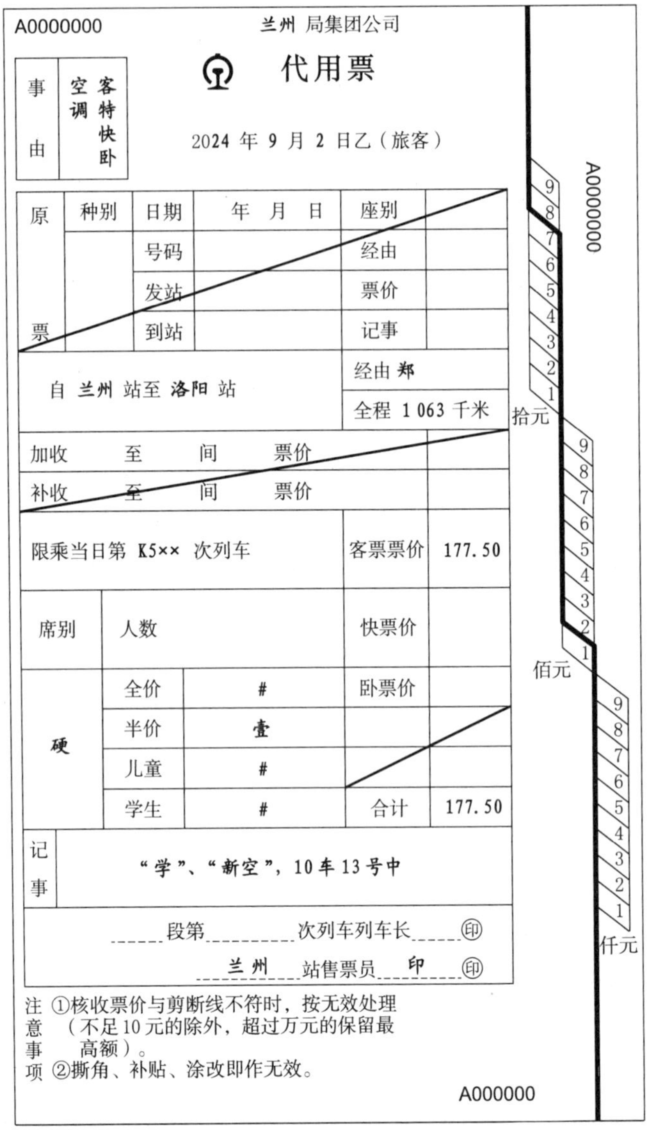
A0000000　兰州 局集团公司

代用票

事由：空调 客特快卧

2024 年 9 月 2 日乙（旅客）

原票	种别	日期	年 月 日	座别	
		号码		经由	
		发站		票价	
		到站		记事	

自 兰州 站至 洛阳 站	经由 郑
	全程 1 063 千米
加收 至 间 票价	
补收 至 间 票价	
限乘当日第 K5×× 次列车	客票票价 177.50

席别	人数		快票价	
硬	全价	#	卧票价	
	半价	壹		
	儿童	#		
	学生	#	合计	177.50

记事：“学”、“新空”，10 车 13 号中

____段第________次列车列车长____㊞

兰州 站售票员 印 ㊞

注意事项 ①核收票价与剪断线不符时，按无效处理（不足 10 元的除外，超过万元的保留最高额）。②撕角、补贴、涂改即作无效。

A000000

图 2-1　代用票

2.3.2　车票实名制管理规定

车票实名购买和实名查验统称为车票实名制管理。车票实名购买，是指购票人凭乘车人的有效身份证件购买车票，铁路运输企业凭乘车人的有效身份证件销售车票，并记录旅客身份信息和购票信息的行为；车票实名查验，是指铁路运输企业对实行车票实名购买的车票记载的身份信息与乘车人及其有效身份证件进行一致性核对，并记录旅客乘车信息的行为。

1. 车票实名制管理实行范围

铁路旅客列车和车站应当实行车票实名制管理。不属于长途客运的公益性"慢火车"、市域(郊)列车、城际列车和相关车站根据实际情况暂不实行车票实名制管理的,铁路运输企业应当提前向社会公布并说明理由。

2. 实行实名购买车票对购票人要求

购买车票及办理补票、取票、改签、退票等业务时,应当提供乘车人真实有效的身份证件或者身份证件信息。铁路运输企业应当对外公告在人工售票窗口、互联网、电话等渠道办理各项业务所需的身份证件或者身份证件信息。不能提供有效身份证件或者身份证件信息的,铁路运输企业应当拒绝办理上述业务。

3. 对发售实名制车票识别有效身份信息的要求

按照规定,发售实名制车票时,配备二代居民身份证识读设备的售票窗口,必须由系统通过二代居民身份证识读设备自动读取身份信息。遇二代居民身份证无法自动识读、识读设备故障或者使用其他有效身份证件购票时,在车站窗口和铁路局集团公司授权允许手工输入有效身份信息的代售点窗口,由售票员录入旅客身份信息,售票员应当认真核实旅客的有效身份证件,制票前应当提示旅客核实有效身份证件信息。

制票后交付时,旅客当场发现票面身份信息有误时,售票员收回作废、另发新票。旅客未当场核对票面信息,过后提出票面信息与有效证件信息不符的,自行负责。

4. 对实名制车票身份信息管理的要求

铁路运输企业应当采取有效措施为旅客实名购票、乘车提供便利,并加强对旅客身份信息的保护,铁路运输企业工作人员不得窃取、泄露旅客身份信息。

铁路运输企业应当为无法出示有效身份证件的旅客提供咨询服务,为公安机关办理临时乘车身份证明提供场所及必要办公条件。

铁路运输企业应当依照法律、行政法规规定,建立健全信息安全保障制度,采取必要防护措施,防止旅客个人信息泄露、篡改、丢失。发生或者可能发生旅客个人信息泄露、篡改、丢失等情况时,铁路运输企业应当立即采取补救措施。

2.3.3 互联网售票

通过 12306 网站、订票电话购票时,可以使用的有效身份证件包括:中华人民共和国居民身份证(含中华人民共和国临时居民身份证),中华人民共和国护照,中华人民共和国港澳居民居住证,中华人民共和国台湾居民居住证,港澳居民来往内地通行证,台湾居民来往大陆通行证,外国人永久居留身份证,外国人护照。

铁路运输企业发售车票时,根据旅客需要提供载有车票主要信息的"行程信息提示"。通过 12306 网站购票的,"行程信息提示"可通过网站自行打印或下载。购票后如需报销凭证的,应在开车前或乘车日期之日起 180 d 以内,凭购票时所使用的有效身份证件到车站售票窗口、自动售票机开具。

“行程信息提示”和报销凭证不能作为乘车凭证使用。

2.3.4 12306 网站购票数量限制

(1)在 12306 网站,一张有效身份证件同一乘车日期同一车次只能购买一张车票。

(2)通过网络购票,一笔订单可以购买 9 张以下(含本数)车票。

2.3.5 残疾人旅客专用票额发售

1. 残疾人旅客专用票额的定义及发售时间

残疾人旅客专用票额是为方便残疾人旅客乘坐火车出行,每趟旅客列车预留一定数量的残疾人旅客专用票额,自预售之日起至始发站开车前 24 h,专门发售给符合购票条件的残疾人旅客,并在票面标注“专”字。

2. 残疾人旅客专用票额的购票乘车条件

残疾人旅客专用票额的购票条件为:

(1)持有中华人民共和国残疾人证,且载明视力、肢体或智力三类残疾,残疾等级为一级或二级的。

(2)持有中华人民共和国残疾军人证、中华人民共和国伤残人民警察证,且载明残疾等级为一至六级的。

(3)持国家综合性消防救援队伍残疾人员证的,享受与残疾军人同等的客票优待。

购买残疾人旅客专用票额的车票时,实行实名制,购票、退票、进出站检票及乘车时,应出示乘车人本人的中华人民共和国残疾人证、中华人民共和国残疾军人证、中华人民共和国伤残人民警察证、国家综合性消防救援队伍残疾人员证及其所载明的居民身份证等有效身份证件。进站乘车时,票、证、人不一致的,按无票处理。

3. 对残疾人旅客专用票额车票发售管理规定

(1)较大车站开设残疾人(符合残疾人旅客专用票额购票条件)购票窗口或与军人等优先购票窗口合设,方便残疾人购票。

(2)车站和列车发现持票面标注“专”车票的旅客所持中华人民共和国残疾人证、残疾军人证或者伤残人民警察证,但可判定其不符合发放证件条件的,有权要求其腾出席位、安排符合条件的旅客使用,同时记录其证件信息,每月汇总逐级上报国铁集团客运部。发现使用伪造、变造中华人民共和国残疾人证、中华人民共和国残疾军人证、中华人民共和国伤残人民警察证、国家综合性消防救援队伍残疾人员证的,移交铁路公安部门依法处理。

(3)旅客列车设置残疾人旅客专用座席,专用座席设置处及所在车厢外的车身应涂刷相关标识。

(4)港、澳、台及外籍残疾人旅客乘车时,由列车工作人员根据具体情况酌情安排残疾人旅客专用座席。

(5)各地民政部门、残联及解放军各相关单位要协助铁路部门做好残疾人旅客专用票额车票发售、专用席位管理等工作,及时整治违规行为。

德育天地

科技赋能,服务升级

随着互联网的普及和信息技术的发展,车票的发售方式经历了从线下窗口排队购票到线上网络购票、移动客户端购票、自动售票机购票等多元化转变。这一变革,不仅极大地缓解了购票难的问题,还显著提升了购票效率,让旅客能够更加便捷地规划行程,享受出行乐趣。

1. 即时预订,随时随地

通过官方网站、移动客户端等渠道,旅客可以随时随地查询车次信息、余票情况,并即时完成购票操作,无须再受时间、地点限制。这种即时预订的便利性,不仅满足了现代人快节奏生活的需求,也体现了服务创新的理念。

2. 智能推荐,个性化服务

利用大数据分析技术,车票发售系统能够根据旅客的购票历史、出行偏好等信息,智能推荐最优出行方案,包括车次选择、座位类型、中转方案等,实现了从"被动购票"到"主动服务"的转变,让旅客感受到更加贴心、个性化的服务体验。

3. 电子客票,无纸化出行

近年来,电子客票的推广使用,更是将车票发售的便捷性提升到了新的高度。旅客无须排队打印纸质车票,仅凭有效身份证件即可实现进出站、乘车等各个环节的无纸化出行,既减少了排队等候的时间,又降低了纸张消耗,符合绿色发展的时代要求。

任务布置

2024年9月8日,旅客张某在泰山站购买当日70××次(泰山开淄博)泰山至常庄硬座票一张,应如何办理?

任务实施

操作流程	工作任务	
	发售车票	实操记录
计算运价里程	计算泰山—常庄的运价里程	
运用《铁路旅客票价表》查出分票种票价	运用《铁路旅客票价表》查出硬座客票票价	
计算联合票价	计算出联合票价	

任务评价

任务测评	评分标准	本人自评得分(20%)	小组互评得分(20%)	任课教师评价得分(30%)	企业导师评价得分(30%)	综合得分
知识点掌握(30分)	掌握各种车票发售规定					
技能点运用(40分)	能够运用《铁路客运运价里程表》确定客运运价里程,根据里程,计算旅客票价					
职业素养(30分)	具有认真学习业务知识、精益求精的职业精神					
综合评价						

学生反思

思考总结	
心得分享	

任务4 了解旅客乘车条件	编号	XM2-4
	岗位	铁路客运员、列车员
	技能点	运用规章处理不符合乘车条件的旅客

任务引入

2024年9月12日太原开青岛K8××/8××次(空调列车)德州站前检票,一名旅客持用当日当次太原经石家庄至德州硬座客普快联合票学生优惠票,票号A××××××,无减价凭证。

请思考:

德州出站时发现如何处理?

知识链接

2.4.1 认识旅客乘车条件

旅客的乘车凭证是购票时使用的有效身份证件;随行免费乘车儿童的乘车凭证是其申明时所使用的儿童有效身份证件。

旅客应当按有效车票载明的日期、时间、车次、车厢号、席位号和席别乘车。

持低票价席别车票的旅客不能在高票价席别的车厢(区域)滞留。

视力残疾旅客可以携带取得导盲犬工作证(载有导盲犬使用者信息,盖有公安部门或残疾人联合会公章,或带有国际导盲犬联盟标识"IGDF"),用于辅助视力残疾人工作、生活的导盲犬进站乘车。旅客进站、乘车时,需主动出示残疾人证、导盲犬工作证、动物健康免疫证明等证件,携带的导盲犬接受安全检查。

2.4.2 车票的查验

(1)铁路运输企业按照国家有关规定对旅客所持车票和有效身份证件进行车票实名制查验。车站对进、出站的旅客和人员应当检票,列车对乘车旅客应验票。对应当持证购买的优惠票、优待票,铁路运输企业还需核验旅客相应证件。

旅客检票后在车票发站开车前取消旅行,需办理改签、退票手续的,应在开车前主动向车站声明。

(2)旅客应配合铁路运输企业实施的车票实名制查验工作,携带免费乘车儿童还应提供其购票申明时使用的儿童有效身份证件;使用持证购买的优惠票、优待票应出示相应优惠、优待证件。

(3)铁路运输企业应当依照法律、行政法规和有关规定,对旅客及其携带品进行安全检查。旅客携带品应当遵守国家禁止或者限制运输的相关规定。

(4)车站在开车前提前停止检票,并应当在本站营业场所公告提前停止检票时间。旅客可通过乘车站营业场所公告查询。

(5)铁路稽查人员凭稽查证件、佩戴稽查标识可以在车内验票。

2.4.3 持中铁银通卡乘车检票规定

旅客使用中铁银通卡进站时经闸机写卡确认办理进站检票手续,乘车至到站后,经闸机写卡确认办理出站检票手续并扣减全价票款。

闸机在读、写卡时所作的进站、出站记录分别为铁路旅客运输合同运送期间的起、止证明。

旅客持中铁银通卡办理进出站检票手续遇卡片异常时处理规定如下:

1. 旅客刷卡进站时闸机确认该卡有前次进站记录但没有出站记录的处理规定

旅客刷卡进站时,进站闸机确认该卡有前次进站记录但没有出站记录的,不予放行,旅客应到车站售票处中铁银通卡业务窗口处理:

(1)系统提示有出站记录的,按系统所示区间补记出站记录并扣款。

(2)系统无提示但旅客能说明情况及所乘列车下车站的,补记出站记录并扣款。

(3)旅客不能说明的,以列车终到站作为下车站处理。

(4)系统提示进站记录中有多趟列车的,须与旅客核实,不能核实时按票价最高的补扣。

2. 旅客刷卡出站时闸机确认该卡无进站记录的处理规定

旅客刷卡出站时，出站闸机确认该卡无进站记录的，不予放行，旅客应到车站到补窗口处理：

(1)系统提示有进站记录的，按系统所示区间补记进站记录并扣款。

(2)若系统提示进站记录中有多趟车次，须与旅客核实，不能核实时按票价最高的补扣。

(3)系统无提示，按无票旅客处理。

3. 旅客刷卡进站后仍在同一车站刷卡出站的处理规定

旅客刷卡进站后，仍在同一车站刷卡出站时，进出站刷卡时间间隔小于等于 30 min 的，由闸机自动扣减 2 元钱款；超过 30 min 时，闸机不予放行，旅客须到补票窗口进行人工处理，具体处理原则如下：

(1)进出站时间间隔在 30 min 至 2 h 的，按本站至最远到站扣减一次往返票款。

(2)超过 2 h 的，按本车次全程扣减一次往返票款。

(3)因铁路或其他特殊原因，免收相关费用。

4. 旅客乘车至到站经出站闸机读卡确认车次与到站不符的处理规定

旅客乘车至到站后，经出站闸机读卡确认车次与到站不符的，旅客应到车站到补窗口处理；可以判明进站的，按实际乘车区间扣减票款；无法判明进站的，按出站至本线最远到站扣减一次单程票款。

5. 旅客在出站前发现卡芯片损坏的处理规定

旅客在出站前发现卡芯片损坏的，应当声明并另行补票，出站时需在到补窗口办理坏卡登记。旅客办理换卡时可持补制车票在中铁银通卡窗口注销进站记录。

6. 旅客在出站前发现卡丢失的处理规定

旅客在出站前发现卡丢失的，应当声明并另行补票，出站时需在到补窗口办理卡丢失登记。旅客找回卡后，可持卡和补制车票在中铁银通卡窗口注销进站记录。

7. 遇旅客进出站异常补扣卡片电子现金余额不足时的处理规定

进出站异常补扣时，若卡片电子现金余额不足，告知旅客需先办理圈存。

8. 旅客进出站遇闸机提示重复刷卡时的处理规定

旅客进出站时，若闸机提示重复刷卡的，安排通过人工检票通道进出站。

2.4.4 误售、误购、误乘和误降的处理

在车站售票窗口发生旅客车票误售、误购时，旅客当场提出的，车站换发新票，需退还票价差额时，不收退票费。

铁路运输企业责任导致的误售应为旅客免费办理退票或换发新票。

发生误乘、误降时，旅客应向站、车工作人员提出。列车长应编制客运记录交前方停车站；车站对本站发现或列车移交的误乘、误降旅客，应指定最近列车免费送回至车票到

站或原票乘车站，对出站后提出的不予受理。如误乘旅客提出乘坐本趟列车直接去原票到站时，所乘列车票价高于原票价时，核收票价差额；所乘列车票价低于原票价时，票价差额部分不予退还。

旅客拒绝铁路运输企业安排时，根据实际乘车区间补收相应票款，未使用部分不予退还。

在免费送回区间，旅客不得中途下车。如中途下车，对往返乘车的免费区间，按返程所乘列车等级分别核收往返区间的票款。免费送回区间，旅客应按照铁路运输企业指定的席别乘坐，旅客如提出乘坐高票价席别时，应重新支付高票价席别票款。

【例 2-4】 两名旅客持用 2024 年 9 月 22 日 K11××次蓝村经由济南、党家庄至常州硬座空调快速联合票各一张，核对车票时发现误购车票，其正当到站沧州，如何办理？

【解】 发生旅客车票误售、误购时，旅客当场提出的，车站换发新票，需退还票价差额时，不收退票费。

蓝村$\overset{341\ \text{km}}{\overline{\qquad}}$济南$\overset{15\ \text{km}}{\overline{\qquad}}$党家庄$\overset{803\ \text{km}}{\overline{\qquad}}$常州 1 159 km。

已收 2 人新空硬座客快速票价 148.50×2＝296.00（元）

蓝村$\overset{341\ \text{km}}{\overline{\qquad}}$济南$\overset{18\ \text{km}}{\overline{\qquad}}$桥南$\overset{231\ \text{km}}{\overline{\qquad}}$沧州 590 km。

应收 2 人新空硬座客快速票价 81.00×2＝162.00（元）

应退还票价差额 296.00－162.00＝134.00（元）

2.4.5 丢失购票身份证件的处理

旅客购买车票后，丢失购票身份证件的，按以下方式处理：

（1）旅客在乘车前丢失证件的，应到该有效身份证件的发证机构办理临时身份证明，凭临时身份证明进出站乘车。

（2）旅客在列车上、出站前丢失证件的，须先办理补票手续，凭后补车票检票出站。在列车上办理时，列车核验席位使用正常的，开具客运记录；在车站办理时，车站核验车票无出站检票记录的，开具客运记录。旅客应在乘车日期之日起 30 d 以内，凭该有效身份证件发证机构办理的临时身份证明和后补车票（如开具纸质客运记录，还应携带纸质客运记录），到列车的经停站退票窗口办理后补车票与原票乘车区间一致部分的退票手续。办理退票手续时，如核查丢失证件所购原票有出站记录的，后补车票不予退票；无出站记录的，办理退票时，不收退票费。

2.4.6 列车补票与到站补票电子化

根据《列车补票和到站补票电子化应用程序功能优化》（通话记录〔2023〕第 32 号）要求，为进一步规范列车补票、到站补票业务流程，优化完善补票电子化各类场景应用，国铁集团客运部根据现场作业需求，组织对列车补票和到站补票电子化应用程序功能进行优化（不含软纸票补票应用）。

1. 业务办理规则

旅客运输合同以电子数据形式体现，乘车凭证为旅客办理补票时所使用的有效身份证件，站车办理补票时不再打印纸质车票，原纸质车票转变为报销凭证，纳入电子客票报销凭证体系统一管理、按需提供，旅客凭补票证件检票出站，可根据需要前往任一车站窗口、自助票务终端领取报销凭证，领取时限与售票保持一致。铁路12306移动端、自助票务终端、车站窗口均提供列车补票与到站补票记录查询。

遇特殊情况，旅客在下车站需要办理列车补票退票时，车站应先行打印报销凭证，凭补票身份证件、报销凭证、客运记录，按现有流程、规则退票，收回报销凭证与客运记录。

2. 电子票据管理

（1）实行电子客票的列车补票终端每台设备单独设置25位的电子票号，与补票存根记账编号保持一致，号码连续且不重复。电子票号格式为运输企业（1）+客运段（4）+设备号（9）+符号（1）+票号（6）+预留（3）+补票渠道（1），如V2701127010001A000001000K。

（2）实行电子客票的到站补票终端，将每个设备视为一个售票窗口，按照售票窗口电子票号规则记录补票存根，保证电子票号（25位）的唯一性和连续性。电子票号格式为运输企业（1）+车站（3）+售处（7）+窗口（3）+符号（1）+票号（6）+预留（3）+补票渠道（1），如VTYV2644749088A000001000L。

（3）列车补票与到站补票系统完成电子化改造后，不再装配纸质票卷，原有纸质票据升级为电子票据，核算运输收入的原始凭证升级为电子票据数据，新版程序收入结账、票据管理等功能严格按照《国铁集团关于明确列车补票与到站补票业务实施铁路电子客票运输收入管理相关事项的通知》（铁财电〔2023〕29号）有关规定执行。

3. 电子数据管理

列车补票与到站补票电子数据在国铁集团、铁路局集团公司实行分级分类存储，纳入客票销售数据统计范围，作为客运营销统计分析体系的重要数据来源与依据，以接口文件形式向收入部门与统计部门推送。数据接口文件变化情况按国铁集团的公布另行通知。

2.4.7 不符合乘车条件的处理

《中华人民共和国铁路法》规定："旅客乘车应当持有效车票。对无票乘车或者持失效车票乘车的，应当补交票款，并按照规定加收票款；拒不交付的，铁路运输企业可以责令下车。"

（1）有下列行为时，铁路运输企业按规定补票，并加收已乘区间应补票价50%的票款：

①无票乘车且未主动补票时，补收自乘车站（不能判明时自始发站）起至到站止的车票票款。持失效车票乘车或在车票到站后不下车继续乘车的，按无票处理。

②持用变造、伪造或涂改的乘车凭证乘车时，除按无票处理外并送交公安部门处理。

③票、证、人不一致的，按无票处理。

④持用低票价席别车票乘坐高票价席别时，补收所乘区间的票价差额。

⑤旅客持优惠票、优待票，没有规定的减价凭证或不符合减价条件时，按照全价票价补收票价差额。

（2）有下列情况时应当补收票款：

①应购买儿童优惠票而未买票的儿童，补收儿童优惠票票款。

②应购买全价票而购买儿童优惠票乘车的未成年人，应补收儿童优惠票票价与全价票价的差额。

③主动补票或者经站、车同意上车补票的。

【例2-5】 2024年9月3日临河站68××次列车旅客出站时，发现一名旅客携带身份证显示11周岁儿童一名，5周岁儿童两名，持当日当次包头—临河全价车票1张，临河站应如何办理？

【解】 应购买儿童优惠票而未买票的儿童，补收儿童优惠票票款。

随同成年人乘车的儿童，年满6周岁且未满14周岁的应当购买儿童优惠票；年满14周岁，应当购买全价票。每一名持票成年人旅客可免费携带一名未满6周岁且不单独占用席位的儿童乘车，超过一名时，超过人数应当购买儿童优惠票。儿童年龄按乘车日期计算。

包头—临河 218 km

半价硬座客普快票票价：8.50元

11周岁、5周岁儿童各一名应补票价：8.50×2=17.00（元）

合计：17.00元

2.4.8 拒绝运送和运输合同的终止

对无票乘车而又拒绝补票的人，列车长可责令其下车并应编制客运记录交前方三等以上车站或县、市所在地车站处理（其到站近于上述车站时应交到站处理）。车站对列车移交或本站发现的上述人员应追补应收和加收的票款。

对下列旅客，站、车均可拒绝其进站、上车或责令其下车；对责令其下车的，其未使用至到站的票款不予退还，运输合同即行终止。

（1）对2.4.7第（1）条的情况之一，拒不支付应补票款和加收票款的。

（2）不接受安全检查的，坚持携带或者夹带禁止、限制物品的。

（3）不接受车票实名制查验的。

（4）在站、车内寻衅滋事、扰乱公共秩序，患有烈性传染病、严重精神障碍和醉酒等有可能危及列车安全或者其他旅客及铁路站车工作人员人身安全的。

（5）告知列车无运输能力后，无票继续越站乘车的。

（6）国家规定的其他情况。

此外，按照现行《铁路旅客人身伤害及携带品损失处理暂行办法》规定："列车发现精神异常旅客时，应重点关注，并按规定交到站或下车站妥善处理。列车运行途中，旅客有同行成年人的，应要求其同行成年人看护；无同行成年人时，应指派专人看护。必要时，可安排在适当位置看护。"

"车站发现进站乘车的旅客精神异常时，可不予其进站乘车，并为其办理退票手续。"

德育天地

携儿童出行请留意，这几件事儿你必须知道！

在繁忙的铁路交通枢纽，每一趟列车的启程都承载着无数家庭的期盼与梦想。对于携带儿童出行的家长而言，确保孩子的安全无疑是首要任务。以下将以"儿童乘车注意"为核心，探讨如何在铁路旅客运输过程中，有效避免儿童在站内走失，共同营造一个安全、温馨的旅行环境。

如果孩子在车站走失，随行成人应第一时间找到车站工作人员和公安民警说明情况，可通过车站广播和公安民警帮助等方式找寻，如需帮助可随时拨打车站服务台电话。

进站乘车，防止儿童发生意外，随行成人应注意：全程看好儿童，避免走失；不要让儿童触碰热水器等危险物品；乘坐扶梯必须看护好儿童；站台候车切勿跨越黄线，以免儿童坠入股道。

任务布置

2024 年 9 月 12 日宝鸡开新沂 K4××次（空调列车）郑州站前查票，在硬卧车厢发现一名旅客持用当日当次宝鸡、郑州至徐州学生硬座空调客快速联合票，票号××××××，无减价凭证，未办补卧手续。列车如何处理？

任务实施

<table>
<tr><td rowspan="2">操作流程</td><td colspan="2">工作任务</td></tr>
<tr><td>旅客不符合乘车条件时如何处理？</td><td>实操记录</td></tr>
<tr><td>处理减价不符</td><td>旅客持优惠票、优待票，没有规定的减价凭证或不符合减价条件时，按照全价票价补收票价差额，并加收已乘区间应补票价 50% 的票款</td><td></td></tr>
<tr><td>处理无补价</td><td>持用低票价席别车票乘坐高票价席别时，补收所乘区间的票价差额，并加收已乘区间应补票价 50% 的票款</td><td></td></tr>
<tr><td>票款合计</td><td>计算合计票数</td><td></td></tr>
</table>

任务评价

任务测评	评分标准	本人自评得分（20%）	小组互评得分（20%）	任课教师评价得分（30%）	企业导师评价得分（30%）	综合得分
知识点掌握（30分）	掌握旅客持儿童优惠票、学生优惠票、优待票没有规定的减价凭证或不符合减价条件时的处理依据					
技能点运用（40分）	熟练运用所学知识，计算违章票价					
职业素养（30分）	具有爱岗敬业精神					
综合评价						

学生反思

思考总结	
心得分享	

任务5　改签和退票业务办理	编号	XM2-5
	岗位	铁路客运员、列车员
	技能点	退票业务办理

任务引入

2024年9月28日，一名旅客持用9月29日K×29/×32次（空调列车，杭州经由金华西、怀化、襄阳、达州开成都东），杭州至达州空调硬座客快速联合票217.00元，票号A××××××，在杭州站要求签证28日K×29/×32次软卧。

请思考：

旅客办理改签时，改签后的车票票价高于原票价时应如何处理？

知识链接

2.5.1　改签办理

（1）旅客可办理一次改签，在铁路运输企业有运输能力的前提下，按下列规定办理：

①开车前 48 h 以上,可免费改签预售期内的列车。

②开车前不足 48 h,可免费改签车票载明的乘车日期以前的列车。

③开车前不足 48 h,可改签车票载明的乘车日期之后预售期内列车,核收改签费。

④开车后,在当日 24:00 之前,可免费改签当日其他列车。

⑤开车后,在当日 24:00 之前,可改签车票载明的乘车日期之后预售期内列车,核收改签费。

⑥办理变更到站的改签时,应在开车前 48 h 以上,原车票已托运行李的,还应先办理行李变更或取消业务。

(2)旅客可在车站售票窗口、12306 网站和具备改签功能的自动售票机办理改签。

(3)凭各种有效身份证件购买的车票均可在车站售票窗口办理改签,但已开具报销凭证的和使用现金支付方式购买的车票,仅可在车站售票窗口办理改签;凭 12306 网站购票证件且使用电子支付方式购买的车票,可通过 12306 网站办理改签;在具备改签功能的自动售票机办理改签时,应按系统提示办理。

改签后如需改签费报销凭证的,可在办理之日起 180 d 以内,凭改签时所使用的有效身份证件到车站售票窗口、自动售票机开具。

(4)在车站售票窗口办理改签时,乘车人须出具购票时使用有效身份证件;他人代办时应出具代办人有效身份证件及乘车人购票时使用的有效身份证件。

(5)旅客办理已开具报销凭证的车票改签时,须交回报销凭证。报销凭证无法交回或不可识别、不完整时,铁路运输企业不予办理改签。

(6)旅客办理改签时,改签后的车票票价高于原票价时,核收票价差额;改签后的车票票价低于原票价时,退还票价差额,核收票价差额的退票费。

(7)旅客在列车上办理席位变更时,变更后的票价高于原票价时,核收票价差额;变更后的票价低于原票价时,票价差额部分不予退还。

(8)因铁路运输企业责任使旅客不能按车票载明的日期、时间、车次、车厢号、席位号、席别乘车时,站、车应妥善安排。重新安排的席位票价高于原票价时,超过部分不予补收;低于原票价时,应当退还票价差额,不收退票费。

(9)旅客要求越过车票到站继续乘车时,须在原车票到站前提出,在有运输能力的情况下列车可予以办理,核收越站区间的票款;无运输能力时,列车有权拒绝旅客补票和继续乘车。

(10)必要时,铁路运输企业可以临时调整改签办法。

【例 2-6】 2024 年 9 月 28 日 9:25,一名旅客持用 9 月 29 日 K5××次(空调列车,杭州经由金华、衢州、九江、武昌、襄阳、宜昌东、凉雾、达州开成都东,杭州 12:26 开),杭州—达州空调硬座客快速联合票 273.50 元,票号 A××××,要求改签当日 K5××次软卧(软卧 8 车 10 号空),杭州站应如何办理?(假设售票系统故障。)

【解】 旅客办理改签时,改签后的车票票价高于原票价时,核收票价差额。杭州站应补收新型空调车软座客快速卧票价与已收票价差额。开车前不足 48 h,可免费改签车票载明的乘车日期以前的列车。

杭州 $\underline{27\ \text{km}}$ 杭州南 $\underline{258\ \text{km}}$ 衢州 $\underline{334\ \text{km}}$ 九江 $\underline{13\ \text{km}}$ 九江西 $\underline{243\ \text{km}}$ 武昌 $\underline{20\ \text{km}}$ 汉口 $\underline{309\ \text{km}}$ 襄州 $\underline{6\ \text{km}}$ 襄阳 $\underline{233\ \text{km}}$ 宜昌东 $\underline{288\ \text{km}}$ 凉雾 $\underline{89\ \text{km}}$ 万州 $\underline{157\ \text{km}}$ 达州 1 977 km

新空软座客快速卧(上)票价:598. 00 元

新空硬座客快速票价:224. 00 元

票价差额:598. 00 − 224. 00 = 374. 00(元)

填写代用票(图 2-2)。

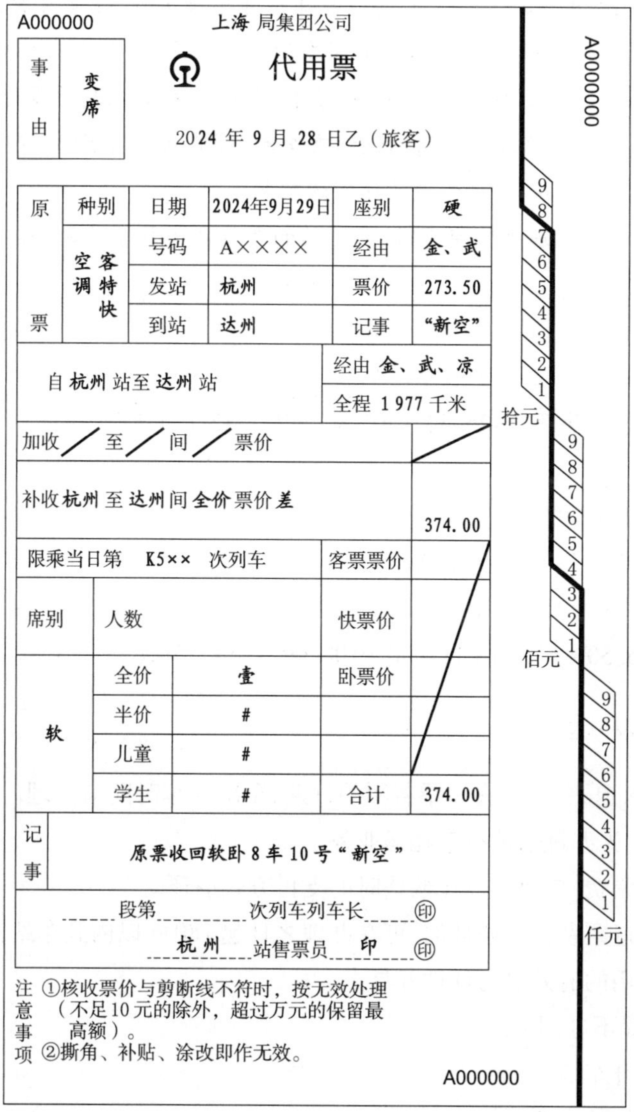

A000000 上海 局集团公司

代用票

事由：变席

2024 年 9 月 28 日乙(旅客)

原票	种别	日期	2024年9月29日	座别	硬
	空调客特快	号码	A××××	经由	金、武
		发站	杭州	票价	273. 50
		到站	达州	记事	“新空”

自 杭州 站至 达州 站 | 经由 金、武、凉 | 全程 1 977 千米

加收 ／ 至 ／ 间 ／ 票价

补收 杭州 至 达州 间 全价 票价 差 374. 00

限乘当日第 K5×× 次列车			客票票价	
席别	人数		快票价	
软	全价	壹	卧票价	
	半价	#		
	儿童	#		
	学生	#	合计	374. 00

记事：原票收回软卧 8 车 10 号“新空”

段第 次列车列车长 ㊞

杭 州 站售票员 印 ㊞

注意事项 ①核收票价与剪断线不符时，按无效处理（不足10元的除外，超过万元的保留最高额）。②撕角、补贴、涂改即作无效。

A000000

图 2-2 代用票

【例 2-7】 2024 年 9 月 27 日,一名旅客持用 9 月 30 日 K5××次(空调,杭州经由金华、衢州、九江、武昌、襄阳、宜昌东、凉雾、达州开成都东),杭州—达州硬座车票,要求签证 9 月 27 日 K5××次软卧(8 车 11 号下空),并变更到站遂宁,杭州站应如何办理?

【解】 办理变更到站的改签时,应在开车前 48 h 以上。办理"变更到站"时,新车票票价高于原车票的,补收差额。

杭州$\underline{27\text{ km}}$杭州南$\underline{258\text{ km}}$衢州$\underline{334\text{ km}}$九江$\underline{13\text{ km}}$九江西$\underline{243\text{ km}}$武昌$\underline{20\text{ km}}$汉口$\underline{309\text{ km}}$襄州$\underline{6\text{ km}}$襄阳$\underline{233\text{ km}}$宜昌东$\underline{288\text{ km}}$凉雾$\underline{89\text{ km}}$万州$\underline{157\text{ km}}$达州$\underline{159\text{ km}}$遂宁 2 136 km

新空软座客快速卧(下)票价与新空硬座客快速票价差额 656.00 − 224.00 = 432.00(元)

【例 2-8】 2024 年 9 月 10 日,宝鸡经由郑州开连云港东 11××次列车(空调)运行至咸阳站,6 号车旅客携带身份证显示 11 周岁的儿童一名,持有当次杨陵至徐州全价、儿童硬座车票各一张,要求使用硬卧(8 车 29 号中、下空),并要求越站至连云港,如何办理?

【解】 1. 旅客要求越过车票到站继续乘车时,须在原车票到站前提出,在有运输能力的情况下列车可予以办理,核收越站区间的票款。

2. 旅客在列车上办理席位变更时,变更后的票价高于原票价时,核收票价差额。

(1)越站。

徐州—连云港 190 km

新空硬座客快票价:25.50 元

半价新空硬座客快票价:25.50 × 50% = 12.75 ≈ 13.00(元)

(2)补卧。

咸阳—连云港 1 093 km

全价新空硬卧(下)票价:117.00 元

全价新空硬卧(中)票价:108.00 元

票价合计:25.50 + 13.00 + 117.00 + 108.00 = 263.50(元)

2.5.2 退票的办理

(1)旅客要求退票时,须在车票载明的日期、车次开车时间前办理。已办理行李托运的车票退票时,应先办理取消行李托运业务。

退票核收退票费,应退票款按购票时的支付方式退还。

退票后如需退票费报销凭证的,可在办理之日起 180 d 以内到车站售票窗口、自助售票机凭购票时使用的有效身份证件开具。

(2)下列情况不办理退票。

①车票发站开车后。

②开车后改签的车票。

③加收的票款。

④车补车票(因未通过或未办理学生资质核验和丢失购票时使用的有效身份证件,而办理的补票除外)。

(3)旅客可在车站售票窗口、12306 网站和具备退票功能的自动售票机办理退票。

凭各种有效身份证件购买的车票均可在车站售票窗口办理退票;凭 12306 网站购票证件购买的车票可在 12306 网站办理退票;在具备退票功能的自动售票机办理退票时,应按系统提示办理。

旅客使用 12306 网站购票证件,通过现金方式购买或已开具报销凭证的车票,可通过 12306 网站先行办理退票,自网上办理退票成功之日起 180 d 以内,凭乘车人有效身份证件到车站指定窗口办理退款手续。

(4)在车站售票窗口办理退票时,乘车人本人办理的,需出具购票时所使用的有效身份证件;代乘车人办理的,需出具代办人的有效身份证件和乘车人购票时所使用的有效身份证件。

(5)旅客办理已开具报销凭证的车票退票或退款手续时,须交回报销凭证。报销凭证无法交回或不可识别、不完整时,铁路运输企业不办理退票或退款。

(6)因旅客原因退票的办理规定。

旅客旅行途中因伤、病不能继续旅行时,经站、车核实,可在下车后 30 d 以内到下车站办理退票,退还已收票价与已乘区间票价差额,核收退票费;同行人同样办理。

(7)车票改签、退票规定。

①退票费的核收规定见表 1-8。

②改签费按如下梯次标准核收:距票面乘车站开车前 48 h 以上改签时,或开车前不足 48 h 改签票面乘车日期及以前的列车时,以及开车后在当日 24:00 之前改签当日其他列车时,均不收改签费;开车前 24 h 以上、不足 48 h,改签票面乘车日期之后的列车时,按改签前后低票价车票票面价格的 5%;计开车前不足 24 h,改签票面乘车日期之后的列车时,按改签前后低票价车票票面价格的 15% 计;开车后在当日 24:00 之前,改签次日及以后列车时,按改签前后低票价车票票面价格的 40% 计。

③改签费以 5 角为单位,尾数小于 2. 5 角的舍去、2. 5 角以上且小于 7. 5 角的计为 5 角、7. 5 角以上的进为 1 元。

④办理车票改签产生票价差额需退还或补收时,票价差额按“应收 - 已收”原则计算,其中:“应收”指旅客改签后新车票的票面价格,“已收”指改签前原车票的票面价格。当改签后的票价高于原票价时,应补收票价差额;低于原票价时,应退还票价差额,并对票价差额部分按梯次标准核收退票费。开车后办理车票改签产生票价差额需退还时,按开车前不足 24 h 标准对票价差额部分核收退票费。

【例 2-9】 2024 年 9 月 29 日 K16 × ×次(空调,呼和浩特经由包头、绥德、甘泉北、蒲城东、新丰镇至西安)列车长,因一名旅客生病,以 06 号客运记录交包头站三名旅客,三名旅客持用当日当次呼和浩特至西安硬卧(上、中、下)车票各 1 张,要求退票,包头站应如何办理?

【解】 旅客旅行途中因伤、病不能继续旅行时,经站、车核实,可在下车后 30 d 以内到下车站办理退票,退还已收票价与已乘区间票价差额,核收退票费;已乘区间不足起码里程,按起码里程计算,同行人同样办理。

已收票价:呼和浩特$\xrightarrow{165\ \text{km}}$包头$\xrightarrow{864\ \text{km}}$新丰镇$\xrightarrow{35\ \text{km}}$西安 1 064 km

硬座客快速卧(上、中、下)票价:

$$238.50 + 246.50 + 255.50 = 740.50(\text{元})$$

已乘区间:呼和浩特—包头 165 km

已乘区间硬卧不足 400 km

新空硬座客快速票价:24.50

新空硬座客快速卧(上)票价:24.50 + 46.00(400 km 硬卧) = 70.50(元)

新空硬座客快速卧(中)票价:24.50 + 51.00(400 km 硬卧) = 75.50(元)

新空硬座客快速卧(下)票价:24.50 + 54.00(400 km 硬卧) = 78.50(元)

已乘区间票价合计:224.50 元

分别核收退票费:

(238.50 − 70.50) × 20% ≈ 33.50(元)

(246.50 − 75.50) × 20% ≈ 34.00(元)

(255.50 − 78.50) × 20% ≈ 35.50(元)

退票费:33.50 + 34.00 + 35.50 = 103.00(元)

净退款: 740.50 − 224.50 − 103.00 = 413.00(元)

应收的票价:70.50(旅客已乘区间票价) + 33.50(退票费) = 104.00(元)。

旅客已付的 104.00 元报销凭证如图 2-3 所示。

A000001
呼和浩特站 K16×× 包 头站
Huhehaote Baotou
2024年09月29日 07:28开 10车2号上铺
¥104.00元 新空调硬卧
原票: 呼和浩特-西安 (退差)
仅供报销使用
1234567890****1231 王某某
买票请到12306 发货请到95306
中国铁路祝您旅途愉快
12345671234567K123453 JM

图 2-3 报销凭证(一)

应收的票价：75.50（旅客已乘区间票价）+34.00（退票费）=109.50（元）。

旅客已付的109.50元报销凭证如图2-4所示。

应收的票价：78.50（旅客已乘区间票价）+35.50（退票费）=114.00（元）。

旅客已付的114.00元报销凭证如图2-5所示。

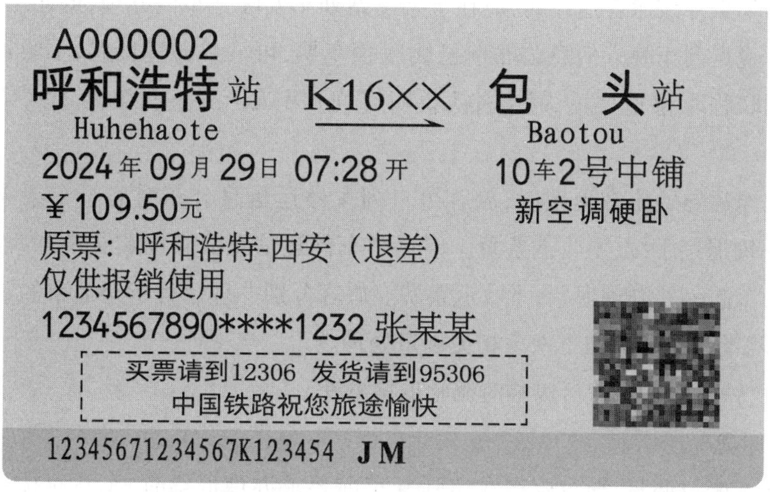

图2-4 报销凭证（二）

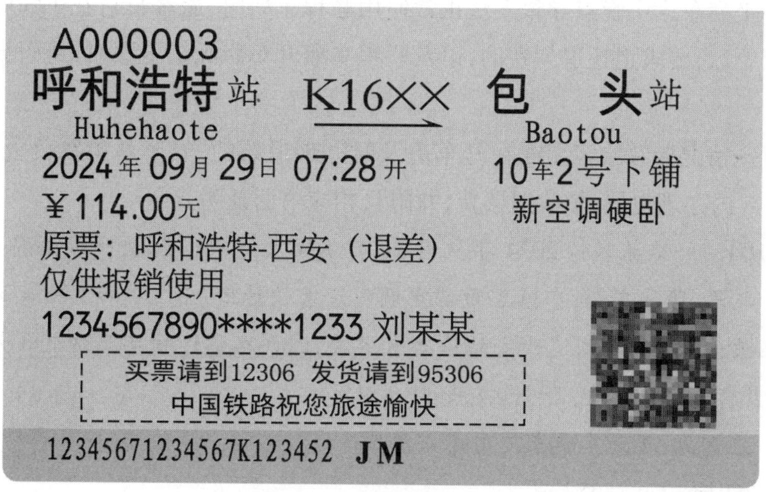

图2-5 报销凭证（三）

（8）不能正常运输情形导致旅客退票的处理。

因铁路运输企业责任或自然灾害等其他不能正常运输情形导致旅客退票时按下列规定办理，不收退票费：

①在车票发站,退还全部票款。

②在中途站,退还未乘区间票款。

③在到站,退还车票未使用部分票款。

④列车因空调设备故障在运行过程中不能修复时,应退还未使用区间的空调费用。

因列车晚点导致旅客退票时,应在车票发站列车实际开车前办理,退还全部票款,不收退票费。晚点列车晚点信息公布前已购联程车票,可一并办理退票,不收退票费。旅客分别办理联程车票退票的,按《国铁集团客规》第四十五条和第四十六条相关规定处理。

因列车停运导致旅客退票时,旅客可自列车停运信息公布时起至车票乘车日期后30 d以内办理退票手续,不收退票费。停运列车停运信息公布前购买的联程车票,可在联程车票开车前一并办理退票,不收退票费。旅客分别办理联程车票退票的,按《国铁集团客规》第四十五条和第四十六条相关规定处理。

必要时,铁路运输企业可以临时调整退票办法。

(9)特殊情况退票。

①因列车席位调整,导致旅客在实际开车前要求办理退票时,车站应按照铁路不能正常运输情形导致旅客退票,向旅客退还全部票款,不收退票费。如旅客自行通过12306网站办理退票后,要求退还退票费时,可引导旅客拨打12306办理。

②因乘坐列车途中晚点导致无法正常使用联程车票时,旅客自行在12306网站办理联程车票退票后,要求退还退票费的,以及联程车票开车后无法退票时,可引导旅客拨打12306办理。

③因特殊情况导致旅客无法在开车前及时办理退票的,经车站售票负责人同意,可在开车后2 h内办理退票,核收退票费,并附具相应书面证明。

【例2-10】 一名旅客持2024年9月18日K16××次(空调,呼和浩特开西安)包头、绥德、甘泉北、蒲城东、新丰镇至西安空调硬座客快速卧(下)票和K16××次列车长编制客运记录,9月19日到达西安站后要求退票,因列车到达甘泉北站前6号硬卧车故障,旅客自宝鸡站改乘硬座,西安站应如何办理?

【解】 在到站,退还车票未使用部分票款。

甘泉北$\xrightarrow{251\ \text{km}}$新丰镇$\xrightarrow{35\ \text{km}}$西安286 km

按硬卧起码里程退400 km新空硬卧(下)票价:54.00元

【例2-11】 2024年9月29日K16××次(空调,呼和浩特经由包头、绥德、甘泉北、蒲城东、新丰镇至西安)列车行驶至包头站,因前方水害列车停止运行,一名旅客持用当日当次呼和浩特到西安硬卧(下)车票1张,票号A025×××,要求退票,包头站应如何办理?

【解】 因铁路运输企业责任或自然灾害等其他不能正常运输情形,在中途站,退还未乘区间票款。

包头$\overset{864\ km}{\overline{\quad\quad}}$新丰镇$\overset{35\ km}{\overline{\quad\quad}}$西安 899 km

未乘区间票价:空调硬座客快速卧(下)票价:214.00 元

德育天地

用心用情解决旅客困难

在繁忙的铁路枢纽站,人来人往,每一张车票都承载着旅客对家的思念或对远方的憧憬。然而,在这个快节奏的社会中,偶尔也会发生一些令人揪心的小插曲,误购车票便是其中之一。

在一个普通的冬日午后,寒风凛冽,一位年迈的老人,手里紧握着一张前往陌生城市的车票,独自徘徊在候车大厅。老人的眼神中透露出迷茫与不安,显然,他误购了车票,不知何故踏上了这段未知的旅程。周围匆匆的旅客,大多无暇顾及这位老人的异常,但他的无助很快引起了铁路工作人员的注意。

值班的铁路职工小李,是一位平日里就乐于助人的青年。见到老人的情况后,他立刻上前询问,但老人难以清晰表达,只能含糊地重复着几个地名。小李没有放弃,耐心地安抚老人,并尝试通过老人的随身物品寻找线索。最终,在一张泛黄的家庭合照中,小李发现了老人的家庭联系方式,并迅速与其家人取得了联系。

在等待家人赶来的过程中,小李没有让老人独自等待,将他带到了休息室,为他准备了热水和食物,还细心地陪伴在侧,讲述着车站里的趣事,努力让老人感受到温暖与安心。这一幕,成为冬日里一道温馨的风景线。

任务布置

2024 年 9 月 27 日,三名旅客在武山站持 9 月 30 日 K4××次(11:15 开车)武山至淮安空调硬座客快速联合票三张,票号×××××1,×××××2,×××××3,要求退票,武山站应如何办理?

任务实施

操作流程	工作任务	
	退票业务办理	实操记录
发站退票	旅客退票在开车前 48 h 以上不足 8 d 的按 5% 核收退票费	
核收退票费	计算退票费	

续上表

操作流程	工作任务	
	退票业务办理	实操记录
旅客需报销退票费时业务办理	旅客需报销退票费时，应开具退票费报销凭证	

任务评价

任务测评	评分标准	本人自评得分（20%）	小组互评得分（20%）	任课教师评价得分（30%）	企业导师评价得分（30%）	综合得分
知识点掌握（30分）	掌握三种退票的处理规定					
技能点运用（40分）	熟练办理退票流程					
职业素养（30分）	具有勤学苦练本领、认真负责的工作作风					
综合评价						

学生反思

思考总结	
心得分享	

任务6　旅客携带品管理	编号	XM2-6
	岗位	铁路客运员、列车员
	技能点	旅客违章携带品的处理

任务引入

2024年9月2日，K78××次（大同—太原）到达忻州站，出站口发现一旅客持大同至忻州车票，携带背包一件6 kg，皮箱一件13 kg（外部尺寸长1 m、宽0.6 m，高0.4 m），纸箱一件（内装工业酒精2瓶）重6 kg。

请思考：

应如何处理？

知识链接

2.6.1 认识旅客携带品

1. 旅客携带品的定义

旅客携带品是指旅客未向铁路办理托运，自己随身带入客车、自己负责看管的零星物品。

2. 旅客免费携带品的重量和规格

儿童 10 kg，外交人员 35 kg，其他旅客 20 kg。每件物品外部尺寸长、宽、高之和不超过 160 cm，杆状物品不超过 200 cm；但乘坐动车组列车均不超过 130 cm；每件重量不超过 20 kg。平衡车、滑行器等轮式代步工具须使用硬质包装物妥善包装。

依靠辅助器具才能行动的老、幼、病、残、孕等特殊重点旅客旅行时代步的折叠式轮椅，以及随行婴儿使用的折叠婴儿车，可免费携带并不计入上述范围。

3. 部分禁限物品规范说明

(1) 钻机类物品。

根据国家铁路局综合司《关于〈国铁集团办公厅关于反馈钻机类物品携带乘车建议的函〉的复函》(国铁综运输监函〔2023〕151 号)规定，电钻(含手钻、风钻、冲击钻等)属于《铁路旅客禁止、限制携带和托运物品目录》明确的钻机范围，禁止随身携带但可以托运；角磨机、砂轮机、抛光机、切割机等其他电动工具不属于钻机范围。随身携带含有锂电池的电动工具要符合锂电池额定能量要求，办理托运的应符合所选运输方式托运的具体要求。

(2) 如消毒酒精为"喷雾、凝胶"性状且为非自喷压力容器包装，属于《铁路旅客禁止、限制携带和托运物品目录》中第三类限制随身携带的物品中第二条，可以随身携带，但单体容器容积不超过 100 mL，每位旅客限带 1 件。

(3) 自热类食品镁铝粉属于遇湿易燃物品，发热包主要原料为镁铝粉的自热类食品禁止随身携带和托运。

(4) 防晒喷雾、补水喷雾等主要性态为气雾剂，属于自喷压力容器，属于《铁路旅客禁止、限制携带和托运物品目录》中第三类限制随身携带的物品中第四条，可以随身携带，但单体容器容积不超过 150 mL，每种限带 1 件，累计不超过 600 mL。

(5) 干冰或使用干冰作冷却剂的物品按照《铁路危险货物运输安全监督管理规定》(交通运输部令 2022 年第 24 号)规定，旅客列车禁止运输危险货物，干冰属于《铁路危险货物品名表》中明确的危险货物(铁危编号 91009)，铁路旅客禁止随身携带和托运干冰或使用干冰作冷却剂的物品。

(6) 充电宝额定能量判定充电宝额定能量指充电宝内锂电池的能量，通常在充电宝上标注，如未标注额定能量 W · h(瓦特小时)，可按照以下方法进行计算判定。

①如果充电宝标注有标称电压(V)和标称容量(A·h),计算公式为:W·h=V·A·h。

②如果充电宝只标注有毫安时(mA·h)的,可将其除以1 000,转换为安时(A·h)。

③如容量标注有电池容量和额定容量的,以电池容量计算。电压标注有充电宝电压和电池电压的,用电池电压计算。

2.6.2 旅客违章携带品的处理规定

1. 旅客违规携带的物品的处理

(1)在乘车站禁止进站上车。

(2)在车内或下车站,对超过免费重量的物品,其超重部分应自上车站至下车站补收行李运费。对不可分拆的整件超重、超大物品、活动物,按该件全部重量补收上车站至下车站行李运费。列车不具备补收条件时可交前方停车站处理。

(3)发现危险品或禁止、限制运输的物品,妨碍公共卫生的物品,损坏或污染车辆的物品,列车交前方停站处理,车站按该件物品全部重量加倍补收上车站至下车站行李运费。涉嫌违法犯罪的送交公安部门处理,对有必要就地销毁的危险品或禁限物品应按有关规定处理。

(4)如旅客携带超重、超大的物品价值低于行李运费时,可按物品价值的50%核收行李运费。

(5)补收行李运费时,不得超过本次列车的始发站和终到站。不能判明上车站时,自始发站起计算。

【例2-12】 2024年9月28日,由呼和浩特客运段值乘的K16××次(空调,呼和浩特经由包头、绥德、甘泉北、蒲城东、新丰镇至西安)到榆林站前验票时,发现一名旅客持用当日当次包头至榆林车票,携带旅行袋一件重13 kg(内装旅行用品及酒精5 kg),提包一件6 kg。列车应如何处理?

【解】 发现危险品或禁限的物品,妨碍公共卫生的物品,损坏或污染车辆的物品,列车交前方停站处理,车站按该件物品全部重量加倍补收上车站至下车站行李运费。

包头—榆林304 km

13 kg加倍行李运费:0.175×13×2=2.275×2=4.55≈4.60(元)

车站填写“客杂”(图2-6)。

2. 对旅客携带品管理规定

旅客携带品由自己负责看管。旅客需妥善放置携带品,不得影响公共空间使用和安全。

3. 视力残疾旅客携带导盲犬进站乘车规定

《国铁集团客规》第二十七条规定:“视力残疾旅客可以携带取得导盲犬工作证(载有导盲犬使用者信息,盖有公安部门或残疾人联合会公章,或带有国际导盲犬联盟标识

丙

呼和浩特局集团公司

客运运价杂费收据

2024 年 9 月 28日　　（报告用）

原票据	种别	日期		月　日　时 到达、通知、变更
		号码		月　日　时 交　　付
		发站		核收保管费　　日
		到站		

核收区间	核收费用			款额
	种别	件数	重量	
自 **包头** 站 至 **榆林** 站 经由（　　） 席别___人数 **壹**	**酒精**	1	13	4.60
	合　计			4.60

记事	**旅行袋一件 13 kg，内装酒精 6 kg加倍行李运费。**

榆林 站经办人______印

A000000

图2-6　客杂

‘IGDF’)，用于辅助视力残疾人工作、生活的导盲犬进站乘车。旅客进站、乘车时，需主动出示残疾人证、导盲犬工作证、动物健康免疫证明等证件，携带的导盲犬接受安全检查。”

(1)携带导盲犬乘车需求告知规定。

为便于铁路部门及时了解旅客需求，为旅客提供良好的乘车环境，请旅客提前向铁路部门告知有关需求：

①在车站售票窗口购票时，说明携带导盲犬乘车的需求，以便铁路部门安排较为合适的席位。

②在购票时未予说明或者通过其他渠道购票的，可以在开车时间 12 h 前通过 12306 电话联系铁路客服中心，提出携带导盲犬进站乘车的需求，并告知所购车票的乘车日期、车次、席位号等信息。

③没有提前联系铁路客服中心的，也可以在进站、乘车时向站车工作人员告知并寻求帮助。

(2)需与具备照看导盲犬能力成年人同行的规定。

为保障旅客出行安全，有下列情形之一的，需与具备照看导盲犬能力的成年人同行：

①乘坐同一趟列车时间超过 12 h 的。

②购买联程票时，每段接续时间在 2 h 以内，且全程时间超过 12 h 的。

(3)在车站及乘车期间对导盲犬照看的规定。

在车站及乘车期间，旅客或同行成年人负责照看导盲犬及照顾导盲犬吃、喝、排泄，请勿影响站车环境卫生，在不阻塞通道、车门等前提下，导盲犬宜在旅客座席附近或铺位下陪伴，请勿让其占用席位或任意跑动。

(4)旅客携带导盲犬进站检查规定。

为维护良好的站车秩序，请旅客主动配合铁路工作人员做好以下工作：

①在进站、乘车时，请主动出示以下证件：购票时所使用的有效身份证件、残疾人证、导盲犬工作证、动物健康免疫证明。

②进站时，请与其他旅客一样，携带导盲犬接受安全检查。

③进入车站、列车前，请为导盲犬系上牵引链，佩戴导盲鞍。

(5)对携带导盲犬旅客服务与管理规定。

①乘车期间，在条件允许的情况下，列车工作人员应尽可能协调将旅客安排至较为宽敞的席位，以方便其乘车生活和照看导盲犬；有同行人时，还应尽可能协调将同行人安排至就近席位。协调更换座位时，原则上应为同等级席别的席位；如因更换席位出现票价差额，应提前征得旅客本人同意，并按规定处理票价差。

②在发生危及旅客人身安全和铁路运营秩序的特殊情况下，携带导盲犬的旅客与其他旅客一样，需共同遵守铁路和公安部门的有关规定，接受铁路工作人员的组织和引导。

③各地残联应协调有关部门核发导盲犬工作证，并协助铁路部门做好旅客携带导盲犬进站乘车管理及宣传引导工作。

2.6.3　旅客遗失物品的处理

旅客遗失物品是指旅客在车站或列车上丢失的物品。

为了提高旅客服务质量，树立铁路运输企业的良好形象，对于旅客的遗失物品的处理规定如下：

发现旅客遗失物品应积极寻找失主。如旅客已经下车，应编制客运记录，注明品名、件数等移交下车站。不能判明时，移交列车前方站或终到站。

车站应设失物招领处，对本站发现或列车移交的旅客遗失物品，要及时登记、妥善保管，并在 12306 网站或车站进行公告。失主来领取时，应查验有效身份证件，核对时间、地点、车次、品名、件数、重量，确认无误后，由失主签收。

铁路运输企业可依据相关法律、行政法规和有关规定对保管的遗失物品核收保管费。

鲜活易腐物品和食品不负责保管。

无人认领的遗失物品按国家有关规定处理。

德育天地

小物品,大考验

在浩瀚的铁路线上,每一趟列车的启程与抵达,不仅承载着人们的归家心切与远行梦想,更在无形中编织着一张关于规则、责任与安全的教育网。在繁忙的车站候车大厅内,旅客们或站或坐,手中提着大包小包,准备踏上新的旅程。这时,一位年轻旅客小李,手中紧握着一个看似普通的双肩背包,小李在过安检时,被安检员拦下。原来,他的背包中藏有一瓶未开封的酒精喷雾,这是铁路部门明文规定禁止携带上车的危险品之一。面对安检员的询问,小李起初不解,认为这只是日常消毒用品,并无大碍。然而,随着安检员的耐心解释,小李逐渐认识到自己的错误。

小李携带违禁品上车,虽是个体行为,但一旦发生意外,将可能危及全车旅客的安全。小李的经历,教会我们尊重规则、勇于担当社会责任、重视安全教育。在未来的旅途中,愿每一位旅客都能成为规则的守护者、社会责任的践行者、安全知识的传播者,共同营造一个和谐、安全、有序的铁路旅行环境。铁路旅客携带品,不仅关乎个人便利,更是对公共安全、社会秩序的一份承诺与守护。

任务布置

2024 年 9 月 10 日 11××次列车(新空,宝鸡经由郑州、徐州开连云港东)始发站开车后验票,一名旅客持当日当次硬座客车票,携带纸箱 1 件,重 7.2 kg(内装每瓶 120 mL 的空气清新剂 60 瓶)如何处理?

任务实施

操作流程	工作任务	
	旅客违章携带物品处理	实操记录
确定禁带物品运价里程	确定宝鸡—灵宝里程	
查出行李运价率	查出行李运价率	
计算运费	计算应收运费	

任务评价

任务测评	评分标准	本人自评得分(20%)	小组互评得分(20%)	任课教师评价得分(30%)	企业导师评价得分(30%)	综合得分
知识点掌握(30 分)	根据《铁路客运运价里程表》确定里程					

续上表

任务测评	评分标准	本人自评得分(20%)	小组互评得分(20%)	任课教师评价得分(30%)	企业导师评价得分(30%)	综合得分
技能点运用(40分)	熟练计算运费					
职业素养(30分)	具备业务基本功					
综合评价						

学生反思

思考总结	
心得分享	

任务7　编制客运记录与拍发铁路电报	编号	XM2-7
	岗位	客运值班员、列车员
	技能点	编写客运记录

任务引入

2024年9月12日运城开唐山K8××次列车太原站前，一名旅客找到列车长声明误购临汾至济宁新型空调硬座客快速联合票，票号A002×××，正当到站为集宁南。

请思考：

列车长应如何处理？如何编制客运记录的内容？

知识链接

2.7.1　编制客运记录

1. 编制客运记录规定

客运记录是指在旅客或行李运输过程中因特殊情况，铁路运输企业与旅客之间需记载某种事项或车站与列车之间办理业务交接的纸质或电子凭证。

全路各铁路局集团公司已实现电子化的客运记录通过客运站车无线交互程序、客运管理信息系统等全路统一信息化平台操作，其他未实现电子化的采用纸质形式。

(1)客运记录的用途。

客运记录是铁路站、车之间办理交接事项的文字凭证和处理旅客及行李运输过程中具体业务的原始依据。

(2)客运记录的编制规定。

①目的明确,据实填写,事项齐全。编写的客运记录应内容准确、具体、详细、齐全、完整。如实反映情况,不得虚构、假想、臆测。

②语言简练,书面清楚。记录语言要简明扼要,条理清楚,说明问题。字体要清楚,不潦草,不写自造简化字。编制客运记录应填写事由。

③认真做好签收。客运记录应有顺序编号,加盖编制人名章。纸质客运记录一般一式二份,接收人签字后,一份交接收人,一份留存。对留存的应装订成册,妥善保管,以备存查。电子或纸质客运记录长期有效。

(3)编写客运记录注意事项。

①要符合铁路的规章制度。

②下交旅客时附带证明材料、人民币、证件、档案材料一定要在记录下面注明。

③凡是交接的记录一定要让接收人签字。

2. 编制客运记录的范围

(1)车站编写客运记录的范围。

①发生误售、误购车票,在中途站、原票到站应退还票价时。

②将旅客遗失物品向查找站转送时。

③旅客在车站发生意外伤害,需送铁路医院抢救时。

④车站向铁路局集团公司寄送因违章乘车所查扣的铁路乘车票证时。

⑤车站发现伪报品名的行李损坏其他行李时。

(2)列车编写客运记录的范围。

①因铁路责任(甩车、重号等)造成旅客变更席别铺别需退票价差时。

②因空调故障无法修复影响使用旅客需退空调费时。

③对无票乘车而又拒绝补票的人移交车站时。

④旅客因误售、误购、误乘或坐过了站需送回时。

⑤丢失实名制车票挂失补办时。

⑥旅客在列车内寻衅滋事,扰乱公共秩序需交车站时。

⑦发现旅客遗失物品交车站及将遗失物品向查找站转送时。

⑧旅客携带品中夹带危险品交前方停车站时。

⑨列车内发现无人护送的精神病旅客移交到站或换车站时。

⑩违章使用乘车证移交车站或有关部门处理时。

⑪误售、误购车票而误运行李时。

⑫列车上发现将国家禁止、限制运输的物品或危险品伪报其他品名托运或在货件中夹带交前方停车站处理时。

⑬旅客因病不能继续旅行时或因病死亡需移交车站时。

⑭列车上旅客发生人身伤害需向车站移交时。

⑮列车上发现烈性传染病患者(尤其是对人身健康危害严重、有暴发性流行可能的疾病患者)需交车站时。

【例 2-13】 2024 年 9 月 12 日石家庄开烟台 22××次(空调车)列车运行至济南站，5 号硬卧车因故障甩车，该车厢 66 名旅客经列车妥善安置，其中 42 名旅客自济南站改乘硬座，列车长应如何处理？【只编制一名旅客持用石家庄至烟台空调硬座客普快卧(上)电子客票，票号 9034×××，变更硬座的客运记录。】

【解】 铁路责任的变更席别

依据：铁路责任(甩车、重号等)造成旅客变更席别铺别需退票价差时：编制记录要说明变更原因，变更区间，旅客车票的发到站、票号。

1. 编制客运记录(图 2-7)分别交给变更席位的旅客，作为乘车至到站退还票价差额的凭证。

北京 局集团公司　　客统—1

客　运　记　录

第　1　号

记录事由：铁路责任硬卧变硬座

烟台站：

9 月 12 日我车运行至济南站，5 号硬卧车因故障甩车，旅客持用当次石家庄至烟台空调硬座客普快卧（上）电子客票，票号 9034×××，（旅客姓名、身份证号）自济南至烟台间改乘硬座。请贵站按章办理。

注：

1. 站、车需要编制记录时均适用。
2. 本记录不能作为乘车凭证。

石家庄客运 ~~站~~ 段　编制人员×××（印）

站 段　签收人员　　（印）

2024 年 9 月 12 日编制

图 2-7　客运记录

2. 拍发铁路电报告知有关站(变更席位的旅客的下车站)。

【例 2-14】 2024 年 9 月 12 日杭州开大同 K8××次列车运行至徐州站，4 号硬卧车 YW663×××，空调故障无法修复，徐州至大同车内空调均不能使用，列车长应如何处理？写出处理程序，编制一份客运记录。【一名旅客持杭州至大同空调硬座客普快卧

(下)电子客票,票号 9157 × × ×。】

【解】 空调故障

依据:因空调故障无法修复影响旅客使用需退空调费时,编制记录要注明发生故障的车厢,未使用空调的区间,旅客车票的发到站、票号、身份证号。

列车在中途站因空调发生故障,影响旅客使用。应发铁路电报通知有关站为旅客退票,对旅客应本着负责的精神,编制客运记录(图 2-8)交旅客作为到站退票的依据。

太原 局集团公司　　　　客统—1

客　运　记　录

第 2 号

记录事由:空调故障

大同站:

9 月 12 日我车运行至徐州站,4 号硬卧车因空调故障无法修复,该旅客持用杭州至大同空调硬座客普快卧(下)电子客票,票号 9157×××,(旅客姓名、身份证号)自徐州至到站未能使用空调,现交你站请按章处理。

注:

1. 站、车需要编制记录时均适用。

2. 本记录不能作为乘车凭证。

太原客运 ~~站~~ 段　编制人员×××(印)

站 段　签收人员　　　(印)

2024 年 9 月 12 日编制

图 2-8　客运记录

【例 2-15】 2024 年 9 月 12 日 88××次列车(太原客运段担当)查验车票在平社—豆罗间发现旅客(原平市市民刘某)持有太原至原平电子客票,票号 9275 × × ×,携带纸箱一件 12 kg,内装油漆两桶 4 kg,应如何处理?(设:该站无派出所。)

【解】 违章携带危险品

依据:发现危险品或禁、限物品,妨碍公共卫生的物品,损坏或污染车辆的物品时,列车交前方停车站处理,车站按该件物品全部重量加倍补收上车站至下车站行李运费;涉嫌违法犯罪的送交公安部门处理。对有必要就地销毁的危险品或禁限物品应按有关规定处理。

违章携带危险品乘车应按该件物品全部重量加倍补收行李运费,客运记录如图 2-9 所示。

太原 局集团公司　　客统—1

客 运 记 录

第 7 号

记录事由：移交危险品

豆罗站：

9月12日本次列车查验车票在平社—豆罗间发现旅客持有太原至原平电子客票，票号 9275×××（旅客姓名、身份证号）携带纸箱一件 12 kg，内装油漆两桶 4 kg，现交你站按章处理。

注：

1. 站、车需要编制记录时均适用。
2. 本记录不能作为乘车凭证。

太原客运 ~~站~~ 段　编制人员×××（印）

站 段　签收人员　　（印）

2024年9月12日编制

图 2-9　客运记录

2.7.2　拍发铁路电报

1. 铁路电报的拍发规定

(1)凡是口头、书面、电话能联系解决的问题，不准拍发铁路电报。

(2)拍发铁路电报要写明主送、抄送单位。

①主送单位是指收铁路电报的直接负责单位，也就是这个事主要由哪个单位办（不论单位大小，主要受理单位排到最前位）。

②抄送单位是指知晓、协助办理、督促、备案、仲裁的单位（一般先上级后下级依次排列，本段排列最后），即还需要哪个单位知道，它起到备案、汇报的作用。抄送的单位不宜过多，可以不抄送的应免去。

③拍发铁路电报应盖章、签字留存。

④铁路电报反映情况要真实。

⑤列车只能在乘务中发铁路电报。

重大案件、疫情、敌情要注意保密，有条件时，可发密电。同一区段内不得重复拍发同一内容的铁路电报。

2. 铁路电报的用途、发报权限及发报范围

(1)铁路电报的用途。

铁路电报是铁路公文的一种形式,在处理紧急公务时使用。全路已实现电子化的铁路传真电报通过客运站车无线交互程序、客运管理信息系统等全路统一信息化平台操作,其他未实现电子化的采用纸质形式。

(2)发报权限。

下列单位和人员有权制发铁路电报:

①国铁集团和国铁集团机关各部门、各直属机构、驻外单位、控股公司。

②国铁集团所属单位,所属单位机关各部门、各直属机构、驻外单位、控股公司。

③铁路局集团公司所属站段或同级单位。

④站段与运输有直接关系的生产部门(车站、折返段、救援列车、商检、货运营业部、列检所、公寓等)制发铁路电报权限,由铁路局集团公司批准。

⑤执行列车乘务的负责人员,包括列车长、车辆乘务员、随车机械师等。

⑥铁路公安系统各单位(公安局、公安处、公安派出所、乘警队等)。

⑦执行公务的各级监察、稽查、审计人员。

(3)发报范围。

①国铁集团(包括国铁集团机关各部门、各直属机构)发报范围不限。

②国铁集团所属单位可向国铁集团所属其他同级单位及其所属站段发报,但不得发至全路各站段。

③铁路局集团公司所属站段(或同级单位)可向本局和外局同级单位发报,基层站段向所属车间、班组(工区)制发铁路电报权由铁路局集团公司规定。

④站段(或同级单位)所属机构可向本局和外局与其有直接工作关系的运输生产单位或其所属机构发报。

⑤担当列车乘务工作的负责人员(列车长、乘警长、车辆乘务员等工作人员)执乘时,根据工作需要,可向有关站段、车站、铁路局集团公司调度和公安部门发报。

⑥铁路公安系统各单位(公安局、公安处、公安派出所、乘警队等)根据工作需要可向有关单位发报。

⑦拍发给铁路乘务人员的铁路电报,必须指定能够代其负责收转的铁路单位。

(4)不准拍发铁路电报的情况及报文拟稿要求。

①不准拍发铁路电报的情况。

a. 处理个人私事的铁路电报。

b. 已经有文电的重复通知。

c. 由于工作不协调、互相申告(执行列车乘务工作的负责人,在列车运行中向上级领导汇报列车运行中发生的问题不在此限)的铁路电报。

d. 不符合规定的铁路电报版式或书写格式的铁路电报。

e. 未签订服务协议的非铁路单位制发的铁路电报。

f. 非铁路单位超过服务协议规定业务范围的铁路电报。

②报文拟稿要求。

a. 要有明确的收发报单位。

铁路电报的主送单位应为电文所列事项的直接承办者或汇报事项时所涉及的直接有关上级部门。

抄送单位应为电文所列事项须呈报的上级单位及涉及的有关领导、部门和单位。一般应抄送本段及有关铁路局集团公司主管部门,需要时抄送国铁集团主管部门。

b. 要求。

编拟铁路电报稿要做到电文通顺,文字简练,中心意思突出。标点符号完整、准确。字体清晰。电文开头应注明发生日期、车次、区间。铁路电报要求不超过 500 字。拍发纸质铁路电报应一式二份,并盖章、签字留存。

c. 文稿体裁。

(a)公文式,即以公文形式陈述文电内容。

(b)书信式,是现在通用的格式。其特点如写书信,在铁路电报稿纸上,给谁发报开头就写谁,例如,主送:××单位;抄送:××单位;接着下一行即可写电文内容,最后落款××单位、发报人名章、发报日期、还应注明发于××站。

运用准确的标点符号是完成一份电文稿件的重要手段,句号、逗号、分号、冒号、引号、括号、省略号等符号不漏点、错点。

(5)对列车乘务人员拍发铁路电报要求。

①列车乘务人员值乘期间需拍发铁路电报时,可委托经停车站代发铁路电报,并在铁路电报原稿空白处填写证件名称、号码或加盖可证明发报人身份、职务的印章。委托车站转交拍发的电报铁路,如有不符合规定或内容有疑问时,由被委托的车站工作人员负责解释或处理。

②执行非图定列车乘务工作的负责人拍发铁路电报时,应写明经由区间,并在附注栏内注明本次列车在发报站的开车时间。同一区段内不得重复拍发同一内容的铁路电报。

(6)拍发铁路电报的部分情况。

①车站拍发铁路电报的情况。

a. 车站发现少收票款时。

b. 到站发现少收票款时。

c. 线路中断列车停止运行后,向上级汇报时。

d. 因发生意外伤害,导致旅客重伤或死亡时。

②列车拍发铁路电报的部分情况。

a. 因误售、误购车票而误运行李,行李又未在本列车装运,列车通知原到站向正当到站转运时。

b. 列车超员,通知有关部门和前方停车站采取控制客流措施时。

c. 列车在中途站因车辆发生故障甩车,通知前方各停车站并汇报有关上级部门时。

d. 列车发生爆炸、火灾等突发事件或遇其他紧急情况，须迅速报告。

e. 列车上发生旅客食物中毒，向所属铁路局集团公司或前方铁路局集团公司疾控所报告时。

【例 2-16】 2024 年 9 月 13 日，太原客运段担当的韩城开北京 K6 × × 次新空列车（中途经停河津、稷山、侯马、临汾、介休、太原、阳泉、石家庄、保定、北京），硬座标记定员 696 人，运行至侯马站开车后，硬座车内实际人数 1 184 人，其中到保定站下车 300 人。请列车计算超员率，拍发超员铁路电报。

【解】 硬座车定员计算：

标记定员：各硬座车厢标记定员的总和。

实际定员：总标记定员减 10 个座位（办公席等占用。新型车标记定员不包含办公席在内时，其实际定员即为标记定员）。

超成定员：实际定员与实际定员乘以规定超员率之和。

超员率 =（超成定员 − 实际定员）÷ 实际定员 × 100%

拍发超员铁路电报主送单位为需要控制客流、停检、停售的车站；抄送单位为涉及的铁路局集团公司客运部、客调，担当客运段，跨局时还要抄送国铁集团客运部客运管理处、客运营销处、运输调度指挥中心客调。

列车超员需要有关单位控制客流时，列车长要拍发超员铁路电报（图 2-10），确保列车安全运行，通知有关部门和前方停车营业站，电文中应注明列车实际定员、车内实际人数、超员率。

K6 × × 次列车超员率：（1 184 − 696）÷ 696 × 100% = 70%

铁路传真电报

签 发： 核 稿： 拟稿人：
电 话：

发报所名	电报号码	等级	受理日	时分	收到日	时分	值机员

主送单位：介休至石家庄 K6 × × 次列车各停车站
抄送单位：国铁集团客运部客运管理处、客运营销处，国铁集团运输调度指挥中心客调，北京局、太原局集团公司客运部、客调，太原客运段

报文：

2024年9月13日，韩城开北京K6 × × 次列车，运行至侯马站开车后，硬座实际定员696人，车内现员1 184人，超员70%，请各站接电后，按章办理，协助列车做好乘降组织工作。

K6××次列车长 印
2024 年 9 月 13 日于临汾站

第 页

图 2-10 铁路传真电报

【例 2-17】 9 月 20 日,安庆开西安 K7××次列车,机后第 10 位硬卧车厢一名旅客因病情加重,自带氧气不足,急需一袋氧气。

【解】 列车上有病人或旅客受伤需前方站送医、送药,拍发铁路传真电报(图 2-11)。

主送:前方有条件的车站

抄送:有关铁路局集团公司客运部、客调、列车所属段

铁路传真电报

签　发:　　　　核　稿:　　　　拟稿人:

电　话:

发报所名	电报号码	等级	受理日	时分	收到日	时分	值机员

主送单位:南阳站

抄送单位:西安局、郑州局集团公司客运部、客调,西安客运段

报文:

9 月 20 日,安庆开西安 K7×× 次列车,机后第 10 位硬卧车厢一名旅客因病情加重,自带氧气不足,急需一袋氧气,请给予支援,非常感谢。

K7××次列车长　　印

2024 年 9 月 20 日在唐河站

第　　页

图 2-11　铁路传真电报

【例 2-18】 2024 年 9 月 20 日,长春列车段担当的长春开往上海的 K5××次列车,14:01 运行至南京站开车 1 170 km 处,8 号车厢 50 号座位一男旅客去餐车就餐,被车厢端门严重碰伤额头而昏倒,额头伤口 3 cm。旅客林某,男,46 岁,同行人李某,男,32 岁,持用长春至上海空调硬座客快速电子客票,票号 913×××8,913×××9;长春机械厂工人。经调查了解是因列车紧急制动车厢端门关闭不严而致。经列车救治旅客苏醒,但因病情较重需由同行人陪同在前方站下车治疗,列车长应如何处理?(设镇江站有公安派出所。)

【解】 旅客意外伤害。

1. 列车发现旅客因意外而受伤,列车长应会同乘警检查旅客伤势,组织抢救伤者,给伤者做简单包扎。

2. 会同公安人员检查旅客所持车票的票种、票号、发到站、车次、有效期及旅客的随身携带物品,有无乘意险。

3. 收集不少于两份的受害人、同行人、见证人的证实材料。

4. 编制客运记录一式二份,将受伤旅客及车票交最近前方停车站镇江站处理。

5. 向上级主管部门及有关领导拍发事故速报(图2-12)。

铁路传真电报

签　发：　　　核　稿：　　　拟稿人：

电　话：

发报所名	电报号码	等级	受理日	时分	收到日	时分	值机员

主送单位：镇江站及驻站派出所

抄送单位：上海局、沈阳局集团公司客运部、公安处、客调，镇江车务段；长春列车段、长春铁路公安处

报文：

9月20日，长春开往上海的K5×× 次列车，14:01运行至南京站开车1170km处，8号车厢50号座位旅客林某，男，46岁，去餐车就餐，被车厢端门严重碰伤额头而昏倒，额头伤口3 cm。该旅客持用长春至上海空调硬座客快速电子客票，票号913×××8，长春机械厂工人。经调查了解是因列车紧急制动车厢端门关闭不严而致。经列车救治旅客苏醒，我车已编制02号客运记录交镇江站受伤旅客在同行人的陪同下下车治疗。特电告。

K5××次列车长　　　印

2024年9月20日在镇江

第　　页

图2-12　事故电报

德育天地

永恒传递的电波

铁路电报,这一跨越千山万水、传递紧急信息的技术,不仅见证了工业革命的光辉岁月,更蕴含着丰富的教育价值。

每一封铁路电报背后,都承载着沉甸甸的责任与使命。无论是紧急调度指令,还是紧急救援信息,铁路电报员们都必须以高度的责任心和敬业精神,确保每一份铁路电报准确无误地传递到位。这种对工作的极致追求,不仅是对职业精神的最好诠释,也是对忠诚于国家、服务于人民的深刻体现。

铁路电报系统的运行,离不开各个环节的紧密配合与团结协作。从铁路电报的发送、传输到接收,每一个环节都至关重要,任何一个环节的失误都可能导致信息的延误或错误。这种高度依赖团队协作的工作模式,生动展现了“众人拾柴火焰高”的集体力量。

在今天这个信息化、网络化高度发达的时代,我们更应深入挖掘和传承铁路电报所蕴含的教育价值,让这一永不消失的电波在新时代继续发光发热,激励一代又一代青年

学子为实现中华民族伟大复兴的中国梦而不懈奋斗。

任务布置

2024 年 9 月 13 日，太原客运段担当的太原南开北京西 G6××次动车组列车运行至石家庄站前，3 号二等座车厢 15A 座位旅客在电茶炉接开水时不慎将右手背烫伤，疼痛难忍。该旅客要求石家庄站下车治疗。列车如何处理？（旅客崔某，男，39 岁，身份证号×××，持当日当次太原南至北京西二等座电子客票，票号 9567×××，汉族，太原××厂业务员，住址，太原×××××号，手机号×××，乘意险保单号:611×××—×××5200。）

任务实施

操作流程	工作任务	
	旅客意外伤害如何处理	实操记录
检查旅客人身伤害情况	发生旅客人身伤害，列车长应立即会同乘警检查旅客伤害情况，广播寻医积极处置	
检查旅客车票	检查旅客车票及是否购买乘意险和随身携带品，有无同行人，详细做成记录	
收集资料	收集不少于两份的受害人、同行人、见证人的旁证材料	
编制客运记录	编制客运记录与车站办理交接。如旅客已购买乘意险应在客运记录上注明	
立即上报上级主管部门	立即向上级主管部门及有关铁路局集团公司主管部门拍发铁路电报，汇报情况	

任务评价

任务测评	评分标准	本人自评得分（20%）	小组互评得分（20%）	任课教师评价得分（30%）	企业导师评价得分（30%）	综合得分
知识点掌握（30 分）	掌握客运记录的编写规定					
技能点运用（40 分）	熟练编写记录内容					
职业素养（30 分）	敬业爱岗					
综合评价						

学生反思

思考总结	
心得分享	

知识拓展

《民法典》对客运合同的相关规定

1. 客运合同是运输合同的重要内容

运输合同是承运人将旅客或者货物从起运地点运输到约定地点,旅客、托运人或者收货人支付票款或者运输费用的合同。《民法典》将运输合同作为典型合同加以规定,具体包括客运合同、货运合同、多式联运合同三种形式。

客运合同作为运输合同的一种形式,既有与交通运输工作紧密相关的运输合同一般属性,也有与个人出行安全密切相关的特性。近年来,因乘坐公交车的个别乘客抢夺方向盘威胁多人生命安全、少数旅客霸座等现象,使得客运安全与客运纠纷成为社会高度关注的热点问题,《民法典》编纂过程中,规范客运行为、保障公共交通安全的呼声很高。《民法典》积极回应人民群众关切,对客运合同做了较为详细的规定。

2. 客运合同的特征

客运合同约定运输标的是人而不是物,因此,具有不同于其他合同的法律特征:

(1)客运合同的标的为运输旅客的行为。客运合同是旅客与承运人关于运输旅客的协议,客运合同的目的是承运人按时将旅客安全送达目的地。

(2)客运合同为实践性合同。客运合同自承运人向旅客出具客票时成立,但当事人另有约定或者另有交易习惯的除外。

3. 客运合同双方的义务

《民法典》客运合同部分,对承运人和旅客的义务作出了相应规定。

(1)旅客的义务。

①持有效客票。旅客须凭有效客票才能乘坐交通工具,除特别情形外,不能无票乘坐。旅客无票乘坐、超程乘坐、越级乘坐或者持不符合减价条件的优惠客票乘坐的,应补交票款,承运人可以按照规定加收票款;旅客不交付票款的,承运人可以拒绝运输。

②限量携带行李的义务。对携带行李有约定的,旅客须按约定限量和品类携带行李。超过限量或者违反品类要求携带行李的,应当办理托运手续。

③不得随身携带或者在行李中夹带危险物品或者违禁物品。旅客不得随身携带或者在行李中夹带易燃、易爆、有毒、有腐蚀性、有放射性及有可能危及运输工具上人身和财产安全的危险物品或者违禁物品。旅客违反规定的,承运人可以将危险物品或者违禁物品卸下、销毁或者送交有关部门。旅客坚持携带或者夹带危险物品或者违禁物品的,承运人应当拒绝运输。

(2)承运人的义务。

①告知。承运人应当向旅客及时告知有关不能正常运输的重要事由和安全运输应当注意的事项。所谓有关不能正常运输的重要事由,是指因承运人的原因或天气等原因

使运输时间迟延，或运输合同所约定的车次、航班取消等影响旅客按约定时间到达目的地的事项。所谓安全运输应当注意的事项，是指在运输中为保障旅客的人身、财产安全，需要提醒旅客注意的事项。

②按照有效客票载明的时间、班次和座位号运输旅客。承运人只有按客票载明的时间、班次运输，才属于全面、适当地履行了合同。对于承运人未按有效客票载明的时间和班次进行运输的，旅客有权要求安排改乘其他班次、变更运输路线以到达目的地或者退票。

③在运输过程中的救助。承运人在运输过程中，应当尽力救助患有急病、分娩、遇险的旅客。

④安全运送。运输合同生效后，承运人负有将旅客安全送达目的地的义务，即在运输中承运人应保证旅客的人身安全。对旅客在运输过程中的伤亡，承运人应承担赔偿责任；但是，伤亡是旅客自身健康原因造成的或者承运人证明伤亡是旅客故意、重大过失造成的除外。对于无票乘车又未经承运人许可的人员的伤亡，因没有合法有效的合同关系存在，承运人不承担违约的赔偿责任。

4. 签订客运合同的注意事项

（1）审查承运人主体的运输资格和履行合同的能力包括运输资质、运输工具的安全性、紧急突发处理方案等。不要乘坐无营运资质、运输工具没有安全保障的运输工具。

（2）车票、船票等既是客运合同的表现形式，同时又是有价证券。客运合同自旅客购得客票时成立，但自检票时起生效。车票、船票等作为有价证券，除记名的客票外，其他不记名的客票在检票之前可以转让。如果在检票前客票丢失，要及时采取补救措施。

（3）如果承运人拒载，旅客可以向交通运输主管部门投诉，主管部门有权对拒载承运人给予处罚。

（4）出现先乘坐后补票情形时，旅客运输合同自旅客登上交通工具时成立，其后旅客补票的行为则是旅客向承运人履行支付票款的合同义务。

巩固提升

1. 学生优惠票的发售时间有何规定？
2. 哪些情况不能发售学生优惠票？
3. 在 12306 网站购票可使用的有效身份证件有哪些？
4. 退票费核收有哪些基本规定？
5. 旅客可限量携带哪些物品乘车？
6. 旅客购买车票后，在乘车前丢失购票身份证件的，如何处理？
7. 铁路客运记录的用途是什么？
8. 铁路电报的用途是什么？
9. 铁路客运记录的编写规定有哪些？
10. 铁路电报的等级有哪些？
11. 铁路车站、列车编写客运记录的范围分别有哪些？

项目3　运输行李

项目导读

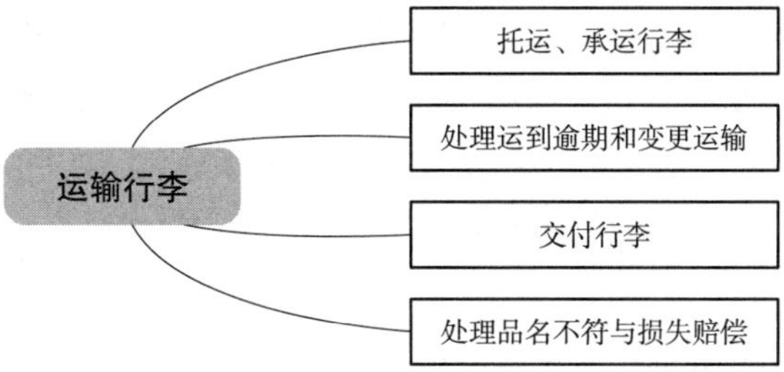

学习目标

1. 知识目标

(1)熟悉行李的范围和托运、承运规定。

(2)掌握行李运到期限的计算及运到逾期的处理规定。

(3)掌握行李变更运输的处理规定。

(4)熟悉行李交付规定。

(5)掌握行李品名不符的处理规定。

(6)了解行李损失的赔偿规定。

2. 技能目标

(1)会准确填制行李票。

(2)能处理行李运到逾期和变更运输问题。

(3)能完成行李交付工作。

(4)能处理行李品名不符问题。

3. 素养目标

(1)具备严谨认真、按规作业的工作态度。

(2)养成尊客爱货、文明装卸、认真负责的服务意识。

(3)拥有遵章守纪、优质服务、礼貌待客、诚实守信的职业道德。

学习工具

《国铁集团客规》《铁路客运运价里程表》《行李包裹运价表》。

任务1　托运、承运行李	编号	XM3-1
	岗位	铁路行李员、行李值班员
	技能点	托运与承运行李

任务引入

在太原上大学的小李同学放寒假了，收拾好大包小包的行李想要带回家，他听说车站有托运行李的服务，为适当减轻旅途的劳累，他想为这些行李办理托运。他的行李中有衣服、书籍、日用品、银行卡、户口簿、英语四级证书、学校所在地特产（小米、玻璃瓶装老陈醋、干红枣、石头饼）、便携式计算机、鞭炮，共计3包，总重45 kg，此外，他还想为这些行李办理保价运输，声明价格为5 000元。

请思考：

1. 上述行李中的哪些物品不得夹带托运？
2. 保价运输应收取多少保价费？
3. 旅客办理行李托运的流程是什么？
4. 铁路运输企业办理行李承运的流程是什么？

知识链接

3.1.1　行李运输合同

1. 合同的定义

铁路行李运输合同是指铁路运输企业与旅客之间明确行李运输权利义务关系的协议。

2. 合同的凭证

行李运输合同的凭证是行李票（图3-1）。行李票可采用纸质票、电子票等形式。

行李票主要信息应包含：

(1) 承运日期、发站、到站和经由。

(2) 乘坐车次、人数、车票号。

(3) 旅客姓名、电话、地址。

(4) 包装种类、件数、重量。

(5) 声明价格。

(6) 运费。

(7) 运到期限、承运站站名戳及经办人员名章。

(8) 铁路运输企业名称。

中铁快运股份有限公司

A000000　　**行 李 票**　　甲（报 告）

20　年　月　日

到＿＿＿＿＿＿＿＿＿＿站　　经由＿＿＿＿＿＿＿＿＿＿站

旅客乘坐　月　日　次车　票号

旅客姓名	共 人电 话：					
住 址	邮政编码：					
顺号	包 装 种 类	件数	实际重量	声明价格	运价里程	千米
					运到期限	日
					计重费量 规重	千克
					计重费量 超重	千克
					运 费	元
					保价费	元
						元
					合 计	元
					月 日 次列车到达	
合 计					月 日 交 付	
记事	＿＿＿＿＿营业部经办人＿＿＿＿＿＿印					

X000000000000000000000　　（上分）行李票号码：A000000

图 3-1　行李票

3. 合同的有效期

行李运输合同自铁路运输企业接收行李并填发行李票时起成立，到行李运至到站交付给旅客止履行完毕。

3.1.2　行李的范围

1. 行李的定义

行李是旅客凭车票托运的一定限度的旅行必需品。

2. 行李中不得夹带的物品

（1）货币：含各币种的纸币和金属辅币。

（2）有价票证：银行卡、储值卡等。

（3）文物。

(4)金银珠宝。

(5)档案材料:指人事、技术档案,组织关系,户口簿或户籍关系,各种证件、证书、合同、契约等。

(6)易碎品、流质物品和骨灰。

(7)妨碍公共卫生和安全的物品。

(8)危险品,铁路运输企业不能判明理化性质的物品按危险品处理。

(9)国家禁止、限制运输物品。

3. 行李重量、体积限定及运送要求

行李每件的最大重量为 50 kg,外部尺寸长、宽、高之和最大不超过 200 cm,最小不小于 60 cm。行李一般随旅客所乘列车运送或提前运送。

行动不便旅客在旅行中使用的轮椅可按行李托运。

3.1.3 行李的托运规定

旅客凭有效车票和有效身份证件可在乘车区间行李办理站间托运一次行李,办理时需出示车票报销凭证。

每张车票允许托运行李的重量为 50 kg(行李中有轮椅为 75 kg),超出部分按 2 倍的行李运费计费。

旅客应按约定缴纳运输费用,完整、准确填写托运单(图 3-2)。

3.1.4 承运行李

1. 行李的承运规定

行李托运实行实名制,办理行李托运时,铁路运输企业应核验旅客车票和有效身份证件的一致性,他人代办时还应出示代办人的有效身份证件。铁路运输企业应当依照法律、行政法规和有关规定,对旅客托运的行李进行安全检查。对不配合安全检查的,铁路运输企业有权拒绝承运。

2. 行李票的填制规定

车站对托运的行李检查完毕,认为符合运输条件时即可办理承运手续,车站在办理承运手续时应填写行李票。

行李票一式五页。甲页为上报页(红色),作为上报之用。乙页为运输报单(黑色),随行李交列车行李员交到站。丙页为旅客页(绿色),交旅客作为领取行李的凭证,交付时收回上报,凭印鉴领取的旅客不能提出丙页时,应将乙页上报。丁页为报销页(红色),交旅客作为报销凭证。戊页为存查页(褐色),发站作为存根,按日整理,存查保管。

(1)行李票的车次和经由栏按车票填写,旅客指定径路时,按指定径路填写。计费重量栏按行李运价计费的重量写在“规重”栏内,加倍计费的重量写在“超重”栏内。

中铁快运股份有限公司

托运单

（乙联）

（黑框内由托运人填写）　　____年___月___日

到站：		经由：				承运人确认事项			
持票旅客请填写	客票票号：			人数：					
	车次：			客票到站：					
货物名称	包装种类	件数	重量(kg)	体积（长×宽×高）	声明价格（保价）	件数	重　量(kg)	行李	包裹
								□	□
								□	□
								□	□
合计								□	□
选择填写	付款方式	现金□　支票□　协议□　到付□				包装费	元		
	取货方式	凭原件提取□　凭传真件提取□				取货费	元		
	服务方式	送货上门□　货需包装□　仓储保管□　代发传真□				代收送货费	元		

发送地		
到达地		
托运人	名称：	
	地址：	
	邮编：	电话：
	传真电话：	电子邮件：
收货人	名称：	
	地址：	
	邮编：	电话：
	传真电话：	电子邮件：
托运人记事：		承运人记事：
取货员（章）：		安检员（章）：

托运人注意：在填写托运单前，请详细阅读乙联背面“客户须知”，并在下面签字。

托运人：________　　　　营业部（章）

图3-2　托运单

（2）行李票各栏应按行李托运单填写情况详细填写。

（3）分件声明价格时，按顺号逐栏填写声明价格。

（4）行李票“保价费”栏下面空格栏内可填写“杂项计”，杂项含装（卸）车费，包装费、货签费等项目，同时在记事栏内将上述发生的收费项目及金额分项注明，如杂项明细：货签费1.50元，装车费2.00元。

（5）记事栏应注明以下内容。

①旅客指定径路时，注明“旅客指定经由××站”。

②承运自行车、助力机动车、摩托车时，应注明车牌名、车牌号码、车型、新或旧等车况，并分别注明有无铃、锁和灯等零件。

③承运凭书面证明免费托运的铁路砝码和衡器配件时，应注明“衡器检修、免费”字样，收回书面证明报铁路局集团公司。

④承运中国铁路文工团有限公司开具的证明办理免费运送的演出服装、道具、布景时，也比照③办理。

⑤其他应记载的事项，如“杂项计”明细等。

（6）承运行李时，应在车票背面加盖“行”字戳记。在车站退还带有“行”字戳记车票时，应先将托运的行李取消托运。

总之，行李票必须认真逐项填写，使用规范文字，不得潦草，加盖规定名章，不准签字代签。

3. 保价运输

保价运输是指旅客在托运行李时向铁路运输企业声明行李的实际价值，并缴纳相应的费用，当行李在运输过程中发生损失时，铁路运输企业按照旅客的声明价值赔偿损失。

行李分为保价运输和不保价运输，旅客可自主选择。旅客要求按保价运输行李时，应在“托运单”声明价格栏内填记保价金额，保价金额以元为单位。按保价运输时，可分件声明价格，也可按一批全部件数声明价格。按一批办理时，不得只保其中一部分。按保价办理的行李其声明价格和重量分别填写时，应对每件进行编号，在行李票和每件货签（图3-3）、包装上写明“总件数之几”字样。

按保价运输的行李核收保价费。保价费按声明价格的0.5%收取。保价的行李发生运输变更时，保价费不补不退。旅客在承运后发送前取消托运或因铁路运输企业责任造成的取消托运时，保价费全部退还。行李发生损失并办理赔偿的，保价费不退。

铁路运输企业对按保价运输的行李可以检查其声明价格与实际价格是否相符；如拒绝检查，铁路运输企业可以拒绝按保价运输承运。对按保价运输办理的行李，除应检查其声明价格与实际价格是否相符外，必要时应施封。施封所需物品的费用列保价费支出。

4. 包装

行李的包装应当完整牢固，适合运输。其包装的材料和方法应符合国家或铁路运输企业规定的包装要求。包装不符合要求时，旅客应按照相关规定改善包装。旅客拒绝改善包装的，铁路运输企业可以拒绝承运。

承运后、交付前发现包装破损、松散时，铁路运输企业应负责及时整修并承担整修费用。修整后编制客运记录，详细记载破损原因、状况和整修后状态，并在行李运输报单的记事栏内注明“××站整修”，加盖站名戳。整修费用列入车站运营成本。

注：1. 规格：单张标签尺寸为100 mm×100 mm（高×宽）；
2. 行李标示行李货签，包裹标示包裹货签；
3. 上端打小圆孔，白底黑字单面打印，可拴挂可粘贴。

图3-3　货签

德育天地

“吃得苦、耐得烦、霸得蛮”的“快递员”

小王是一名行李值班员，主要工作是帮助旅客将无法携带需托运的物品办好登记、发货、整理，让旅客们的行李运输更快捷安全。在小王眼中，行李工作简单却烦琐，需要从业者具备细心和耐心的品质，从而将行李安全、迅速、及时地发送到目的地。在行李装卸过程中，作为行李值班员的她对每件需要承运的货物从安检、制票再到承运，她都要指导铁路行李员认真仔细地卡控每个环节。

特别是在节假日（如五一国际劳动节、十一国庆节及寒暑假等）客运高峰期，小王会在安检设备前细致叮咛，强调对潜在危险物品，尤其是不明液体的严格审查，体现了其对安全工作的极高重视与严谨态度。

铁路行李员肩负着将行李安全、准时地送达旅客手中的重任，而小王则通过持续的现场巡查，监督各岗位作业标准与流程的执行情况，对装车作业、站台操作等关键步骤实施重点监督，确保一切按章进行。对于巡查中发现的问题，小王及时介入，采取有效措施予以解决，以保障行李运输的顺畅与安全。

任务布置

小林是一名来自山西临汾的管道工，在北京打工多年。今年他决定结束“北漂”生活，回家乡发展。他选择坐火车回家，同时也想把这些年积攒的一些小物件带回去，于是他来到火车站咨询托运的相关规定。请你告诉他办理铁路托运行李时需要注意哪些事项。

任务实施

操作流程	工作任务	
	办理行李托运	实操记录
检查托运的行李是否在规定范围之内	每件的最大重量为 50 kg，外部尺寸长、宽、高之和最大不超过 200 cm，最小不小于 60 cm。行李中不得夹带：货币、有价票证、文物、金银珠宝、档案材料、易碎品、流质物品和骨灰、妨碍公共卫生和安全的物品、危险品、国家禁止、限制运输物品	
核验行李包装是否符合托运要求	包装应当完整牢固，适合运输。包装的材料和方法应符合国家或铁路运输企业规定的包装要求	
满足办理条件，办理行李托运	出示有效车票和有效身份证件 完整、准确填写托运单 托运处开具行李票后缴纳运输费用	

任务评价

任务测评	评分标准	本人自评得分（20%）	小组互评得分（20%）	任课教师评价得分（30%）	企业导师评价得分（30%）	综合得分
知识点掌握（30 分）	熟练掌握托运行李有关规定					
技能点运用（40 分）	会准确填制行李票					
职业素养（30 分）	遵章守纪，礼貌待客					
综合评价						

学生反思

思考总结	
心得分享	

任务2　处理运到逾期和变更运输	编号	XM3-2
	岗位	铁路行李员
	技能点	行李运到逾期的处理

任务引入

1. 行李运到期限的确定

2024年9月10日，旅客赵某在A站托运了一箱行李，要求从A站运至B站，A、B两站的运价里程为1 500 km。在运输过程中发生了雪害，导致行李在C站停留了2 d，最终于2024年9月15日到达B站。

请思考：

该行李是否逾期到达？

2. 变更运输

2024年9月10日，在太原站一旅客持9月11日太原—南昌的车票托运2件行李，重50 kg。承运后行李于当天装车运走。9月11日，旅客将车票到站变更为广州东站，持变更后的车票前来要求将行李到站也变更为广州东站。

请思考：

如何办理？

知识链接

3.2.1　行李运到期限

1. 行李运到期限的计算

行李的运到期限以运价里程计算。从承运日起，行李600 km以内为3 d，超过600 km时，每增加600 km增加1 d，不足600 km也按1 d计算。

由于不可抗力等非铁路运输企业责任发生的停留时间加算在运到期限内。由停留的车站或列车行李员在行李票背面注明“因××原因停留×天”，并加盖站名戳或规定的行李员名章。

2. 行李运到逾期的处理

行李应在规定的运到期限内运至到站。行李超过规定的运到期限运到时，铁路运输企业应按逾期日数及所收运费的百分比向旅客支付违约金。违约金最高不超过运费的30%。一批中的行李部分逾期时，按逾期部分运费比例支付。

行李超过运到期限30 d以上仍未到达时，旅客可以认为行李已灭失而向铁路运输企业提出赔偿。

(1)运到逾期违约金的计算。

$$C = F\psi$$

式中 C——运到逾期违约金额(尾数以角为单位,分值四舍五入);

F——运费;

ψ——违约金比率,以5%为计算单位,尾数按2舍3入、7退8进处理,其计算公式为

$$\psi = d_{逾期}/d_{运期} \times 30\%$$

其中 $d_{逾期}$——逾期天数,

$d_{运期}$——运到期限。

运到逾期违约金比率计算表见表3-1。

表3-1　运到逾期违约金比率计算表

单位:%

运到期限	逾期天数									
	1 d	2 d	3 d	4 d	5 d	6 d	7 d	8 d	9 d	10 d以上
3 d	10	20	30							
4 d	5	15	20	30						
5 d	5	10	20	25	30					
6 d	5	10	15	20	25	30				
7 d	5	10	10	15	20	25	30			
8 d	5	5	10	15	20	20	25	30		
9 d	5	5	10	15	15	20	20	25	30	
10 d以上	5	5	10	10	15	20	20	25	25	30

【例3-1】 运价里程2 450 km行李的运到期限为7 d,逾期4 d到达,其违约金比率:$\psi = d_{逾期}/d_{运期} \times 30\% = 4/7 \times 30\% = 17\%$,尾数只取整数,处理尾数7退为5,即其违约金比率为15%。

(2)运到逾期违约金的支付。

行李变更运输时,逾期运到违约金不予支付。

旅客要求支付违约金时,凭行李票在行李到达日起10 d以内提出。

到站应凭行李票向旅客支付违约金。部分逾期时,到站应收回行李票,给旅客开具客运记录,作为领取部分逾期行李和要求支付违约金的依据。支付逾期违约金时,填写"退款证明书"。

(3)逾期到达行李的免费转运。

旅客要求将逾期运到的行李运至新到站时,可分别按下述办理。

①行李逾期到达或逾期尚未到达,旅客需继续旅行,凭新购车票及原行李票号要求转运至新到站时,铁路运输企业开具新行李票,免费转运。

②行李未到,当时又未超过运到期限,旅客需继续旅行并凭行李票票号及新购车票

办理转运至新到站的手续，交付行李运费之后，发现行李逾期到达原到站，由新到站凭原到站开具的客运记录退还已收转运区间行李运费，保价费不退。

③逾期行李办理免费转运的，不再支付违约金。

3.2.2 行李的运输变更

1. 旅客要求办理行李变更时的处理

旅客在办理行李托运手续后，可按如下规定办理一次行李变更手续；办理行李变更的到站、中止站必须是行李办理站。

(1)在发站装运前取消托运时，退还全部行李运费，核收保管费。

行李托运后至装运前，旅客要求取消托运时，车站应收回行李票注销，注明“取消托运”字样。办理时，另以车站退款证明书办理退款，收回的行李票报销联随车站退款证明书上报。因取消托运发生的各项杂费另填发“客杂”核收，并将“客杂”号码及核收的费用名称、金额填注在取消托运的行李票上。

(2)在发站装运后取消托运时，行李由到站运回发站，已收行李运费不退，补收到站至发站间行李运费。

(3)旅客办理车票变更到站后，在装运前办理行李到站变更时，补收或退还已收行李运费与发站至新到站行李运费的差额。

(4)旅客办理车票变更到站后，在装运后办理行李到站变更时，已收行李运费不退，另补收原到站至新到站的行李运费。

(5)旅客中止旅行后，要求将行李运回旅行中止站时，补收原到站至中止站间的行李运费。

办理变更运输后产生的杂费按实际产生的核收。如应退行李运费低于已产生的杂费时，则不补收杂费也不退还行李运费。

旅客办理变更到站或退票后，未同时办理行李变更手续时，由到站另行收取两倍行李运费。

2. 误购误售车票导致行李变更时的处理

误售误购车票时，如果旅客还托运了行李，补收或退还已收行李运费与发站至正当到站间的行李运费差额。同时编制客运记录或发铁路电报通知行李所在站，将误办的行李运至正当到站。到站需要补收行李运费差额时，使用“客杂”核收，并在原行李票运输报单页、报销页和旅客页记事栏注明“误运”，报单页加盖“交付讫”戳交旅客报销；需要退款时，使用“退款证明书”退还，原行李票收回附在“退款证明书”的背面上报。

【例3-2】 变更运输，因误售误购车票而误运行李。

2024年9月5日，旅客王钢，自榆次去常州。误购榆次至沧州车票而误运行李一件，重13 kg，票号A87×××，到沧州站。旅客办理手续后发现车票误购，行李已误运，要求将误运的行李转运至正当到站，行李 8 日到常州，旅客当日领取。如何处理？

【解】 误售误购车票时，如果旅客还托运了行李，补收或退还已收运费与发站至正当到站间的行李运费差额。同时编制客运记录或发铁路电报通知行李所在站，将误办的行李运至正当到站。到站需要补收行李运费差额时，使用“客杂”核收，并在原行李票运输报单页、报销页和旅客页记事栏注明“误运”，报单页加盖“交付讫”戳交旅客报销；需要退款时，使用“退款证明书”退还，原行李票收回附在“退款证明书”的背面上报。

1. 向常州、沧州站拍发铁路电报。

2. 计算运杂费：

已收运费：榆次 $\overline{\text{208 km}}$ 石家庄 $\overline{\text{184 km}}$ 德州 $\overline{\text{113 km}}$ 沧州 505 km

13 kg 行李运费：$0.278\times13\approx3.60$（元）

应收运费：榆次 $\overline{\text{208 km}}$ 石家庄 $\overline{\text{184 km}}$ 德州 $\overline{\text{921 km}}$ 常州 1 313 km

13 kg 行李运费：$0.643\times13\approx8.40$（元）

应补收运费差：$8.40-3.60=4.80$（元）

拍发铁路电报（图 3-4）。

填写“客杂”（图 3-5）。

铁路传真电报

签　发：　　　　　核　稿：　　　　　拟稿人：
电　话：

发报所名	电报号码	等级	受理日	时分	收到日	时分	值机员

主送单位：**沧州站、常州站**
抄送单位：**石家庄客运段、上海客运段**

报文：

2024 年 9 月 5 日，旅客王钢，在榆次因误购至沧州站车票，而误运行李一件 13 kg，票号 A87×××。其正当到站为常州站。接电后，请速将该行李运至正当到站。

2024年9月5日在榆次站

第　页

图 3-4　铁路传真电报

3. 运行中断对行李的安排

对发站已承运的行李应妥善保管，铁路运输企业组织绕道运输时，行李运费不补不退。

旅客在中途站（行李办理站）要求领取时，应退还未运送部分的行李运费。不足起码运费按起码运费退还。对要求运回发站取消托运的，退还全部行李运费。

丙

太原 局集团公司

客运运价杂费收据

2024 年 9 月 8 日　　（报告用）

原票据	种别	日期	2024.9.5	月　日　时 到达、通知、变更
	行李票	号码	A87×××	9 月 8 日　时 交　付
		发站	榆次	
		到站	沧州	核收保管费　　日

核收区间	核收费用 种别	件数	重量	款额
自 榆次 站 至 常州 站 经由（　） 席别___人数___	行李运费差	1	13	4.80
	合　计			4.80

记事	因误购车票而误运行李

榆次 站经办人______印

A000001

图 3-5　客杂

旅客在发站或中途站办理退票，而托运的行李已运至到站，要求将行李运回发站或中途站，行李运费不补不退。如要求将行李仍运至到站时，需另行支付全程或终止旅行站至到站两倍行李运费。

【例 3-3】 线路中断，旅客在中途站停止旅行，要求将行李仍运至到站。

2024 年 9 月 2 日，旅客聂某持太原至徐州 K×××次客票 1 张，自太原站托运行李 2 件，45 kg 至徐州，票号 A08×××，因德州—济南间水害，旅客在德州停止旅行，但要求将行李仍运至到站时，德州站如何办理？

【解】 线路中断，旅客在中途站停止旅行，要求将行李仍运至到站时，需另行支付全程或终止旅行站至到站两倍行李运费。

德州—徐州 437 km

45 kg 行李运费：0.246×45≈11.10（元）

应收：两倍行李运费 2×11.10=22.20（元）

填写“客杂”（图 3-6）。

丙

北京局集团公司

客运运价杂费收据

2024 年 9 月 2 日　　　（报告用）

原票据	种别	日期	2024.9.2	月　日　时 到达、通知、变更
	行李票	号码	A08×××	月　日　时 交　付
		发站	太原	核收保管费　　日
		到站	徐州	

核收区间	核收费用			款额
	种别	件数	重量	
自 德州 站 至 徐州 站 经由（ 德 ） 席别____人数____	两倍行李运费	2	45	22.20
	合　计			22.20

记事	线路中断，旅客在德州停止旅行，行李仍运至原到站

德州 站经办人______印

A000002

图 3-6　客杂

德育天地

列车上的“特服”——铁路行李员

在春运期间，人们普遍关注运行的列车和忙碌的列车员，然而，较少有人注意到铁路行李员这一角色。他们默默地坚守在列车末端的行李车厢，承担起为旅客行李安全运输保驾护航的重要职责。

小吴是列车上的铁路行李员，已在铁路系统默默奉献超过十年之久，他的工作地点在列车的最后一节车厢，列车出发前的一个小时是他最为忙碌的时刻。他的检查盘点工作从车站行李房送来行李开始，记录行李的数量，观察行李的状态，确保包装完好无损，行李本身亦未受损。在行李的摆放过程中，小吴严格遵循“重不压轻、大不压小、方不压圆”原则，同时确保不堵门不超高。他力求摆放稳固，以防行李坍塌，并精心规划，确保通道畅通无阻。为保证安全，列车运行过程中小吴按时巡视行李车厢，检查行李状况，预防意外，有问题及时发现。小吴说，相比列车上的其他工作人员，虽然铁路行李员比较寂寞，但和行李打交道与和旅客打交道一样重要，为旅客服务在哪里都一样。

任务布置

2024 年 9 月 12 日，丹东站一旅客持丹东至哈尔滨的硬座客快车票托运了 2 件行李（衣服、书籍），重 50 kg，9 月 15 日旅客到达哈尔滨站提取行李，行李逾期未到，9 月 18 日到达哈尔滨。请计算逾期违约金。

任务实施

操作流程	工作任务	
	计算行李运到逾期违约金	实操记录
熟悉客运规章规定	行李超过规定的运到期限运到时，铁路运输企业应按逾期日数及所收运费的百分比向旅客支付违约金。违约金最高不超过运费的 30%。违约金不足 1 角的尾数按四舍五入处理	
计算运价里程	丹东—哈尔滨 826 km	
确定行李运费	$F = 50 \times 0.435 = 21.75 \approx 21.80$（元）	
计算违约金	运到期限 4 d，逾期 3 d，违约金比率为 20%，违约金 = $21.8 \times 20\% = 4.36 \approx 4.40$（元）	

任务评价

任务测评	评分标准	本人自评得分（20%）	小组互评得分（20%）	任课教师评价得分（30%）	企业导师评价得分（30%）	综合得分
知识点掌握（30 分）	熟练掌握运到逾期的处理规定					
技能点运用（40 分）	会准确计算违约金					
职业素养（30 分）	爱岗敬业，钻研业务					
综合评价						

学生反思

思考总结	
心得分享	

任务3　交付行李	编号	XM3-3
	岗位	铁路行李员、行李值班员
	技能点	无法交付行李的处理

任务引入

2024年2月1日，一旅客在北京西站托运2件行李至太原站，行李于2月2日运到太原站，运到当日即向旅客发出领取通知，直到2月7日旅客才前来领取行李。

请思考：

1. 行李是否超过免费保管期限？
2. 若超过免费保管期限，应按几日核收保管费？
3. 领取行李时需要出示什么凭证？

知识链接

3.3.1　行李的到达保管、通知和查询

1. 对到达行李票据的处理

车站对到达的行李票，应在票面上记明到达、通知、交付日期及车次。发生杂费时，还应注明杂费收据号码和金额。

2. 到达保管、通知和查询规定

行李运到后从通知之日起，铁路运输企业免费保管3 d，逾期到达的行李免费保管10 d。因铁路运输企业责任和不可抗力等原因导致旅客行李延迟到达时，按延迟日数增加免费保管日数。超过免费保管期限时，按日核收保管费。

其中，超过免费保管日数，按规定核收保管费时，出具保管费收据或填发“客杂”。

行李到达后，铁路运输企业应当及时通知旅客，最晚不得超过到达次日12:00。旅客询问逾期行李是否到达时，铁路运输企业应及时予以查找。

3.3.2　行李的装卸、交付

1. 行李装卸费核收规定

将行李从行包房的收货地点至装上行李车，或从行李车卸下至规定的交付地点，各为一次作业。由发站收取装卸费。

2. 行李交付规定

(1)行李领取凭证。

旅客凭本人购票时使用的有效身份证件领取行李。他人代领时凭旅客购票时使用的有效身份证件和代领人有效身份证件领取。

(2)领取行李发现有短少或异状时的处理规定。

旅客领取行李时，如发现有短少或异状应在领取时及时提出。铁路运输企业应当认真检查、检斤复磅，必要时可会同公安人员开包检查。检查发现有损失时，应编制行包记录交旅客作为要求赔偿的依据。

3.3.3 无法交付行李的处理

1. 无法交付行李的保管

对无法交付的行李，铁路运输企业应登记造册，妥善保管。国家法律、行政法规规定不能买卖的物品应及时交有关部门处理。

2. 无法交付行李的公布、变卖

行李从运到日起，90 d 以内仍无人领取时，铁路运输企业应进行公布。公布 90 d 以后仍无人领取时，铁路运输企业可以变卖。

道育天地

"无声的旅客"有形的爱

小李作为一名行李值班员，每天需要指挥监装监卸，复核行李区位，收听联控信息，他在平凡的岗位上用心守护着行李这些"无声的旅客"。

行李值班员的工作其实并不容易，怎样利用仓储，怎么分拣等都有讲究。春运期间的工作量很大，最忙的时刻是列车大面积到达时，经常顾不上吃饭。

小李采取同为旅客服务一样的标准为行李运输提供服务，给予这些"无声的旅客"有形的爱，严格执行现场作业标准，提升行李运输服务品质，认真践行爱护行李、文明装卸，真情用心地服务。

任务布置

2024 年 1 月 3 日，太原站承运了来自旅客李某的行李 1 件，2024 年 1 月 5 日到站石家庄，但这件行李迟迟无人领取，至 2024 年 4 月 15 日仍无人领取，对这件行李应如何处理？

任务实施

操作流程	工作任务	
	无法交付行李的处理	实操记录
确定是否为无法交付行李	由于铁路运输企业或旅客的原因，造成不能交付给正当旅客的行李	
管理无法交付的行李	车站对无法交付的行李，应按其开始日期、来源、品名、件数、重量、规格、特征等登记造册，妥善保管。登记簿内的编号、移交收据的编号及行李上的编号应一致，以便查找。国家法律、行政法规规定不能买卖的物品应及时交有关部门处理	
处理无法交付的行李	行李从运到日起，90 d 以内仍无人领取时，铁路运输企业应进行公布。公布 90 d 以后仍无人领取时，铁路运输企业可以变卖	

任务评价

任务测评	评分标准	本人自评得分（20%）	小组互评得分（20%）	任课教师评价得分（30%）	企业导师评价得分（30%）	综合得分
知识点掌握（30分）	掌握《国铁集团客规》第八十七、八十八条					
技能点运用（40分）	能正确处理无法交付的行李					
职业素养（30分）	严谨认真，按规作业，为旅客着想					
综合评价						

学生反思

思考总结	
心得分享	

任务4　处理品名不符与损失赔偿	编号	XM3-4
	岗位	铁路行李员、行李值班员
	技能点	行李品名不符的处理

任务引入

1. 行李品名不符

2024年1月15日，一旅客在太原站托运了一包行李，托运单上表示内装有衣服及生活用品，承运后装运前发现行李中夹带有一串鞭炮。

请思考：

太原站应如何处理？

2. 行李损失赔偿

2024年1月1日，旅客李某在乌鲁木齐站托运1件行李至太原站，并为行李办理了保价运输，声明价格为2 000元，直到2024年2月1日，旅客李某仍未接到行李领取通知，于是向铁路运输企业反映情况，铁路运输企业查询未果，认定行李丢失。

请思考：

1. 如何判定该丢失行李的损失赔偿标准？
2. 旅客要求赔偿时，需提供哪些材料？

知识链接

3.4.1 行李品名不符的处理

将国家禁止、限制运输的物品或危险品夹带运输时,在发站取消托运,在中途站停止运送(在列车上发现危险品交前方停车站),均通知有关部门和旅客处理,已收行李运费不退,按该件全部重量另行加倍补收行李运费,核收保管费。

具体按下列规定处理:

(1)在发站停止装运,通知旅客领取,运费不退,将原票收回,在记事栏内注明“伪报品名,停止装运,运费不退”。将报销页交旅客作报销凭证。

(2)在中途站停止运送,通知旅客领取,运费不退,并对品名不符的行李按该件全部重量另行加倍补收行李运费。

(3)在到站,按该件全部重量另行加倍补收全程行李运费。

(4)在列车上发现时,应编制客运记录,交前方停车站处理,必要时还应交有关部门按国家有关规定处理。

【例3-4】 在到站发现旅客托运的行李中夹带危险品。

2024年9月16日,K11××次列车(烟台—广州,经由胶州、新沂、郑州)到达耒阳站,从行李车卸行李时发现一包行李中夹带危险品,经查该行李是旅客王丽的,由郑州托运至耒阳,重30 kg。耒阳站如何办理?

【解】 将国家禁止、限制运输的物品或危险品夹带运输时,在发站取消托运,在中途站停止运送(在列车上发现危险品交前方停车站),均通知有关部门和旅客处理,已收运费不退,按该件全部重量另行加倍补收行李运费,核收保管费。

郑州—耒阳 1 147 km

行李运价基数:0.561 元/kg

30 kg 行李运费:$30\times0.561=16.83\approx16.80$(元)

应收两倍行李运费:$2\times16.80=33.60$(元)

填写“客杂”(图3-7)。

3.4.2 行李损失赔偿

1. 赔偿责任划分

铁路运输企业应当对承运的行李自接受承运时起到交付时止发生的灭失、短少、污染或者损坏,承担赔偿责任。

因下列原因造成的行李损失,铁路运输企业不承担责任:

(1)不可抗力。

(2)物品本身的自然属性或合理损耗。

(3)包装方法或容器不良,从外部观察不能发现时。

(4)旅客违反铁路规章或其他自身的过错。

丙

济南局集团公司

客运运价杂费收据

2024年9月16日　　（报告用）

<table>
<tr><td rowspan="4">原票据</td><td>种别</td><td>日期</td><td>2024.9.16</td><td colspan="4">月　日　时到达、通知、变更</td></tr>
<tr><td rowspan="3">行李票</td><td>号码</td><td>P170×××</td><td colspan="4" rowspan="2">月　日　时交　付</td></tr>
<tr><td>发站</td><td>郑州</td></tr>
<tr><td>到站</td><td>耒阳</td><td colspan="4">核收保管费　　日</td></tr>
<tr><td colspan="4" rowspan="2">核收区间</td><td colspan="3">核收费用</td><td rowspan="2">款额</td></tr>
<tr><td>种别</td><td>件数</td><td>重量</td></tr>
<tr><td colspan="4" rowspan="6">自 郑州 站
至 耒阳 站
经由（　）
席别　人数</td><td>两倍行李运费</td><td>1</td><td>30</td><td>33.60</td></tr>
<tr><td></td><td></td><td></td><td></td></tr>
<tr><td></td><td></td><td></td><td></td></tr>
<tr><td></td><td></td><td></td><td></td></tr>
<tr><td></td><td></td><td></td><td></td></tr>
<tr><td colspan="3">合　计</td><td>33.60</td></tr>
<tr><td>记事</td><td colspan="7">在到站发现旅客托运的行李中夹带危险品</td></tr>
<tr><td colspan="8">耒阳 站经办人　　印</td></tr>
</table>

A000003

图 3-7　客杂

2. 赔偿标准

行李损失赔偿标准为:

按保价运输办理的行李全部灭失时按实际损失赔偿,但最高不超过声明价格。部分损失时,按损失部分所占的比例赔偿。分件保价的行李按所灭失该件的实际损失赔偿,最高不超过该件的声明价格。

未按保价运输的行李按实际损失赔偿,但最高连同包装重量每千克不超过 15 元。如由于铁路运输企业故意或重大过失造成的,不受上述赔偿限额的限制,按实际损失赔偿。

行李全部或部分灭失时,退还全部行李运费。

3. 赔偿办理

发生行李损失时,车站应会同有关人员编制行包记录交旅客作为要求赔偿的依据。损失赔偿一般应在到站办理,特殊情况也可由发站办理。

发生行李损失,旅客要求赔偿时,应在规定的期限内提出并应附下列材料:

(1)旅客有效身份证件、行李票。

(2)行包记录。

(3)证明物品内容和价格的凭证。

4. 处理丢失后又找到的行李

丢失的旅客行李找到后,铁路运输企业应迅速通知旅客领取,撤销赔偿手续,收回赔款。如旅客不同意领取时,按无法交付物品处理。如发现有欺诈行为不肯退回赔款时,可通过法律等手段追索。

5. 赔偿办理有效期

铁路运输企业与旅客因合同纠纷产生索赔或互相间要求办理退补费用的有效期为三年。有效期从下列日期起计算:行李全部损失时为运到期限终了的次日,部分损失时为交付的次日;全批未到的为运到期限期满后的第 31 日;责任方自接到赔偿要求书的次日起,一般应于 30 日以内向赔偿要求人做出答复,应当赔偿的,尽快办理赔偿。

德育天地

春运行李安全的守护员

小段是车站的铁路行李员,负责办理旅客托运行李的登记、安检、整理等工作。其中安检环节是守护铁路行李运输安全的第一道防线,注意力必须保持高度集中。春运期间旅客行李托运量大,经常在凌晨开始工作,很容易犯困,但是小段坚持逐个仔细查看行李经过安检仪生成的图像,时刻打起十二分精神,不让一件危险品进站上车。凭借多年的安检经验,他能通过行李 X 光图像颜色的细微差别判断出哪些是危险品,哪些是限制运输物品。

行李车厢和旅客车厢连挂在一起,客车安全无小事,作为铁路行李员要坚守行李第一道防线不松懈,保证铁路运输安全。

任务布置

2024 年 2 月 10 日,在西安开往上海的 T1 × ×次列车运行至郑州站前,发现旅客王某由西安发上海的一箱重 48 kg 的机器配件,票号 E4325 × × ×,因行李中夹带油漆外溢,将外包装污染,应如何处理?

任务实施

操作流程	工作任务	
	处理行李品名不符	实操记录
熟悉《国铁集团客规》第八十六条	确定属于行李品名不符的处理范畴	

续上表

操作流程	工作任务	
	处理行李品名不符	实操记录
编制客运记录	列车编制客运记录交郑州站	
扣留行李，发出通知，计算并核收费用	已收运费不退，按该件全部重量另行加倍补收行李运费，核收保管费	
填写票据	填写“客杂”	

任务评价

任务测评	评分标准	本人自评得分（20%）	小组互评得分（20%）	任课教师评价得分（30%）	企业导师评价得分（30%）	综合得分
知识点掌握（30分）	熟练掌握品名不符的处理规定					
技能点运用（40分）	正确处理品名不符问题					
职业素养（30分）	能做到安全至上，诚实守信，爱岗敬业					
综合评价						

学生反思

思考总结	
心得分享	

知识拓展

高铁快运业务

高铁快运是指铁路运输企业依托但不限于利用动车组列车（含载客列车、确认列车，以及利用客运站车资源开行专门装运快件的高铁快运列车，以下简称列车）等快捷运输资源，为客户提供的小件物品运送服务。按高铁快运承运的物品称为高铁快件，原则上应使用集装容器以集装件的形式在列车上运输。

1. 办理高铁快运营业车站应满足的条件

（1）高铁车站应提供高铁快运运输生产基本服务设施。作业场地应满足高铁快件集散分拣、装卸作业、集装容器暂存、作业机具存放、办公等需求，具备铁路信息系统接口及互联网接口，应选择方便、快捷进出车站和站台的地点，站区应设置高铁快运营业场所导向标志。已建成的直辖市、省会和自治区首府城市和计划单列市主要高铁车站作业场地面积原则上应不小于 300 m^2,其他中等及以上车站原则上面积不小于 150 m^2。

在具备条件的车站,快运公司可在站区设置高铁快运营业点;条件困难的,可在候车区设置服务点或在服务台设置服务指示牌。

(2)高铁车站应在作业场地附近为运送高铁快件车辆提供停放场地,指定高铁快件进出车站、站台通道和安检通道。

(3)规划的新建和改扩建中等及以上高铁车站应结合客运及快件运输需求,设置满足高铁快运运输生产基本服务的设施设备,预留办公、间休及仓储等库区条件,具备相对独立的高铁快件安检通道和进站转运通道,需要通过电梯转运的应设置满足快件运转载荷要求的直梯,具体按铁路旅客车站设计规范行业标准执行。

2. 不能办理高铁快运的物品

(1)法律、行政法规、规章、规范性文件中规定禁止运输的物品。

(2)危险品及铁路运输企业不能判明理化性质的物品。

(3)动物、有异常气味及妨碍公共卫生的物品。

(4)可能损坏或污染车辆的物品。

(5)其他不符合高铁快运装载条件的物品。

3. 高铁快件集装容器应满足的条件

(1)集装容器应符合绿色环保要求,并采取阻燃、防水、防漏、防撞、防滑及内部捆绑、衬垫等必要防护措施。

(2)集装容器装货后形成的集装件外部长宽高尺寸之和不大于 160 cm,最短边长不小于 30 cm,总重量不超过 25 kg。蓄冷箱、雪具等有特殊运输条件需求的,外部长宽高尺寸之和不大于 220 cm,总重量不超过 50 kg。

(3)集装容器应有高铁快运标识,带锁闭装置。

(4)集装容器应保持整洁卫生,防止夹带鼠虫等病媒生物。

集装容器式样应抄送铁路局集团公司,并报国铁集团客运部备案。

4. 集装件装放位置

集装件应装在列车指定位置。载客列车可装在高铁快运柜、大件行李存放处、二等座车车厢最后一排座椅后空当处等位置。确认列车可装在二等座车车厢座椅间空当处。

部分方向列车运能不足时,快运公司可与铁路局集团公司协商,利用动卧列车预留包厢、二等座车预留车厢等装载集装件。

单节车厢装载的集装件总重量不得超过列车允许载重量(载客列车、确认列车为二等座车车厢标记定员乘以 80 kg)。

集装件原则上不得码放在座椅、铺位上,特殊情况下需码放时,应采取有效防护措施,不得污损座椅、铺位。

载客列车集装件装载要考虑旅客旅行需求,载客车厢内大件行李存放处和最后一排座椅后空当处应预留不少于 1/3 的空间供旅客使用,集装件放置在最后一排座椅后空当处时，不得影响座椅靠背后倾和途中调向作业。

集装件装载应稳固牢靠，码放整齐，不得堵塞通道，不得偏载、偏重。

巩固提升

1. 什么是行李运输合同？其有效期限是如何规定的？
2. 行李的范围及体积、重量是如何规定的？
3. 如何计算行李的保价费？
4. 如何计算行李的运到期限？
5. 旅客要求将逾期运到的行李运至新到站时应如何处理？
6. 行李要求运输变更如何处理？
7. 行李的免费保管天数是如何规定的？
8. 产生无法交付的行李应如何处理？
9. 如何处理行李品名不符？

项目4　旅客运输计划及站车工作组织

项目导读

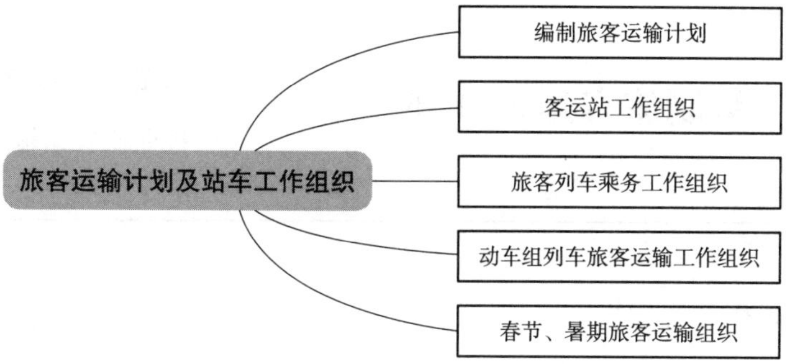

学习目标

1. 知识目标

(1)掌握旅客运输计划编制的方法。

(2)理解各项服务工作的作业内容和质量标准。

(3)掌握售票组织工作的主要内容。

(4)掌握行包运送作业流程。

(5)了解列车乘务组的组成和责任分工,明确旅客列车乘务组、乘务员数量的确定依据。

(6)了解动车组列车乘务人员配备与隶属关系及动车组列车列车长和列车员作业内容。

2. 技能目标

(1)会利用客流预测方法进行客流预测,计算各指标,确定各区段应开行旅客列车数,组织均衡运输。

(2)会运用计算机制票软件,能按照售、退票程序正确操作计算机制票。

(3)能按照乘降组织工作的基本流程组织旅客安全乘降。

(4)能按照规章和质量规范要求正确组织乘务工作。

(5)能按照动车组列车作业标准完成各个阶段、各岗位的工作。

3. 素养目标

(1)培养"人民铁路为人民"的服务意识,坚持"以人为本"的服务理念。

(2)培养爱岗敬业、吃苦耐劳、遵章守纪、按章作业的职业素养。

(3)培养综合分析及数据处理的意识与习惯。

(4)树立正确的劳动态度和团结协作意识。

(5)树立沟通协调、认真细致、精益求精的服务精神。

学习工具

《国铁集团客规》《铁路旅客运输服务质量规范》。

任务1　编制旅客运输计划	编号	XM4-1
	岗位	铁路客运员、客运计划员
	技能点	按照旅客运输计划编制的方法，编制各旅客运输计划

任务引入

1. 用图解法确定各次列车的车底组数

K××1次从配属站(A站)于第一天13:23开出，于第二天14:35到达折返站(B站)，并于当日19:48折返K××2次至第三天20:51到达配属站(A站)，于第四天13:23再由配属站(A站)开出(该列车每日开行)。要求用图解法绘画出车底需要数，并用分析法验证所画车底需要数是否正确。

2. 票额计划

某次直快旅客列车编组16辆，其中：硬座7辆(定员116人的5辆，定员108人的1辆定员，122人的1辆)，硬卧4辆(定员均为60人，但其中2辆代用硬座)，软卧1辆(定员32人)，行李车、餐车、宿营车、隔离车各1辆，试确定该列车的硬座标记定员，实际定员及始发、途中超成定员。

知识链接

4.1.1　旅客运输计划认知

旅客运输计划是铁路运输计划的主要内容之一，是整个国民经济计划的重要组成部分，它不仅是确定旅客列车对数和客运机车车辆需要数的基础，也是确定客运设备、客运机车车辆修造计划及客运运营支出计划的重要依据，同时也是铁路旅客运输组织工作的前提，从而保证旅客安全、迅速、准确、便利、舒适地旅行。

1. 旅客运输计划的种类

根据执行期间的不同，可分为下列三种。

(1)长远计划。

长远计划一般为5年、10年或更长时期的规划,它是铁路旅客运输的发展计划,通常根据国民经济计划期间(如五年计划)进行编制,主要是规定旅客运输的发展方向、技术政策、速度、重量及有关的主要指标。

(2)年度计划。

年度计划根据长远计划,结合年度具体情况编制,是旅客运输的任务计划。

它是确定旅客列车行车量和客运机车车辆需要量及客运设备改建、扩建的主要依据。在年度计划中,一般还包括季度的分配数字。

(3)日常计划。

日常计划是根据年度计划任务,考虑假期、季节及日常波动情况而编制的,是指导日常旅客运输的工作计划。在日常计划中,还根据各站所提报的日计划,按照各次旅客列车的运输能力,对各站、各区段的客流,进行统一平衡和调整,以保证旅客运输任务的完成和旅客列车容量的充分利用。

旅客运输计划,按其组织形式又可分为客流计划、技术计划、日常计划三种。

2. 旅客运输计划的特点

旅客运输计划与货物运输计划相比较,具有以下特点:

(1)计划期内人们提出的旅行需要,运输部门不能拒绝,不能延期或提前,必须及时满足。

(2)旅客要求的乘车径路和到达地,不能像货流那样可以在全国范围内根据产销合理联系的原则进行调整。

(3)铁路输送旅客的能力及客运机车车辆的工作量取决于旅客运输计划,但旅客运输计划时间并不一致,从而增加了综合平衡的复杂性。

(4)旅客运输(即人的位移)作为铁路运输主要产品之一,对质量的要求比货物运输更高更严。

3. 旅客运输计划的主要指标

(1)旅客发送人数(客运发送量)。

旅客发送人数是指在一定时期(日、旬、月、年)内,全路、铁路局集团公司、车站发送的旅客人数,分别按直通、管内、市郊计算,然后加总,其计算公式如下:

$$A_{发} = A_{发}^{直通} + A_{发}^{管内} + A_{发}^{市郊} \quad (人)$$

式中 $A_{发}$——旅客发送人数;

$A_{发}^{直通}, A_{发}^{管内}, A_{发}^{市郊}$——直通、管内、市郊旅客发送人数。

$$A_{发}^{全路} = \sum A_{发}^{站} \quad (人)$$

式中 $A_{发}^{全路}$——全路旅客发送人数;

$\sum A_{发}^{站}$——全路各站旅客发送人数总和。

旅客发送人数是国家规定的旅客运输计划指标，是考核铁路完成任务情况的主要指标。

(2)旅客运送人数。

旅客运送人数是指在一定时期内，铁路局集团公司运送的全部旅客人数，其计算公式如下：

$$A_{运} = A_{发} + A_{通过}^{接入} + A_{到达}^{接入} \quad (人)$$

式中 $A_{运}$——旅客运送人数；

$A_{通过}^{接入}$——接入通过的旅客人数；

$A_{到达}^{接入}$——接入到达的旅客人数。

就一个铁路局集团公司而言，$A_{发}$不能反映全部客运工作量，$A_{运}$才能反映总的旅客客运输量。

(3)旅客周转量。

旅客周转量是指在一定时期内，一个铁路局集团公司或全路所完成的人公里数。旅客周转量应分别按直通、管内客流计算，然后加总，具计算公式如下：

$$\sum AL = A_{直通} \cdot L_{直通} + A_{管内} \cdot L_{管内} \quad (人 \cdot km)$$

式中 $\sum AL$—— 旅客周转量；

$A_{直通}$，$A_{管内}$——直通、管内旅客运送人数；

$L_{直通}$，$L_{管内}$——直通、管内运输的旅客平均行程。

旅客周转量能较全面地反映铁路旅客运输的情况，是铁路客运工作中最重要的产品产量指标，也是各铁路局集团公司间分配客运收入，计算和分析运输成本和劳动生产率的依据。

(4)旅客平均行程。

旅客平均行程是指平均运送每名旅客的距离，应按直通、管内运输分别计算，然后再求得总的平均行程，其计算公式如下：

$$L_{平均} = \sum AL / A_{运} \quad (km)$$

式中 $L_{平均}$——平均行程。

(5)客运密度。

客运密度是指一定时期内，某一区段、铁路局集团公司或全路平均每公里线路上所承担的旅客周转量，其计算公式如下：

$$\varepsilon_{客}^{区段} = AL_{区段} / L_{区段} \quad (人 \cdot km/km)$$

$$\varepsilon_{客} = \sum AL / L_{营业} \quad (人 \cdot km/km)$$

式中 $AL_{区段}$——通过该区段的旅客周转量；

$L_{区段}$——该区段客运长度；

$\varepsilon_{客}^{区段}$——区段客运密度；

$\varepsilon_{客}$——铁路局集团公司或全路的客流密度；

$L_{营业}$——营业里程。

客运密度能比较全面地反映线路客运能力的利用情况和表明铁路客运工作的强度。

4. 铁路旅客列车的种类

旅客列车指以客车(包括代用客车)编组的,为运送旅客、行李、邮件的列车。

对不同的客流和不同的线路设备条件需开行不同等级的列车。目前,旅客列车分为以下几种。

(1)高速动车组旅客列车。它是指运行于时速250 km及以上高速铁路上的动车组列车。这种列车开行最高速度达到250 km/h至350 km/h。

(2)城际动车组旅客列车。它是指在城际铁路上运行,以"公交化"模式组织的短途旅客列车。列车开行最高速度达到250 km/h至350 km/h。

(3)动车组旅客列车。它是指运行于普速铁路或高速铁路的动车组列车。这种列车开行最高速度达到200 km/h至250 km/h。

(4)直达特快旅客列车。列车由始发站开出后,沿途不设停车站,即(一站)直达终到站的超特快旅客列车,也有称其为"点对点"列车(即始发、终到两点对应)。主要安排在客流较大的城市所在站始发、终到,实现大城市间旅客快捷运输。

(5)特快旅客列车。列车车次前冠以"T"符号,区间运行速度常达到140 km/h(个别区段,列车运行速度达到200 km/h,如广深线的"新时速")。特快旅客列车有跨局运行和管内运行之分。

(6)快速旅客列车。一般区间运行速度为120 km/h。这种列车也分跨局运行及局管内运行。

(7)普通旅客列车。它可分为普通旅客快车和普通旅客慢车。普通旅客快车,又可分为直通和管内普通旅客列车。普通旅客慢车,用于输送沿线各中间站的客流。

(8)通勤列车。它是为方便沿线铁路职工上下班(就医、子女上学)而开行的旅客列车。

(9)临时旅客列车。它是依据客流的需求或特殊需求(救灾),临时增开的旅客列车。

4.1.2 编制客流计划

1. 客流的形成及分类

(1)客流的形成。

客流是指铁路某一方向上、一定时间内旅客的流量和流向,它由旅客运输的数量、行程和方向构成。

在我国,客流主要由广大人民在政治、生产和生活上的旅行需要所形成的。

（2）客流的分类。

铁路为了合理地组织旅客运输和确定旅客列车的运行区段和种类，按旅客的乘车距离和铁路局集团公司管辖范围，一般将客流分为以下三种：

①直通客流，指旅客乘车距离跨及两个及其以上铁路局集团公司的。

②管内客流，指旅客乘车距离在一个铁路局集团公司范围以内的。

③市郊客流，指旅行距离在城市及附近郊区之间的客流。

2. 客运量预测

客运量预测是编制旅客运输计划不可缺少的前期步骤。各种预测方法无论其是否同类，都不是互相排斥的，而是可以结合运用、互相验证、互为补充的。

（1）客流调查。

客流是运输组织工作的基础，是编制旅客运输计划的依据，而摸清客流又是一项比较复杂的工作，因为大部分客流是基于个人旅行需要而自然形成的，但它又受一系列社会因素的影响。因此，客流调查以影响客流发展与变化的主要因素为对象。同时，要确切地掌握一定时期的客流数量和客流变化规律。

①影响客流变化的主要因素。

a. 社会政治、经济、文化的发展变化。

b. 国家或地区一定时期内方针政策的变化。

c. 生产力布局的变化，经济区的开发，地方工业及乡镇企业的兴办和发展。

d. 人口的自然增长。

e. 人文、民俗及国家和地区性的大型团体活动。

f. 现有铁路的技术改造，新线的修建，客流吸引范围的扩大或缩小。

g. 各种交通运输工具的发展和分工情况。

h. 不同交通工具客运票价的变化。

i. 自然灾害和季节、气候变化。

j. 旅游业的发展变化。

这些因素对铁路旅客运输量的增减变化影响极为显著。例如，城市人口的增加，广大人民群众物质文化生活水平的提高，铁路客运设备的不断改善和方便旅客乘车旅行等，都会引起客流的急剧增长。

必须指出，上述各种因素的变化，都是国民经济计划在该地区的具体体现。因此，调查、分析和运用这些资料时，首先应该研究国民经济计划的发展趋势，领会党和国家在一定时期制定经济计划的原则精神和在各地区进行经济建设的方针意图。以此作根据，再进行具体资料的分析，才有可能将客流调查工作做得更好，更符合客观实际。

②客流调查的范围。

客流调查的范围，是铁路沿线的吸引区。吸引区分直接吸引区和间接吸引区两种。直接吸引区是指车站所在地及其附近地区被车站直接吸引的城市和居民点的总区域。这个区域可用垂直平分法划出大致范围，如图 4-1 所示。

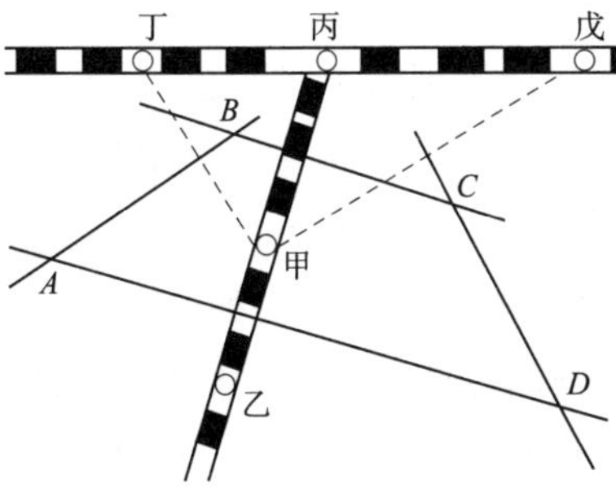

图4-1 直接吸引区

甲站的几何吸引范围是 *ABCD* 实线包围的地区。

其求法为先划出甲乙和甲丙的垂直平分线，然后划出甲丁的垂直平分线与其相交于 *A*、*B* 两点，再划出甲戊的垂直平分线与其相交于 *C*、*D* 两点。*A* 点与甲、乙、丁三站的距离相等，*B* 点与甲、丙、丁三站的距离相等，*C* 点与甲、丙、戊三站的距离相等，*D* 点与甲、乙、戊三站的距离相等。几何图形 *ABCD* 内各点都距甲站较近，可作为甲站的吸引范围。同时，须考虑许多具体条件（如地形、地貌、在途时间等）进行分析、修正交通条件、运输费用，才能最后确定吸引区的边界。

间接吸引区是指车站直接吸引区以外，由其他交通工具的联系而被间接吸引的较远地区的城市和居民点的总体区域。一般按最短通路原则划定。

③客流调查的方法。

客流调查分为综合调查、节假日调查和日常调查三种。

a. 综合调查。

综合调查一般每两年进行一次。调查的目的是摸清车站吸引区的政治、经济、文化和人民生活情况，了解影响铁路客运量增长变化的各种因素及对客运工作客观要求，作为制订长期规划、年度计划及改进客运设备的主要依据和日常客运组织工作的基础。

调查内容如下：

（a）吸引地区的一般情况：地区的自然条件（位置、地形、气候等），行政区域的划分，城市、农村人口的分布和增长情况，工矿企业、机关学校的分布和发展情况，工矿企业生产水平及与外地在供销上的联系，农业生产和劳动力的安排及有组织的或自发的劳动力外出情况，文教、卫生事业的发展和名胜古迹、医院、疗养院的分布。

（b）直接影响客流的各项因素：吸引地区的总人数；工矿企业、机关、学校等单位的人员及家属人数，休假制度及利用铁路旅行的情况；疗养、休养处所的开放时间、床位及其周转时间；吸引范围内名胜古迹、游览胜地及历年各月的旅游人数；历年特殊客流及大批人员运输情况（应分出主要到发区段）。

（c）各种交通运输工具的分工情况：吸引范围内现有交通运输方式的运输能力，历年的运量及比例，客流在时间上的变化情况及今后的发展；各种交通运输工具的运行线路，与铁路旅客列车运行时间的配合情况。

(d)铁路旅客运输资料:按运输类别的旅客发送、中转及到达人数,使用铁路乘车证人数,客流月间、季度的波动情况及原因;历年客流变化及到达各区段的客流量;分直通、管内和市郊的旅客列车对数、运行区段、时间及平时和客运量最大时的运能与运量的适应情况;其他与编制客流计划、组织旅客运输有关的资料。

调查方法上,采取点面结合的方法,一方面从计委和统计部门搜集计划和历年统计资料,另一方面到基层单位或社会做实际调查,经过反复核实,就可以获得较为可靠的调查资料。然后对调查内容分科目制表并按客流分析说明汇编成车站年度客流资料。

b. 节假日调查。

节假日调查主要是对清明节、五一劳动节、端午节、中秋节、十一国庆节、元旦、春节等节假日和暑期客流进行调查。前六个节日主要是管内客流增长较大,一般在节日运输前1个月左右进行,春节、暑期运输的客流调查应在春节、暑期运输前3~4个月进行。

节假日客流调查的目的是安排好节日旅客运输方案及做好各项组织工作,其中包括制定节假日期间临时旅客列车开行方案,编制节日旅客运输计划和售票、服务组织工作等。

调查的主要内容:

(a)重点工矿企业、政府机关团体的休假制度、社会经济活动及外地人员乘坐火车的流量和流向。

(b)学生客流重点调查本地区大中专学校数量,在校学生和外地学生人数,乘坐火车的流量和流向,放假和开学日期。

(c)民工流重点调查产生地的农业人口数量、乡镇企业发展情况和剩余劳动力数量及外出劳动力分布地区和数量;接纳地区用工部门、劳务市场已经或预计接纳的用工数量;中转站应建立健全民工旅客的流量、流向资料台账,加强分析和预测。

(d)其他交通运输工具与铁路衔接运能、运量的变化情况。

调查的方法可采取登门调查、函调和召集会议等方式。

将调查的资料汇总编制出节假日客流调查统计表。

c. 日常调查。

车站客运计划人员应经常注意车站内和吸引地区客流情况,随时了解、掌握旅客流量、流向的变化,找出客流受季节、气候等因素影响的规律,分析客流增减数量、变化原因和延续时间等。在调查中,特别要了解旅客的旅行目的、到达地点、返回日期及掌握市郊、周末、集市贸易、旅游、会议等方面的旅行动态。这种调查,对于编制日常旅客运输计划和安排运输工作,将起到较大作用。

调查内容可根据日常客流发生的特殊变化情况来确定。

调查的方法,可深入售票处、候车室及列车等旅客密集的场所,采用“听、看、问”或制定统一的调查登记表发给旅客填写。

客流的调查工作，是由各站组织专门人员来进行的，在调查中必须紧紧依靠地方政府的领导和有关部门的密切配合，成立调查小组，实行分工负责，分片包干。

(2)预测方法。

①固定比例法(乘车系数法)。

$$y = Y/N$$

式中 y——乘车系数；

Y——铁路旅客发送量；

N——吸引地区居民人数。

例如，某年某站吸引地区的居民人数为40万人，而铁路旅客发送量为24万人，则

$$y = Y/N = 24/40 = 0.6$$

y是随着客观形势的发展不断变化的，所以必须分析研究各项因素对y的影响程度，从而确定计划期的y。如上例中，计划期$y_{计}$为0.6，计划期吸引区的居民人数为43万人，则计划旅客发送量为

$$Y_{计} = N_{计} \cdot y_{计} = 43\text{万人} \times 0.6 = 25.8\text{万人}$$

②动态关系法(比例增减法)。

按照各种因素的影响，推定铁路旅客发送量的增长百分数。例如，某站旅客发送量最近三年的增长率为9%、10%、13%，分析计划年度各项因素预计发展情况，加以研究确定计划年度的增长百分数。某站历年增长客流的基本原因是吸引区经济建设的迅速发展。车站附近中学的建立，一批工厂的兴办，在计划期间内还将有几座大工厂投产、兴建，确定计划年度的增长百分数为15%。如上年度旅客发送量完成24万人，则计划年度旅客发送量应为27.6万人，其计算公式如下：

$$Y_{计} = Y(1+\beta) = 24\text{万人} \times (1+15\%) = 27.6\text{万人}$$

式中 $Y_{计}$——计划年度客运发送量；

Y——上年度客运发送量；

β——计划年度增长百分数。

③时间序列法(趋势外延法)。

将过去的历史资料和数据，按时间顺序排列起来的一组数字序列，如历年某铁路局集团公司或全路的旅客发送量。

其特点是假定旅客发送量过去的变化趋势会同样延续到未来，因而可以通过对过去的时间序列数据推算出事物的变化趋势，做出预测，这种方法多适用于短期预测。同时应消除偶然性因素的影响。

【例4-1】 根据下列铁路旅客发送量(Y)的动态数列(表4-1)，其趋势近乎直线，预计今后的铁路旅客发送量仍将保持线性增长趋势。试预测第16年的旅客发送量。

表 4-1　客运量动态数列表

年份	Y(百万人次)	$m_t^1(n=3)$	$m_t^2(n=3)$	a	b	Y'(预测值)	$\frac{Y'-Y}{Y}$
01	552						
02	612						
03	648	604					
04	660	640					
05	696	668	637	699	31		
06	705	687	665	709	22	730	+0.035
07	787	729	695	763	34	731	-0.071
08	807	766	727	805	39	797	-0.012
09	856	817	771	863	46	844	-0.014
10	912	858	814	902	44	909	-0.003
11	942	903	859	947	44	946	+0.004
12	989	948	903	993	45	991	+0.002
13	1 049	993	948	1 038	45	1 038	-0.01
14	1 123	1 054	998	1 110	56	1 083	-0.036

$$Y' = a + bt$$

式中　t——年序数；

a,b——参数。

设一次移动平均数为 m_t^1，二次移动平均数为 m_t^2，取平均时距为($n=3$)，则

$$a = 2m_t^1 - m_t^2$$

$$b = m_t^1 - m_t^2$$

m_t^1、m_t^2 可按下列方法求解：

设各年的实际客运量为 $Y_1, Y_2, Y_3, \cdots, Y_{14}$，则

$$m_{t(3)}^1 = (Y_1 + Y_2 + Y_3)/3$$

$$m_{t(4)}^1 = (Y_2 + Y_3 + Y_4)/3$$

$$m_{t(5)}^1 = (Y_3 + Y_4 + Y_5)/3$$

二次移动平均数 m_t^2，不过是一次移动平均数 m_t^1 的再一次移动平均而已，即

$$m_{t(5)}^1 = (m_{t(3)}^1 + m_{t(4)}^1 + m_{t(5)}^1)/3$$

其余以此类推，并将计算数据填入表中。

预测第 16 年旅客发送量

$$Y' = 1\ 110 + 56\ t$$

因为 $t=2$，则

$$Y' = 1\ 110 + 56 \times 2 = 1\ 222(\text{百万人})$$

④对比分析法。

对比分析法就是对比上年同期的市场实际值，分析预测其在上年基础上的增长情况，以此为依据的一种预测方法。预测公式为

$$预测值 = 上年同期实际值 \times (1 + 增长率)$$

3. 客流图的编制

为了对需要的旅客运输量与运输能力进行平衡，进而确定计划客运机车车辆工作量，必须编制客流图。

国铁集团在下达编制客流图任务的同时，即公布全路直通客流区段（管内客流区段由铁路局集团公司自定）和规定的客流月。所谓客流月，就是国铁集团指定作为统计客流的某个月份，一般情况采用客运量需求较大的月份。所谓客流区段，是指客流的到达区段，它不同于列车运行区段和机车牵引区段，其长度按客流密度的变化情况而定。凡各大城市之间，客流密度大致相同的地点，衔接几个铁路方向的大型客运站，各铁路局集团公司间的分界站，都是划分客流区段的始发站和终点站。在同一客流区段内各站间有不同的客流密度时，区段客流密度应按其中最大值计算，如图4-2所示，其区段客流密度应为360人。

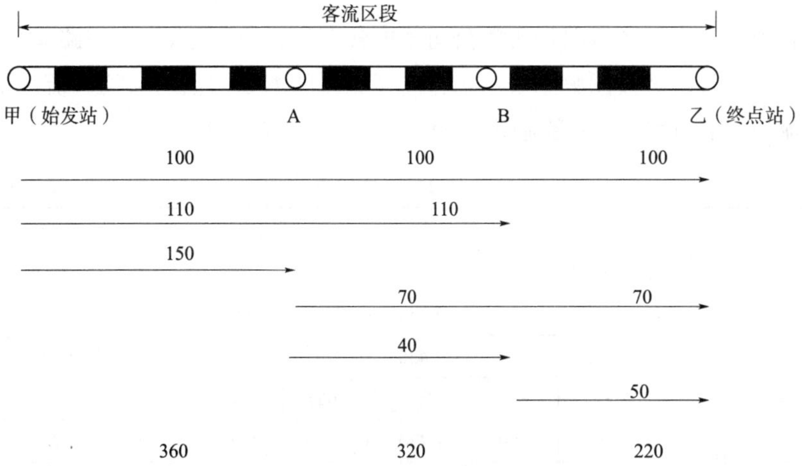

图4-2　区段内始发和到达客流（单位：人）

各个铁路局集团公司的统计部门按《铁路旅客运输统计规则》的要求，提出客流月的直通、管内分区段的发送旅客流向统计资料。客运部门根据分区段的旅客流向资料，按日平均数编制客流图。

客流图分直通、管内两种。直通客流图是由一个铁路局集团公司所属各客流区段产生的客流，经过一个或几个铁路局集团公司间分界站到达他局客流区段的客流图解来表示。一般是根据统计工厂提供的各直通客流区段产生的输出客流量和流向分线别和客流区段来编制。

直通输出客流图(图 4-3)先做一条线的第一个客流区段产生的直通输出客流,再做该线的第二个客流区段产生的直通输出客流,一直做到分界站。把各个客流区段产生的直通输出客流按顺序填入各客流区段,即得该客流区段产生的直通输出客流与通过本客流区段输出客流的总和。这样,最后一个客流区段的直通客流也就是本线所产生的直通输出客流量。

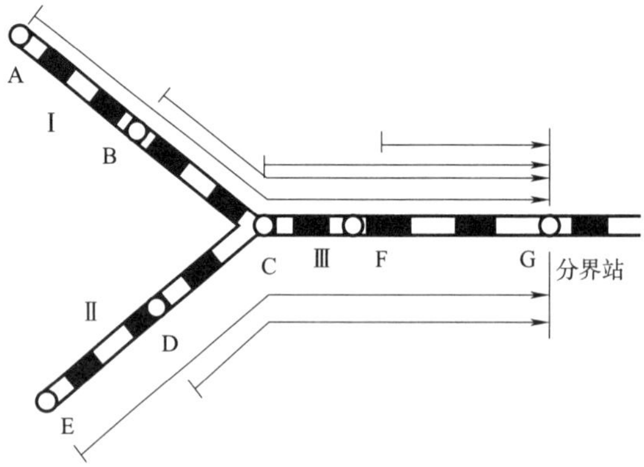

图 4-3　直通输出客流

管内客流图是由一个铁路局集团公司管内各客流区段产生,在本铁路局集团公司管内各客流区段消失的客流图解来表示。管内客流图的编制方法与直通客流图不同,一般是先做客流斜线表,后编管内客流图。管内客流斜表见表 4-2。

表 4-2　客流斜表　　单位:人

发站	距离/km	到站							
		甲	乙	丙	丁	戊	上行	下行	总计
甲	250		3 545	2 050	938	856	7 389	—	7 389
乙	263	3 823		1 436	770	501	2 707	3 823	6 530
丙	350	1 823	830		2 622	865	3 487	2 653	6 140
丁	450	920	900	1 430		2 493	2 493	3 250	5 743
戊		780	1 300	1 170	1 460		—	4 710	4 710
上行		—	3 545	3 486	4 330	4 715			16 076
下行		7 346	3 030	2 600	1 460	—			14 436
总计		7 346	6 575	6 086	5 790	4 715	16 076	14 436	30 512

它将各大站及客流区段的发到旅客人数显示于表上。表内左边一列站名为发站,上边一行站名为到站。将发站发送的客流量按到站分列在同一行的相应栏内,表示出管内客流的流量和流向。表中斜线以上为上行,斜线以下为下行。

为使管内客流斜线表所表示的客流计划更为明显、清晰,而且便于计算旅客运输指标和确定旅客列车行驶区段与行车量,可将斜线表上的各项数字按一定的格式,用图案的形式绘制出管内客流图。同时,为了便于识别,在客流图上,对于由不同车站发送的客流,可用不同颜色或符号表示,如图 4-4 所示。

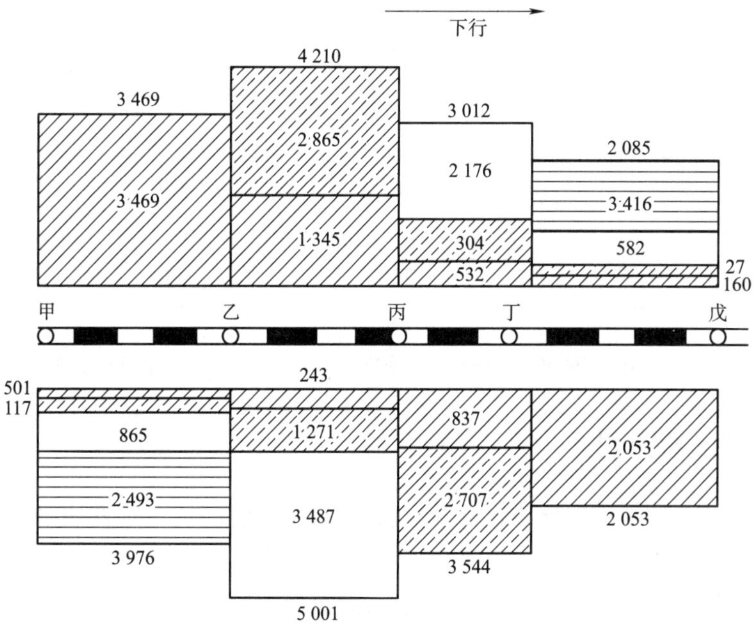

图 4-4　客流图(单位:人)

各铁路局集团公司编好直通、管内客流图后,国铁集团组织各铁路局集团公司将所编制的输出直通客流图资料进行交换,并汇总在按局别的全国铁路直通客流图上。各铁路局集团公司根据交换的资料,计算出直通客流区段的客流密度,连同管内和市郊一起,汇总在全国铁路区段客流密度图上。然后,各铁路局集团公司结合客流调查和统计资料,利用各种预测方法推算出计划期内客流可能的增长率或绝对数,据以编制全部客流计划。最后把计划客流密度与现行运行图规定的旅客列车能力进行比较(表 4-3),即可提出编制新的客车运行图所需的资料。

表 4-3　运行图旅客密度与客车能力比较表

局集团公司　　　　　　　　　　　　　　　　年　　月　　日

线路区段	方向	年　月份			年至　年计划			现行旅客列车能力				密度与能力比较			
		旅客密度	其中		旅客密度	其中		对数	总定员	其中:直通客车		与　月份		与　年	
			直通	管内		直通	管内			对数	定员	总计	直通	总计	直通
	上														
	下														
	上														
	下														
	上														

续上表

线路区段	方向	年　月份			年至　　年计划			现行旅客列车能力				密度与能力比较			
		旅客密度	其　　中		旅客密度	其　　中		对数	总定员	其中：直通客车		与　月份		与　年	
			直通	管内		直通	管内			对数	定员	总计	直通	总计	直通
	下														
	上														
	下														
	上														
	下														
	上														
	下														

注：列车定员，按编组表中规定的定员计算（包括硬卧和硬座车），硬座车定员要扣除规定的儿童优惠票数。

4.1.3　编制技术计划

旅客运输技术计划是保证质量良好地完成旅客运输任务，合理使用机车车辆和其他各种技术设备的具体生产计划。

旅客运输技术计划应以客流计划为依据，解决以下问题：

（1）选择旅客列车的重量与速度。

（2）制订旅客列车的开行方案。

（3）编制旅客列车运行图。

（4）确定车底需要组数。

（5）动车组运用计划编制。

旅客运输技术计划的编制，主要是在国铁集团和铁路局集团公司两级机构中进行，是一项细致而复杂的工作。为此，需要在国铁集团、铁路局集团公司的统一领导下，在客运部门和其他各部门的密切配合、共同努力下，才能编制出质量较高的旅客运输技术计划。

1. 旅客列车的重量和速度

旅客列车的重量和速度，决定着旅客列车编成的大小和旅客在途时间的长短，直接影响到铁路的客运能力、服务质量和客运设备的使用效率。选择旅客列车最佳重量和速度的方法，主要是针对提高旅客列车直通速度这一要求。在机车类型和线路条件一定的情况下，提高直通速度可以采取加速列车运行、压缩停站次数、缩短停站时间等措施来实现。还应从列车始发时刻、终到时间、通过大站的时刻来进行检验和修正，按这个修正后的速度计算出来的各种旅客列车重量标准和编组辆数；最后，还要考虑沿途车站的线路有效长、站台雨棚长等各种实际因素确定。

我国对旅客列车重量标准和编组辆数规定如下：

特直快列车 800～1 000 t，15～20 辆；普通旅客列车 800 t，15 辆，旅客列车最大编组为 20 辆。高速铁路动车组列车编组分为单组和重联两种，单组为 8 辆，重联为 16 辆编组；随着新型动车组的出现，编组辆数可出现弹性变化。

在旅客列车的重量标准和编组辆数确定之后，根据各种旅客列车的编组结构，可以计算出定员，在已经编制好的客流计划的基础上，就可以着手拟订旅客列车的开行方案。

2. 旅客列车的运行区段及行车量

旅客列车的运行区段和行车量，基本上取决于客流计划。“按流开车”是确定旅客列车运行区段和行车量的基本原则。

在我国，铁路旅客列车的开行必须服从国家的政治、经济、文化、科技、国防的需要，加强首都与各直辖市和各省、自治区首府之间，以及各省、市、自治区主要城市之间，重点工矿之间，边疆、沿海和内地之间，城市和农村之间的联系。旅客列车的开行，必须符合大量客流的需要，同时还要有利于铁路技术设备的合理运用。

现以某线路最大客流方向的总客流计划所绘制的客流图（图 4-5）为例，从图中不仅能很清楚地看出旅客的流量、流向，而且可以看出客流发生和消失的地点，这就给划分直通和管内旅客列车运行区段的工作提供了有利的条件。

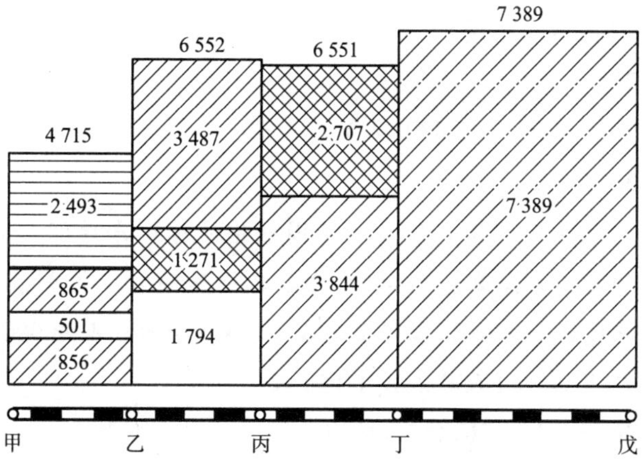

图 4-5　最大客流方向的客流（单位：人）

根据甲戊线上客流显著变化的地点为乙、丁、戊三站，则可按照甲—戊、甲—丁、甲—乙的不同客流密度，确定旅客列车对数。

旅客列车对数确定是否合理，是衡量运行图编制质量的重要标志。列车对数定多了，浪费运能，定少了，造成旅客拥挤，所以正确地确定列车对数是一项很重要的工作。

（1）概算法。

$$N = A/a \quad （列）$$

式中　A——总客流量（日均计划）；

a——列车平均定员人数；

N——列车数。

（2）公式计算法。

由于旅客列车的种类和运行距离不同，要求列车的编组内容也不同，因而列车定员也就不同,所以对不同的旅客列车,应分别确定其列数。

①特别旅客快车列数($N_{特快}$)。

$$N_{特快}=AK_{特快}/a_{特快} \quad (列)$$

式中 $K_{特快}$——乘特快旅客列车旅客的百分数;

$a_{特快}$——特快旅客列车定员。

②旅客快车列数($N_{快}$)。

$$N_{快}=(A-a_{特快}N_{特快})K_{快}/a_{快} \quad (列)$$

式中 $K_{快}$——乘快车旅客的百分数(除特快外);

$a_{快}$——快车定员。

③普通旅客慢车列数($N_{慢}$)。

$$N_{慢}=(A-a_{特快}N_{特快}-a_{快}N_{快})/a_{慢} \quad (列)$$

式中 $a_{慢}$——普通慢客列车定员。

【例 4-2】 根据图 4-5 所列资料计算各种旅客列车数。

【解】 首先确定区段客流量:

甲—戊区段 4 715 人

甲—丁区段 6 552 − 4 715 = 1 837(人)

甲—乙区段 7 389 − 6 552 = 837(人)

然后根据客流的性质及其旅行距离的不同确定旅客列车编组。假设甲—戊区段需要用特别快车输送的客流占总客流的 40%,用快车输送的客流占剩余客流的 60%,其余客流以普通旅客慢车输送。各种旅客列车的容量:特快为 800 人或 900 人,快车为 900 人或 1 000 人,普通旅客慢车为 1 050 人或 1 150 人。

则甲—戊区段的行车量可按以下方法求出:

$N_{特快}=(4\,715\times40\%)/900=2$(列……余 86 人)

$N_{快}=(4\,715-900\times2)\times60\%/900=2$(列……欠 51 人)

$N_{慢}=(4\,715-900\times2-900\times2)/1\,150=1$(列……欠 35 人)

甲—丁区段:

设 $K_{特快}$ 为 40%,$K_{快}$ 为剩余客流的 30%。

$N_{特快}=(1\,837\times40\%)/800=1$(列……欠 65 人)

由于用快车输送的客流占剩余客流的 30%,按此比例求算出的快车客流仅有:(1 837 − 800) × 30% = 311(人),不够开行一列快车的条件。所以,决定甲—丁区段不开行快车,而剩余客流由普通旅客慢车进行输送。

$N_{慢}=(1\,837-800)/1\,050=1$(列……欠 13 人)

甲—乙区段:

由于甲—乙区段运行距离不长,同时客流不算太大,需要用特快车输送的客流比重也不多,为此,可通过组织开行普通旅客慢车来进行输送。

$$N_{慢}=837/1\ 050=1(列\cdots\cdots欠213人)$$

所欠213人的客流,可采取减少旅客列车的编成辆数,以免虚靡。

甲—戊区段上总的行车量见表4-4。

表**4-4** 甲—戊区段客车行车量

列车行驶区段	各区段行车量			合计	输送能力/人
	特别快车	旅客快车	普通旅客慢车		
甲—戊	2	2	1	5	4 750
甲—丁	1		1	2	1 850
甲—乙			1	1	1 050
合计	3	2	3	8	7 650

确定各种旅客列车的行车量,除按上述方法进行计算外,还应考虑:

①通过概算或公式计算出的列车总数和各类列车数,往往出现不足一列的尾数,对此一般不予进整,而是采用加挂车辆或调整车型以扩大客车定员或采取超员运输办法解决。

②对于不足每日开行一列的长途直通旅客列车或国际旅客列车可采用定期(如每周两次)或隔日开行的方式,以合理地运用铁路机车车辆和通过能力。

③如直通旅客快车在运行全程个别区段定员有余,为充分利用运能而不影响旅客服务质量,可采取在定员有余区段适当增加列车停站次数,以吸收部分管内客流,或在超员区段加挂回转车,缩减列车基本编组辆数,在超员区段再编挂上。

在实际工作中,按现行运行图开行的客车对数,根据客流计划,进行确定。

直通旅客列车由各铁路局集团公司根据直通客流(由始发局到终到局),符合下列条件时报国铁集团开行:

①跨两局的列车不少于600人。

②跨三局的列车不少于500人。

③跨四局以上的列车不少于400人。

管内旅客列车输送沿途变动的客流,其行车量要与客流密度相适应,由各铁路局集团公司确定后报国铁集团备案。

3. 旅客列车运行方案图及时刻表

全路旅客列车运行图的编制工作,应贯彻集中领导和群众路线相结合的原则,对跨三局的直通旅客列车,应在国铁集团的统一领导下由各铁路局集团公司派人到国铁集团集中编制。跨两局的直通旅客列车,由两局协商编制。管内旅客列车,则由铁路局集团公司组织进行编制。对跨局的直通旅客列车,不仅要考虑某一整个方向,而且还要与有关方向互相联系起来通盘考虑,全面安排,因此,各铁路局集团公司必须在国铁集团的集中领导和统一规划下进行编制工作。

旅客列车运行图的具体编制工作,分两个阶段进行:

第一阶段,铺画旅客列车运行方案(简称“客车方案”)图。客车方案图是列车运行图的骨架,它用小时格运行图铺画,在图上只表示始发站、终点站、分界站及其他主要站的到开时刻,如图 4-6 所示。

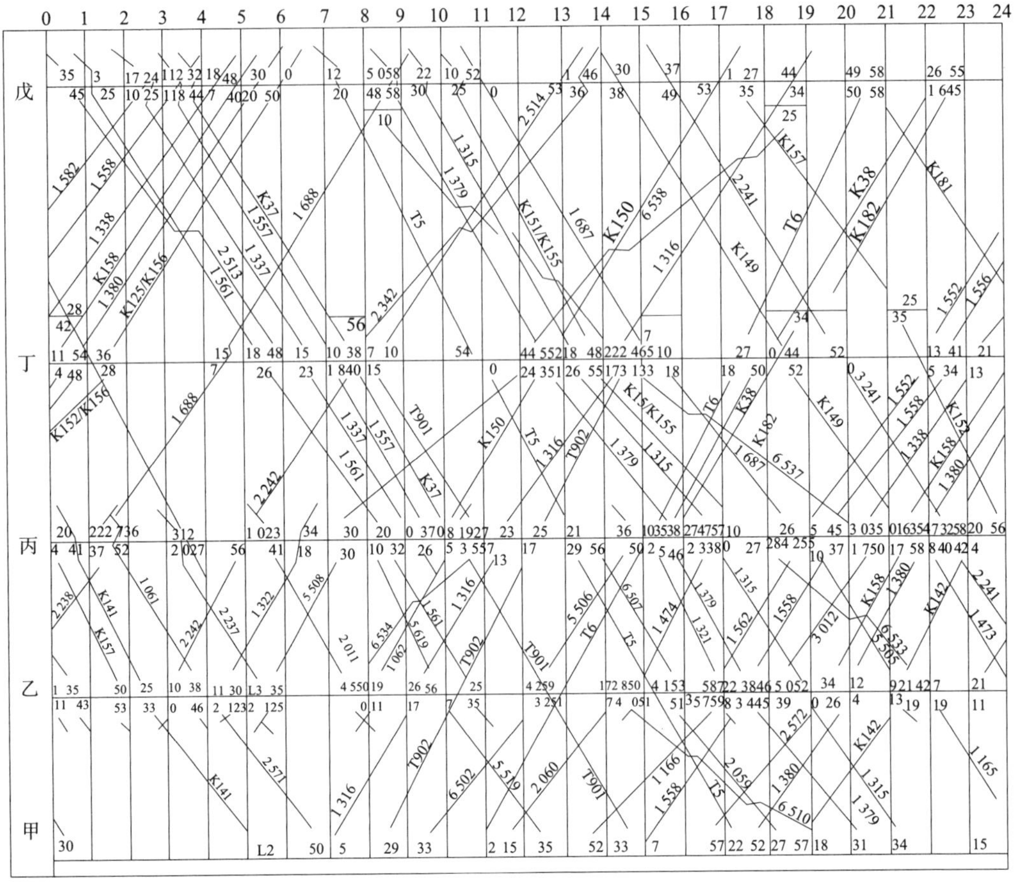

图 4-6 客车方案

第二阶段:铺画具有详细时刻的旅客列车运行图(简称“详图”)。详图铺画上的技术问题由“铁路行车组织”课程研究解决。

(1)客车方案图的编制原则。

旅客列车运行方案所要解决的是每一方向旅客列车在运行图上的整体布局问题,它不仅对整个列车运行图的布局起着决定的作用,而且对列车运行图的编制质量也有直接影响。为此,编制客车方案时应遵守以下原则。

①提高列车的直通速度。

旅客列车的直通速度是衡量铁路工作水平的标准之一,它对国内、国际都有影响。

特别是快车的直通速度,关系到国家的声誉,具有政治和经济上的意义。提高直通速度的技术组织措施是减少停站次数,压缩停站时间,加速技术作业过程,延长客运机车牵引交路。对管内旅客列车,开行对数较多的区段,亦可采取分段服务的办法以提高直通速度,如图4-7所示。

②方便旅客旅行。

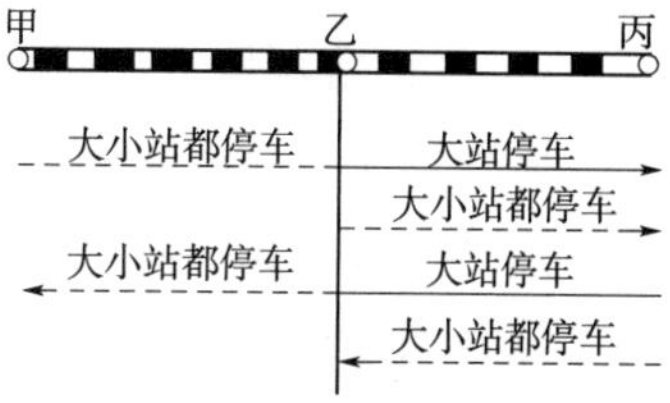

图4-7 管内列车分段服务

安排旅客列车运行时,必须把便利旅客旅行放在重要位置,作为编制客车方案图的基本出发点之一。为此,首先应规定适宜的列车始发、终到和通过主要停车站的时刻,如直通快车在始发站的发车时刻最好规定在晚间,但一般不得迟于0:00,而到达终点站的时刻最好规定在早晨,一般不要早于7:00。如有两对以上直通快车时,应考虑其间隔均衡,一般在早晚各安排1列,但早晨发车,对住在市郊的旅客不大方便。直通列车通过沿途各大站的时刻亦应力求方便旅客,若不能完全满足此项要求,则只能权衡轻重,尽可能予以照顾。

管内旅客列车以运送短途旅客为主,一般运行距离较短,故以白天运行为宜。在管内列车较多的区段不可能均在白天运行时,个别列车亦可在夜间运行,但始发时刻不宜过晚,到达时刻不宜过早。由于在乘坐管内列车的旅客中,有很多需要当天往返,为满足其需要,列车在折返站的到达与出发时刻之间,应有适当的间隔,以保证旅客有一定的活动时间。

在连接几个铁路方向的大型客运站应尽量缩短旅客中转换乘的停留时间,使各方向旅客列车到发时刻有良好的衔接。如确有困难时,应照顾主要的中转直通客流方向。

同时,还应保证旅客列车的到发时刻与其他交通工具(如轮船、汽车、飞机等)互相衔接。这种衔接包括组织联运及缩短旅客由这种运输方式换乘到另一种运输方式的等待时间。这样,不仅可以方便需要换乘其他交通工具的旅客,而且对报纸、邮件的传递也有重要意义。

③客货兼顾,全面安排。

旅客列车与货物列车在单线和双线区段内均在同一正线上运行,彼此之间势必产生联系。如旅客列车运行线能适当照顾货物列车的运行,则可以减少额外扣除时间,节省线路通过能力,缩短机车折返停留时间和减少货物列车等会待避时间,从而加速机车车辆周转。而旅客列车运行线的适当移动实际上往往也是可以做到的,并且要尽量减少不合理的货物列车待避和停会旅客列车的次数,还要不使旅客列车待避和停会货物列车。同时在客货列车交会或货物列车待避旅客列车时,保证旅客和行车安全。

④保证旅客列车运行与客运站技术作业过程的协调。

大家都希望旅客列车在大城市有比较合适的到发时刻,这就可能出现密集到达或出发的情况,有些衔接几个方向的大型客运站,由于受设备条件的限制,往往在列车密集到发期间,产生敌对进路的交叉干扰。因此,要求旅客列车密集到发的间隔时间应与车站技术作业过程相协调,否则将不能保证车站正常接发列车,造成客运站作业的困难和设备的利用紧张状态,这种情况应尽量避免。

同时,大型客运站一般按方向设置候车室,因此,同方向旅客列车的始发间隔时间,应考虑旅客站舍的负担,以免造成站内拥堵。

⑤经济、合理地使用客运机车车辆。

旅客列车运行方案安排得好,可以减少车底需要组数,使客车得到更经济的使用,机车也得到节省。在编制方案图时,也应同时考虑各区段的客运机车运用,以加速机车周转。旅客列车运行线与机车交路的关系编制客车方案图要求同时实现上述各项原则往往是有困难的。例如,为了要选择旅客列车始发、终到的合适时刻,就需要增加使用的车底数;各方向列车始发、终到的时刻合适,却往往不能配合大客运站的客流衔接等。在这种情况下,就必须根据具体情况,采取措施,通过协商,解决主要矛盾,这样才能不断提高客车方案的编制质量。

(2)客车方案图的编制方法。

在具体编制方案时,不管是直通还是管内方案,大多数情况下,都是在上一届方案的基础上进行的,应做到:分析现行列车运行图的执行情况和存在问题,总结过去的实践经验,提出进一步挖掘潜力、提高效率、改进工作的措施;各铁路局集团公司应为编制方案提供必要的资料,如列车的区间运行时分、慢行时分、停站时分及起停车附加时分等,其中,区间运行时分由机务部门提供,慢行时分由工务部门提供,各次列车在各区段内的停车站和停站时分由客运部门提供,将上述时分填制专门的表格,与其他编图资料,一并报国铁集团审查;根据批准的对数和运行区段,按照先国际、后国内,先直通、后管内,先快车、后慢车的顺序进行编制。

具体铺画旅客列车方案运行线的一般方法如下:

①国际联运旅客快车,从国境站开始按照联运旅客列车时刻表会议决定的时刻向国内铺画。

②直通旅客快车,除根据原方案调整范围不大的以外,对必须翻架子的和新增加的直通旅客快车,一般是先确定合理开车范围,并从中选择几个开行方案,进行技术、经济比较,取其中最优方案,而后从列车始发站开始,向终点站顺序铺画。如终点站的到达时刻不太合适,再作小范围的上下调整。

根据方便旅客旅行的原则,直通旅客快车可规定为不晚于0:00开,不早于7:00到。按这个条件,每一对车都有其合理开车范围。这个合理开车范围因始发、终到城市之间列车运行时间的不同而不同。有的列车只有一个合理开车范围,有的列车可以有两个合理开车范围,如图4-8、图4-9所示。

设直通快车的单程运行时间为 $T = x + 24D$,则其合理开车范围 t 可用下列分析式确定:

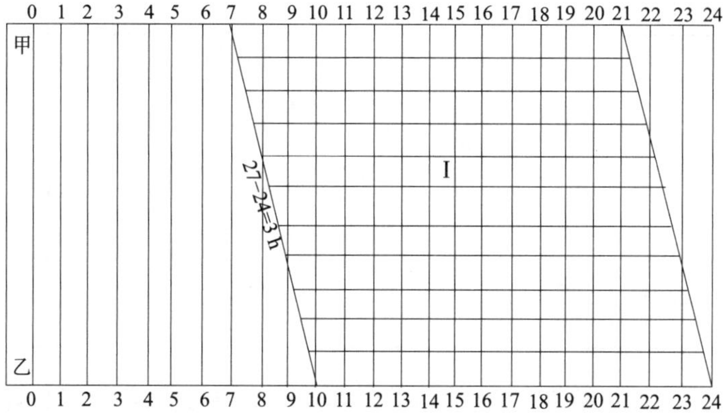

图 4-8　合理开车范围图(1)

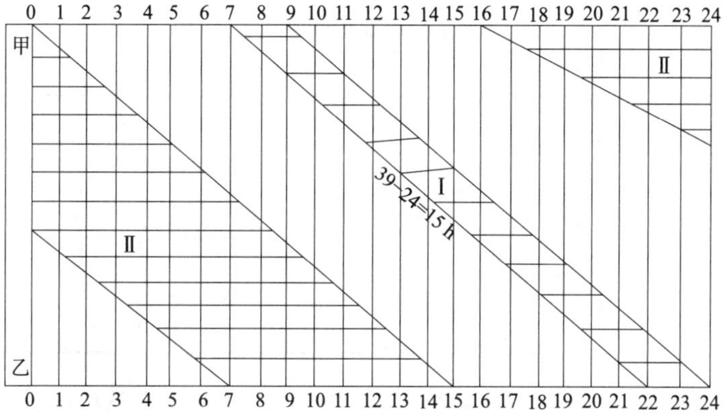

图 4-9　合理开车范围图(2)

当 $0+24D \leqslant T < 7+24D$ 时，$t = 7 \sim (24-x)$；

当 $7+24D \leqslant T \leqslant 17+24D$ 时，$t = \begin{cases} 7 \sim (24-x) \\ (24-x+7) \sim 24 \end{cases}$；

当 $17+24D < T \leqslant 24+24D$ 时，$t = (24-x+7) \sim 24$。

根据上述分析式，可根据不同的单程运行时间，确定其相对应的合理开车范围，为了计算方便，现用整小时数举例，见表 4-5。

表 4-5　合理开车范围

T	合理开车范围	T	合理开车范围
$0+24D$	7 ~ 24	$7+24D$	7 ~ 17　24
$1+24D$	7 ~ 23	$8+24D$	7 ~ 16　23 ~ 24
$2+24D$	7 ~ 22	$9+24D$	7 ~ 15　22 ~ 24
$3+24D$	7 ~ 21	$10+24D$	7 ~ 14　21 ~ 24
$4+24D$	7 ~ 20	$11+24D$	7 ~ 13　20 ~ 24
$5+24D$	7 ~ 19	$12+24D$	7 ~ 12　19 ~ 24
$6+24D$	7 ~ 18	$13+24D$	7 ~ 11　18 ~ 24

续上表

T	合理开车范围	T	合理开车范围
$14+24D$	7～10　　17～24	$20+24D$	11～24
$15+24D$	7～9　　16～24	$21+24D$	10～24
$16+24D$	7～8　　15～24	$22+24D$	9～24
$17+24D$	7　　14～24	$23+24D$	8～24
$18+24D$	13～24	$24+24D$	7～24
$19+24D$	12～24		

再根据表4-5的计算结果，直通快车的合理开车范围与单程运行时间的相互关系，又可归纳为表4-6。

表4-6　单程运行时间与合理开车范围关系

项目		单程运行时间/h		
		$0+24D \leqslant T < 7+24D$	$7+24D \leqslant T \leqslant 17+24D$	$17+24D < T \leqslant 24+24D$
合理开车范围	个数	一个 （7:00—24:00）	两个 （7:00—17:00） （14:00—24:00）	一个 （7:00—24:00）
	比例关系	反比例	一个成反比例 另一个成正比例	正比例

从表4-6中可看出，单程运行时间为 $0+24D \leqslant T < 7+24D$ 及单程运行时为 $17+24D < T \leqslant 24+24D$ 的直通列车，在铺画客车方案时，难度较大。因其合理开车范围小且只有一个，调整的余地不大。单程运行时间为 $7+24D \leqslant T \leqslant 17+24D$ 的直通快车，在铺画客车方案时，比较容易，因其有两个合理开车范围，活动余地比较大。

③从指定的某方向的一端或中间部分开始铺画。这一方法，主要是为了解决某些关键问题才采用的。例如，为加速客车周转，缩短客车车底在外段的停留时间，可以从旅客列车的到达站开始，同时铺画上下行列车。又如，为解决旅客列车在主要站的接续，可以从接续站开始铺画。再如，为提高线路通过能力，可以从“卡脖子”区段向两端铺画。

在铺画各种旅客列车运行方案时，应注意区段内会车或越行地点的设备条件，考虑列车会让附加的时分。附加时分随单线、双线及信、联、闭设备的条件而有所不同。一般来说，停车会让附加10～12 min，待避附加30～40 min，如图4-10所示。

同时，应尽量避免直通快车在每天18:00前的一段时间内通过局间分界站（俗称不要“封口”）。这段时间，随分界站邻接两区间运转时分不同而不同，一般为15 min左右。因为这段时间，往往有大量货物列车由分界口排出，容易造成旅客列车晚点，如图4-11所示。

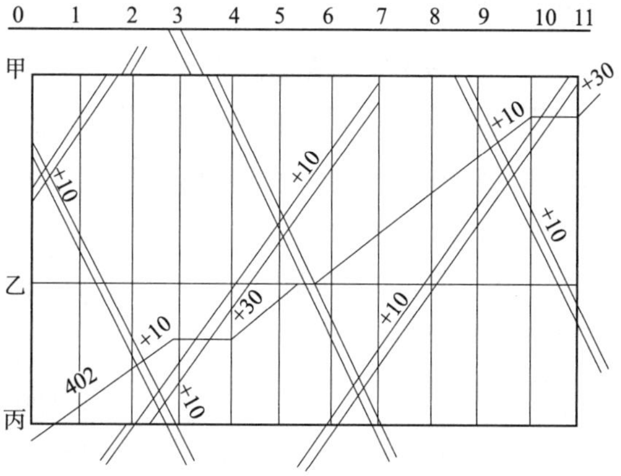

图 4-10　旅客列车会让额外增加的时间

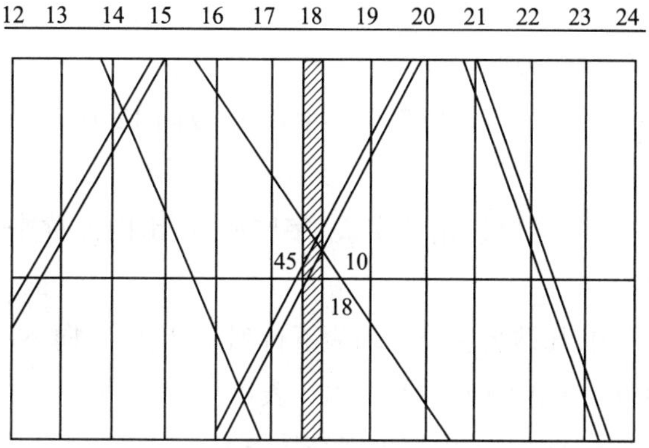

图 4-11　直通快车通过分界站的时间

直通客车方案图是整个方案图的基础，一经确定后，局间分界站的到发时刻原则上不许变动，必要时铁路局集团公司可适当调整本局管内的运行线。各铁路局集团公司根据直通客车方案编制管内客车方案后，即可具体铺画旅客列车详图。

当旅客列车运行图确定后，为保证列车运行图的严肃性、维护铁路的声誉、方便旅客，列车运行图不得随意变动，如必须变动时，应符合下列条件，但变更直通旅客列车运行时刻，必须报国铁集团批准：

a. 旅客流量发生较大幅度的增减或流向发生变化而需增减客车对数时。

b. 技术设备发生变化时，如开通新线、双线、三线、四线和双线、三线、四线插入段，增加会让站，采用自动闭塞、调度集中或其他先进设备，提高线路允许速力等。

c. 工作条件发生变化时，如改变旅客列车重量标准和机车交路，调整列检布局等。

(3)旅客列车时刻表的编制。

旅客列车运行图编完以后，应根据运行图规定的车次、运行区段、停车地点、到发时分及列车编组等事项编制旅客列车时刻表。利用表格形式，把运行图的主要事项反映出来。旅客列车时刻表的格式见表 4-7。

表 4-7 旅客列车时刻表

丙	甲	甲	丙	甲	开往	申	庚	丑	寅	戊
6537 普客	1379 普快	1315 普快	K149 快速	T5 特快	车次 站名 车次	T6 特快	K150 快速	1316 普快	1380 普快	6538 普客
∨ 8:10	8:50 58	9:22 30	14:30 38	7:12 20	戊	58 20:50	17:01 16:53	44 18:34	30 5:20	— 18:25
14:22 33	12:45 51	13:18 26	18:44 52	10:54 11:00	丁	27 17:18	52 12:43	24 14:17	54 0:48	14 12:02
20:30 —	15:35 46	16:47 17:00	21:16 —	13:21 29	丙	10 15:02	10:08 ∧	23 11:13	22:07 21:58	7:30 ∧
	17:38 45	18:52 19:00		…	乙	…		26 9:17	12 20:04	
	20:31 —	21:34 —		17:22 —	甲	11:02 ∧		7:05 ∧	17:52 ∧	

旅客列车时刻表编制的说明：

①时刻表的编制采用 24 h 制，列车在 24:00（即夜间 12:00）出发时为 0:00，到达时为 24:00。

②列车的始发、终点站均以该站的字头、字尾或省、市的简称来表示，并在开往栏内注明该列车的终点站站名。

③列车的到、开时刻，凡站名左边的均为下行列车，应由上向下看，并以↓表示；凡站名右边的均为上行列车，应由下向上看，并以↑表示。

④为使时刻表简明起见，有关内容可用符号表示。

常用符号的含义如下：

“…”或“↓”、“↑”表示列车在该车站通过；

“ = ”表示列车不经过此站；

“∧”“∨”表示列车的始发站；

“—”表示列车的终到站；

“※”或“（站名）”表示旅客乘降所。

（4）旅客列车编组表的编制。

在实行新运行图时，旅客列车编组表由铁路局集团公司根据客流性质、机车类型、列车重量、速度、车站到发线有效长度等因素确定，由国铁集团批准并以国铁集团令公布执行。旅客列车编组表规定了该次列车编挂的车种、辆数、顺序及车底周转图等内容。其格式见表 4-8。

旅客列车编组表编制方法如下：

①列车发到站、车次栏。

列车的发到站先填下行发站，后填下行到站，对改变运行方向的列车（即一对列车 4

个及其以上车次时)，先填担当乘务工作的铁路局集团公司的始发站。

表 4-8 旅客列车编组表

北京—哈尔滨东	车辆	乘务	顺序	京开	1	2	3	4	5	6	7	8	9	10	11	12	13	14	15	16	17	18	19		计	
				哈开	19	18	17	16	15	14	13	12	11	10	9	8	7	6	5	4	3	2	1			
	三棵树	哈尔滨	车种		FD	YW	YW	YW	YW	YW	YW	RW	RW	CA	YW	YW	YW	YW	YW	YZ	YZ	YZ	XL		19	19
			定员				66	66	66	66	66	66	36	36	60	66	66	66	66	66	118	118	118		1 212	
			吨数		69	55	55	55	55	55	55	55	55	54	55	55	55	55	55	56	56	56	61		1 067	
			附注		广宿																					
特快	车辆	客运	北京																							
T17/T18次	段担任		哈尔滨东																							

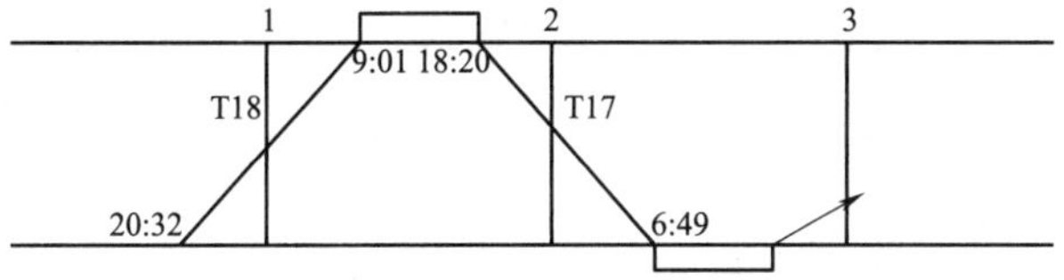

列车性质按照动车、特快、快速、普快、普慢等分别填写。

车次一律先填下行后填上行，一对列车有 4 个及其以上车次时，车次的填写必须和列车的发到站相对应。

②担当乘务栏。

担当乘务的车辆、客运(列车)段，如名称相同，可只填写一个。

③车底编组栏。

列车中车厢顺序号的编定，凡北京站和上海站始发的各次特、直快列车车厢顺序号均小号在前，大号在后(北京、上海间始发和到达的列车以北京站规定顺序为准)。非北京站和上海站到发的各次特、直快列车车厢顺序号，均以担当局始发站的发车方向为准，小号在前，大号在后；两个局担当的列车由有关铁路局集团公司事先商定后报国铁集团。但对途中某个站由于车场进路关系必须调头运行的列车，为便于确认，须在编组顺序项注明发站。

车种按统一的汉语拼音标记，定员按该种车辆的标记定员数填写。吨数填写该种车的总重，并根据车辆的用途、附属设备及其他说明，在附注项内注明“宿”“茶”“广”“办”“隔”“回”“空”等字样。

④车底周转图栏。

车底周转图，表示需用车底组数和始发、终到时刻，并由此计算车底在始发站和终点站的停留时间。

周转图上填写的始发站名顺序须和填写列车种类车次的始发终到站栏相同。不得上下颠倒。一般先填下行始发站名，运行线从担当局的始发站开始，始发和终到时间填在车站中心线与运行线相交的钝角上。

(5)车底需要组数及客车需要辆数的计算。

为正确地计算客车需要辆数，在编制客车方案的同时，应编制旅客列车编组表，并绘制客车车底周转图,以确定各次列车的车底需要组数,根据车底编成数即可求得车辆数。

客车底需要组数的计算方法有两种:

①图解法。

这种方法是根据客车方案图绘制客车车底周转图,从周转图上直接查得需要的车底数。一种是从周转图上的箭头直接查出,如图4-12(a)所示。一种是在周转图的任何一部分截取,截取线和运行线或车底停留线的交点数,如图4-12(b)所示。

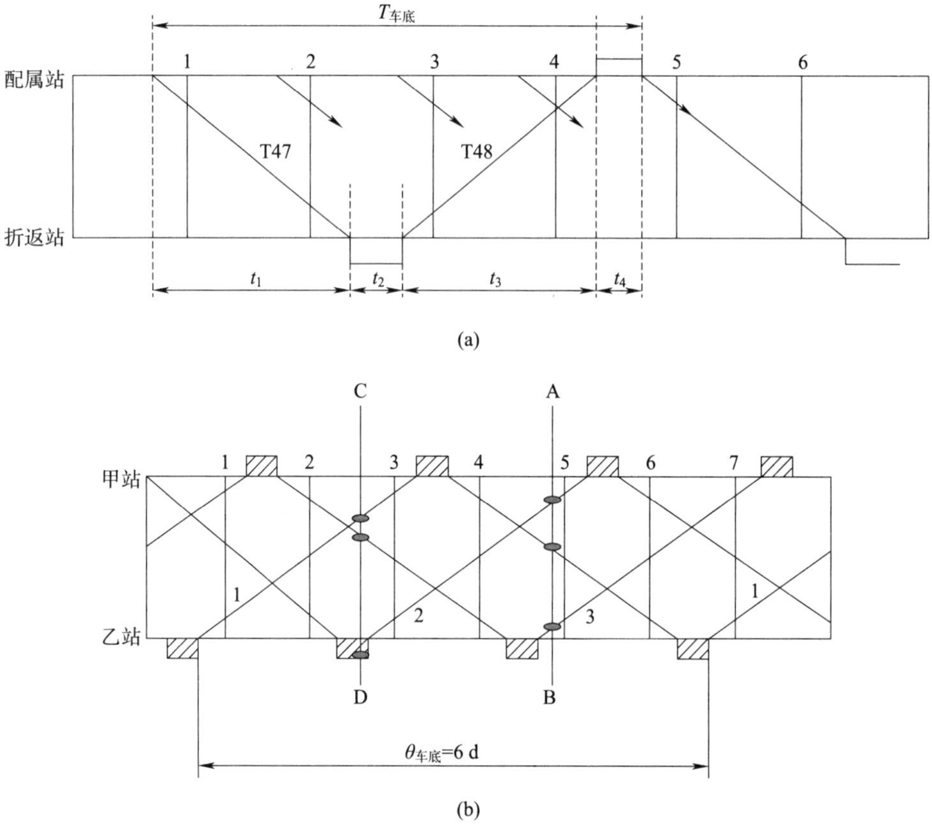

图4-12　旅客列车车底周转图

②分析计算法。

这种方法是分析一定到站和一定种类列车的车底周转时间,计算在该周转时间内发出的某种旅客列车的总数。

车底周转时间是自始发站出发时起至下次再由始发站出发时止,车底所经过的时间。

其公式如下:

$$T_{车底} = \sum t = t_1 + t_2 + t_3 + t_4$$

式中 $T_{车底}$——车底周转时间,h;

t_1——车底自始发站至折返站所走行的时间,h;

t_2——在折返站的停留时间,h;

t_3——从折返站返回发站的走行时间,h;

t_4——在始发站的停留时间,h。

车底周转时间除以24,即得车底的周转天数($\theta_{车底}$)。

$$\theta_{车底}=T_{车底}/24 \quad (d)$$

设某到站某种旅客列车的车底周转时间为$\theta_{车底}$,在一个周转时间内平均每天发出的列车车底数为K,则该到站该种旅客列车的车底需要数($n_{车底}$)为

$$n_{车底}=\theta_{车底}\cdot K \quad (组)$$

由于$K=N/\theta_{车底}$,上式也可以写成

$$n_{车底}=\theta_{车底}\cdot N/\theta_{车底}=N$$

式中 N——车底周转时间内发出的该到站该种旅客列车总数。

公式表明,一定到站和种类的旅客列车车底需要数等于车底周转时间内发出的该到站该种旅客列车总数,如图4-13所示。车底周转时间为5 d,每天开行1列,该次列车共需5组车底。

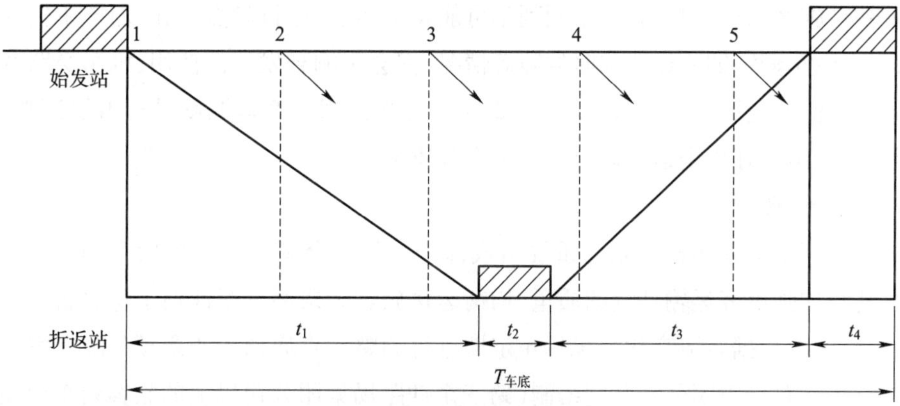

图4-13 车底周转时间

综上所述,车底数是由车底周转天数和平均每天发出列车数决定的。因此,节省车底的途径有两方面,压缩$\theta_{车底}$或缩小K值,必须根据具体情况做具体分析。缩小K值是有条件的,必须客流小,可以隔日开行或数日开行才行。缩减车底需要数可采取压缩站停时间,提高技术速度,采用先进牵引动力及加强运输组织工作等措施,这是挖掘运输潜力的有效途径,也是编制技术计划必须遵循的。

各区段需要的车底数确定后,即可计算车辆的需要数($N_{客}$)。其公式如下:

$$N_{客}=N_{车底}M_{客}$$

式中 $N_{车底}$——运用车底需要组数；

$M_{客}$——每个车底的编成辆数，辆。

各客车车辆段需要的运用客车辆数为

$$m_{运}=m_1n_1+m_2n_2+\cdots+m_nn_n \quad （辆）$$

式中 $m_{运}$——运用客车辆数；

$m_1,m_2,\cdots,m_n$——列车中编挂的车数；

$n_1,n_2,\cdots,n_n$——车底数。

以运用客车为基础，对于某车辆段配属车辆时，需用下列公式计算客车总数：

$$m_{总}=m_{运}(1+\gamma) \quad （辆）$$

式中 $m_{总}$——配属车辆段的客车总数；

γ——检修、备用车所占运用客车的百分数。

4.1.4 编制日常计划

旅客运输日常计划是旅客运输计划的组成部分。它是为保证计划年度任务的完成而编制的。由于旅客运输在节假日、季节及日常时有波动，为指导日常运输工作、保证合理运用技术设备和及时输送旅客，必须编制旅客运输日常计划。

就铁路旅客列车本身而言，个别列车可能发生始发、运行晚点，临时加挂车辆或加开列车，车底中车辆定期检修或临时故障等情况，都会影响到发线的使用，机车交路及旅客乘车组织工作的变更。所有这些，也需要通过日常计划由客运调度进行组织调整，使站车互相配合，组织好均衡运输以提高客运服务质量。

1. 票额分配

票额分配是旅客运输计划的重要组成部分。只有合理地分配票额，才能正确地、科学地提高和加强旅客运输计划的质量，均衡运送旅客。票额分配计划于每次新运行图实行前编制，还要根据客流变化情况每年定期进行调整。直通列车的票额分配方案由国铁集团与有关铁路局集团公司共同编制（跨三个铁路局集团公司以上的旅客列车由国铁集团负责，跨两个铁路局集团公司的旅客列车由两局协商解决）；管内旅客列车的票额分配方案由铁路局集团公司组织编制。

(1)分配依据。

①指定月份的管内和直通客流图及主要站间旅客交流表等资料。

②列车的旅客密度表，分别本次整理的软卧、硬卧和硬座实际人数，各次列车虚靡和超员情况的分析。

③主要站分别车次、区段的上车人数和分车次的下车人数。

(2)分配原则。

①首先满足始发局(站)到达最后一个区段长途旅客的需要。

②适当分配给中途局(站),特别是对省会、直辖市、自治区政府所在地(包括铁路局集团公司所在地)和旅行集中地的车站给予照顾。

③最后一个铁路局集团公司原则上不分配,各停车站可根据上、下车规律数组织售票。

(3)列车定员的计算。

票额是基于旅客列车能力(席位)的,列车能力即列车席位的数量,也叫列车定员。在实际工作中,主要的列车定员指标包括:

①列车软座、卧铺定员。

软卧(座)定员为车厢标记定员;硬卧定员(宿营车除外)为硬卧车厢标记定员的总和减去3个机班便乘铺位。

②列车硬座定员。

a. 列车硬座标记定员为各硬座车厢标记定员的总和,即

$$A_{标记} = \sum a_{标记}$$

式中 $A_{标记}$——列车硬座标记定员;

$\sum a_{标记}$——硬座车厢标记定员之和,如代用客车,定员按如下规定换算:棚车代用客车时,每吨位按1.5人计算;软卧车代用软座车时,每一下铺按3人计算;硬卧车代用硬座车时,每一下铺按4人计算,不再加超员率,同时上、中铺禁止出售,中铺吊起。

b. 列车硬座实际定员为硬座车厢总标记定员减去其他用途占用的座位,即

$$A_{实际} = A_{标记} - 10$$

式中 $A_{实际}$——列车硬座实际定员;

10——其他用途占用座位(供办公、售货等用;新型车标记定员不包括办公席在内者,其实际定员即为标记定员,则不减10)。

c. 硬座超成定员为列车硬座实际定员与列车实际定员乘以规定超员率之和,即

$$A_{超成} = A_{实际}(1 + K_{超员})$$

式中 $A_{超成}$——列车硬座超成定员;

$K_{超员}$——规定的超员率(代用车辆除外,不再加超员率)。

(4)分配方法。

①硬座票额。

认真贯彻先中转、后始发,保证重点的运输原则,做到长、短途列车合理分工,确保长途旅客乘坐长途车、短途旅客乘坐短途车。

a. 硬座票额的分配数量以列车硬座实际定员为基础,按各等级列车规定的超员率分配,优质优价列车不得超员。为防止非优质优价全程对号列车虚靡,在始发站(或指定中

途站)每个硬座车厢增加 10 个无座号。

b. 直通快车票额按列车限售区段分配,首先保证始发站至终到站或限售区段以远长途客流的需要,途中各停车站的票额按限售区段以远长途客流量依次分配。途中各停车站分配的票额由始发站套用,途中站不再套用短途票额。限售区段以远长途各站如有下车规律数量,可按规律数分配。

②软、硬卧铺,软座票额。

软、硬卧铺票额,首先考虑列车始发站长途旅客的需要,同时根据列车沿途车站客流情况适当兼顾中途站。对途中省、自治区、直辖市,铁路局集团公司所在地和较大城市所在站,适当分配一定数量的票额。

a. 软、硬卧铺,软座票额的分配数量为软、硬卧车,软座车的标记定员。

b. 根据长、短途列车合理分工的运输组织原则,首先满足始发长途客流的需要,中间站凡有同方向、同终到站的始发快车时,所经过的列车要严格掌握,根据沿途客流情况分配少量票额。

c. 列车夜间运行途中,开车时刻超过零点的车站原则上不分配软、硬卧和软座票额。列车运行到最后一昼夜前的车站如有长途旅客下车时,可根据下车规律数分配一定数量的票额。

d. 软、硬卧铺的限售区段,原则上比照硬座限售区段办理,如不能满足长途客流需要时,必须延长限售区段。中途站对第二天白天到达终点站的列车,必须限售到终点站,以减少因白天运行不易利用造成的空费。列车运行第一个白天的中间站,分配预留的票额要尽量减少,以避免始发站到预留站全部是白天,不利套用。单程白天运行的列车,软卧可代用软座,硬卧应尽量发售卧铺,减少代用。

e. 在不浪费运能的情况下,要尽可能保证党和国家机要交通使用卧铺的需要。在分配新运行图票额前,有关铁路局集团公司要事先与机要部门联系,共同协商机要占用票额事宜,并报国铁集团审批。

票额分配方案确定以后,以表格形式公布执行,见表 4-9 和表 4-10。

表 4-9 ____年新图直通旅客列车票额限售区段

序号	新图车次	旧图车次	运行区段	限售区段

表 4-10　____次列车票额分配方案

软卧　　辆　　定员：　　　　硬卧　　辆　　定员：　　　　硬座　　辆　　定员：
______开机次：　　　　　　　担当：　　　　　　　　　　　运行区间：______

车号	1	2	3	4	5	6	7	8	9	10	11	12	13	14	15	16	17	18	19		计
车种																					
定员(上)																					
定员(下)																					
附注																					

站名	到达时刻	发车时刻	软卧			软座			硬卧			硬座		
			数量	车位	铺号	数量	车位	座号	数量	车位	组号	数量	车位	座号
合　计														

备注：

(5)旅客列车票额共用、席位复用。

①票额共用。

票额共用是指列车票额被列车行经前方的一个或若干个车站共用，实现票额的发售共享。票额共用分为管内票额共用、全程票额共用和指定车次、指定车站票额共用三种形式。

a. 管内票额共用，是指在铁路局集团公司管内规定的车站，在规定的时间内可发售本次列车的票额。如果管内有票额的车站票额未发售完，列车对剩余票额在列车驶出本局后根据站车客运信息无线交互系统发售剩余的席位。

b. 全程票额共用，是指在国铁集团规定时间内沿途车站可发售本次列车的票额。这种情况下列车上全程不允许发售空余的席位。

c. 指定车次、指定车站票额共用，是指铁路局集团公司对指定车次、指定车站实行的票额共用。

票额共用是系统对票额分配之后，该票额除了在分配之后其所属站可以使用；在一定情况下，该票额还可被线路上其他前方车站所使用。这个方式在一定程度上减少了车站对客流的运输上的限制，保证了运能的充分利用，加大列车售票效率，确保客运的收益。票额共用主要解决票额分配不均匀的问题。如一个车站票额有大量的盈余，而前方站发生票额短缺甚至没有票可以卖，这个时候票额共用可以解决客流运输的问题，保证了列车运输能力，提高了客运收益。要实现票额共用，必须是离终点站更远的后方站的归属票额对离终点站更近的前方站才能实现共用。

②席位复用。

席位复用，是指除始发站以外的沿途各站对发站所售旅客到站后的席位实行复用。

席位复用分为一次复用和全程复用。一次复用是指对席位复用一次后产生的新席位不再复用。全程复用是指对列车运行区间中的剩余区段进行多次复用。换句话说全程席位复用就是指一个席位可以全程多个车站多次重复使用。只有是复用站的车站才有席位复用的权利，不是复用站的车站席位不能复用。

复用站是指始发和有票额的车站发售至旅客的到站，该站就是复用站。

当票额预分后，该车票售出时车票显示从始发站到某一中间站，智能客运系统就会编出从该中间站到线路上最后站点的车票，该中间站下次售出车票不是到最后站点的票额，则反复重复这个步骤直到该席位的到站是线路上最后站点的票额为止。席位复用保证了客座利用率，减少了客座浮空，防止长票短卖的现象，加大运用区间运输能力。

③动车组列车席位共用、复用的规定。

动车组列车实行票额共用。直通动车组列车票额共用时间由始发局根据客流情况确定，报国铁集团批准。管内动车组列车票额共用时间由铁路局集团公司自定，报国铁集团备案。

动车组列车实行全程席位复用，时间为售出后即时复用。

动车组列车上不办理有座席补票。

席位复用和票额共用这两种售票组织方式突破了原有列车票额分配相对固定的限制，对减少列车席位虚靡，提高票额利用率和满足旅客出行需求具有重要意义。然而，在实际售票组织过程中难于把握的是如何最合理地设定票额共用时间。过早地实行票额共用，可能致使过多票额被中途站发售，使始发站票额不足，导致长票短卖，不利于效益最大化；过晚地票额共用，中途站旅客购票需求可能得不到及时满足，而始发站却票额过剩，列车席位出现虚靡。在如下两种极端情况下票额共用时间是容易确定的：

a. 列车运能特别紧张，此时票额共用可缩至最短时间。

b. 列车运能特别充足，此时可始终实行预售期内票额全程共用。

但在更多情况下，需动态优化票额共用策略，才能既保证始发站旅客的出行需求，又尽可能多地将剩余票额供中途站发售。

2. 旅客输送日计划

旅客输送日计划必须从全局出发，按照长短途列车合理分工的原则进行编制；特别要注意运输能力在时间上和空间上的均衡使用。同时，通过计划来指导售票和其他服务的组织工作。为此，三等及其以上或客流量较大的车站要设专职客运计划员（三等以下的车站未设客运计划员的，应由客运值班员负责），根据各次列车运输能力的使用情况及票额分配计划，在客运副站长（或客运主任）领导下，进行编制。

（1）旅客输送日计划的编制依据。

①各次旅客列车的票额分配计划。

②近日来各次旅客列车上车人数和中转换乘旅客的实况及其规律。

③节假日与平时客流差异情况及其规律。

④近几天内天气情况及过去天气变化对客流影响的规律。

⑤有无团体预约和到达本站的团体（对后者应调查其回程日期和拟乘车次）。

⑥临时加开旅客列车及固定列车变更编组情况。

⑦各次列车预售车票数量。

⑧其他因素对客流的影响。

（2）旅客输送日计划的内容。

旅客输送日计划的内容有下述几点：

①分线别（分方向别）的旅客列车车次、运行区间、开车时刻。

②分线别的管内、直通区段。

③分车次、分区段的软、硬卧和软、硬座票额。

④分车次、分区段的软、硬卧和软、硬座预售，当日售、剩余数量，中转、乘车证人数。

⑤车辆的甩挂计划。

⑥分车次的计划硬座合计数。

⑦分车次、区段的硬座实际上车人数及合计数。

⑧分车次的硬座计划兑现率。

⑨全站硬座日计划兑现率。

⑩铁路局集团公司客运调度调整数。

⑪其他。

旅客输送日计划格式见表4-11。

表 4-11 旅客输送日计划

铁路局集团公司：

车站： 日期 天气： 班次： 计划员： 审批命令号： 签字：

方向	车次	运行区间	发点	图定运能					扩编					减编					中转				增加运能					上车情况											下车人数
				硬座	软座	硬卧	软卧	小计	硬座	软座	硬卧	软卧	小计	硬座	软座	硬卧	软卧	小计	硬座	软座	硬卧	软卧	硬座	软座	硬卧	软卧	小计	无座	计划数	管内合计	直通	座席发送人数	中转	公免	上车人数	其中	其中	兑现率	
方向合计																																							
方向合计																																							
方向合计																																							
总合计																																							

(3)旅客输送日计划的编制、审批与执行。

①日计划的编制。

车站旅客输送日计划，按 0:00—24:00 编制，分管内、直通列车，分车次并按客流区段进行，时间以列车的开车时间为准。车站的发送、中转旅客都要统一纳入日计划。

对有票额分配计划的列车，按固定票额分配计划、限售区段及有关客运调度（票管所）命令来编制；对无票额分配计划的列车，按平日上车规律数执行。同时，考虑影响客流变化的各种因素。遇有客流发生变化时，车站应将变化数量及其流向上报客运调度，必要时提出加挂车辆或加开临客的请求。

节假日日计划的编制方法与平时有些不同。节假日期间客流量大，波动性大，时间集中，且常为单方向客流，需请示增开临客和加挂车辆来弥补图定列车运输能力不足。

旅客输送日计划的编制，除了客运计划员积极努力、高度负责和具备科学态度之外，还要与客运值班员、售票员和客运员等密切合作，广泛听取他们的意见，以提高日计划的编制质量。

②日计划的审批。

旅客运输日计划编制完毕后，须经客运副站长（或客运主任）审查。无调整需求时，则不再每日上报审批；有调整需求的，则铁路局集团公司直管站直接上报铁路局集团公司客票中心进行审批，段管站由车务段汇总后上报铁路局集团公司客票中心进行审批，由客运调度（票管所）平衡调整后，以调度命令的方式于前一天下达执行。

③日计划的执行。

客运计划员接到批准的旅客输送日计划，应将预售及预订团体旅客人数和中转签证的规律数从调整后的计划人数中减去，即可得出本站次日可以发售的票额；再由客运计划员下达给售票处进行发售。

同时，在日计划的执行中，还应注意处理好以下几个问题：

a. 长短途列车的分工和中转换乘优先。长途列车必须组织长途旅客乘坐，如果发售短途票必然积压长途旅客，给长途旅客带来很多困难。换乘优先是指在同等条件下，换乘旅客优先于始发旅客乘车。

b. 大站照顾小站、始发站照顾中途站。大站是指特、一、二等站，这些车站客流量大，停站列车多，分配票额多，有的还有始发列车，客流便于组织调整。中间小站停站列车少，有的一昼夜内只有1~2趟列车停站。如大站不按计划票额发售或超售，不照顾中间小站，则小站就无法组织旅客上车；始发站与中途站的关系也如此，始发站必须根据计划票额发售，不得超区段，否则将造成中途站旅客买好了票上不了车，使列车“吊客晚点”，打乱列车运行秩序。

c. 满足一般，保证重点。一般来说，首长、外宾、华侨、记者、机要人员、老幼病残孕和其他有特殊困难的旅客，应较一般旅客优先安排；在票额紧张、运能不足时，更应根据具体情况，实事求是地处理好。

d. 严格掌握“热门车”，有计划地组织“冷门车”。某些列车由于运行点好，旅客乘车方便，就形成了热门车。有的车就相对地成为“冷门车”。为此，必须有计划地组织，把“热门车”的票额掌握得严一些；对“冷门车”则应加强组织。大站应组织客流乘坐“冷门车”，因为大城市市内交通比较方便，而且同方向行驶的旅客列车停靠次数也较多。让小站旅客乘坐“热门车”，这样就更能满足不同旅客的需要。

客运计划员对日计划及票额分配执行情况应经常督促检查。为了分析旅客运输计划的编制质量，车站应对每一车次统计其实际上车人数（分软、硬座和软、硬卧），并和旅客输送日计划相核对，从而查明超员或欠员情况。通过经常的统计分析，积累资料，就能逐步提高日计划编制的质量。

④日计划的考核。

车站旅客输送日计划编制质量的高低，主要是通过兑现率进行考核，根据国铁集团的要求，每趟列车计划兑现率与日计划兑现率，都要分别达到95%以上。

a. 每趟列车兑现率。

每趟列车兑现率，应根据实际大小分别求算，其计算公式为

实际大于计划时

$$\gamma = \left(1 - \frac{A_{实际} - A_{计划}}{A_{计划}}\right) \times 100\%$$

式中 $A_{实际}$，$A_{计划}$——每趟列车实际、计划上车人数；

γ——每趟列车计划兑现率。

实际小于计划时

$$\gamma = \frac{A_{实际}}{A_{计划}} \times 100\%$$

b. 车站日计划兑现率。

将全天各次列车的兑现率加总后除以列车次数，其计算公式为

$$\alpha = \frac{\sum \gamma}{N}$$

式中 α——车站日计划兑现率；

$\sum \gamma$——每趟列车兑现率的总和；

N——列车数。

(4)站、车客流信息传报工作。

站、车客流信息传报工作，是指办理客运业务的车站按规定区段或停车站正确、及时地向旅客列车提报确切的乘车人数；同时旅客列车如遇客流高峰、造成严重超员时，列车长应及时向有关车站拍发超员铁路电报的相互通报工作。

通过铁路客运无线信息交互平台，实现了车站与列车之间的实时信息交互。系统基于通用 GPRS 网络和 APN 接入方式，将车站的乘车人数通知单、席位发售情况及重要通知等信息实时传送到列车上，使列车工作人员动态掌握最新的列车席位发售情况和实时办公信息，方便列车工作人员做好服务工作。同时，列车工作人员也可以通过该平台将列车补票信息、列车实际超员情况等信息推送到车站，使车站与列车的信息同步，实现站车信息互通。其主要功能有数据下载、席位统计、席位管理、信息查询、业务操作等。

各子系统的主要功能如下：

①数据下载子系统。

该子系统实现车次信息、停靠站信息、定员信息及席位预览信息等基础数据下载，本次列车沿途停车站名、席位使用信息、乘车人数通知单（每个停车站开车前 3 min 可下载）、本次列车电子票乘车信息等业务数据下载。

②席位统计系统。

该子系统实现列车工作人员实时查阅乘车人数通知单、密度表，动态掌握最新的列

车车内人数和席位发售情况。

③席位管理系统。

该子系统实现列车工作人员通过车厢定员、席别定员信息，动态掌握本车厢席位情况和席位对应的车票信息，可对已检、补票、重点、换座和未上车旅客进行登记管理。

④信息查询系统。

该子系统实现列车工作人员实时对余票、实名制、电子票、席位置换、乘车证、中铁银通卡、中转、会员信息、保险、护照旅客、重点人员等客运信息查询和晚点消息、调令历史数据、经停通讯录、遗失物品、铁路公安报警电话等客管信息查询。

⑤业务操作系统。

该子系统实现列车工作人员对车票补签、席位调整登记、空调故障登记等客运业务办理和乘务日志、列车速报、铁路电报、上水管理、直供电信息录入、征信信息管理、客运记录等客管业务办理。

德育天地

科技兴国，高速前行

近年来，我国高速铁路以其惊人的建设速度、卓越的技术水平和庞大的运营网络，成为我国科技创新和现代化建设的亮丽名片。我国高速铁路的发展历程不仅是铁路事业的重大飞跃，更是中华民族自强不息、勇于探索精神的生动体现。

我国高速铁路的快速发展，离不开科技创新的强力支撑。在高速铁路技术研发过程中，我国科研人员坚持自主创新，攻克了一个又一个技术难关，实现了从“跟跑”到“并跑”再到“领跑”的历史性跨越。复兴号动车组的成功研制，标志着我国高速铁路技术已全面达到世界先进水平，并在部分领域实现引领。这一成就，不仅彰显了我国科技创新的实力，也为世界高速铁路技术的发展贡献了中国智慧和中国方案。

任务布置

编制旅客运输计划。

（1）某线路营业里程如图4-14所示。

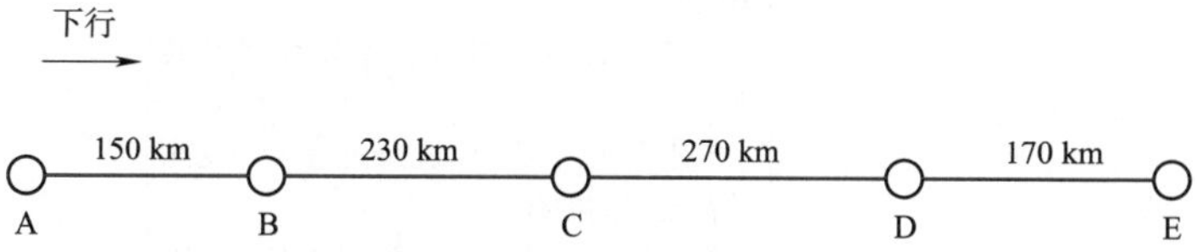

图4-14 某线路营业里程

（2）已知各站的管内旅客发到量见表4-12。

表 4-12 管内旅客发到量 单位:人

发站	到站				
	A	B	C	D	E
A	—	1 941	861	1 198	1 988
B	1 536	—	671	1 431	997
C	941	596	—	1 109	1 036
D	1 340	1 597	998	—	2 360
E	2 003	1 098	1 598	2 804	—

任务要求:根据以上资料,编制客流斜线表,绘制相应管内客流图。

任务实施

操作流程	工作任务		
	编制旅客运输计划		实操记录
客流计划的编制	国铁集团	下达任务,准备资料	
	铁路局集团公司统计部门	①按《铁路旅客运输统计规则》,提出客流月的直通、管内分区段客流资料 ②客运部门根据分区段的旅客流向资料,按日平均数编制客流图	
	国铁集团	各铁路局集团公司编好直通、管内客流图后,国铁集团组织各铁路局集团公司将所编制的输出直通客流图资料进行交换,并汇总在按局别的全国铁路直通客流图上	
旅客运输计划的编制	国铁集团公司、铁路局集团公司统一领导,客运和其他部门密切配合	①合理地选择旅客列车的重量和速度 ②恰当地确定各种旅客列车的运行区段和行车量 ③正确地编制旅客列车运行图、时刻表和列车编组表 ④经济合理地确定客运机车、车辆的需要数	
旅客运输日常计划的编制	客运计划员	①各次旅客列车的票额分配计划 ②近日来各次旅客列车上车人数和中转换乘旅客的实际人数及其规律 ③临时加开旅客列车及固定列车变更编组情况 ④节假日与平时客流差异情况及其规律 ⑤近几天内天气情况及过去天气变化对客流影响的规律 ⑥团体旅客预约乘车和到达本站的团体旅客情况 ⑦各次列车预售车票数量 ⑧其他因素对客流的影响	

续上表

操作流程	工作任务		
	编制旅客运输计划		实操记录
旅客运输日常计划的编制	客运副站长(客运主任)	审查旅客运输日计划,如无须调整需求的,则不必每日上报审批,有调整需求的,则及时上报铁路局集团公司客调(票管所),进行调整后予以批准实施	
	客调(票管所)	根据各站日计划提报数及各客流区段内的客流密度,对日计划进行调整,调整平衡后,以调度命令的方式于前一天下达给各大站、车务段执行	

任务评价

任务测评	评分标准	本人自评得分(20%)	小组互评得分(20%)	任课教师评价得分(30%)	企业导师评价得分(30%)	综合得分
知识点掌握(30分)	掌握旅客运输计划编制的方法					
技能点运用(40分)	会利用客流预测方法进行客流预测,计算各指标,确定各区段应开行旅客列车数,组织均衡运输					
职业素养(30分)	具有综合分析、数据处理的意识和习惯					
综合评价						

学生反思

思考总结	
心得分享	

任务2　客运站工作组织	编号	XM4-2
	岗位	铁路售票员、铁路客运员
	技能点	运用计算机制票软件,按照售、退票程序制票;按照乘降组织工作的基本流程组织旅客乘降

任务引入

办理行李运送工作。

旅客李某持临河—成都的K1××次车票一张,托运行李1件30 kg,到成都站。行李包内夹有现金和身份证。

请思考:

临河站可以按行李托运吗?处理依据是什么?

知识链接

4.2.1 售票工作组织

售票工作组织是客运站工作组织的重要组成部分。它的具体任务是正确和迅速地将车票发售给旅客。客运站通过售票把广大旅客按方向、车次有条不紊地组织起来纳入运送计划。为保证旅客及时方便地买到车票,客运站必须做好售票组织工作。

铁路电子客票是我国铁路旅客车票票制继卡片式车票、软纸票、磁介质票后的又一重大变革,以电子数据替代纸制车票作为铁路旅客运输合同,将纸质车票承载的旅客运输合同凭证、乘车凭证、报销凭证三大功能分离,实现了运输合同凭证电子化、乘车凭证无纸化、报销凭证按需提供。铁路电子客票是客运生产组织和服务流程全面优化和重构的重要基础。

(1)铁路电子客票优势。

电子客票实现了旅客购票、进站、候车、乘车、出站、换乘等全过程信息化,减少取票环节,为旅客节约了候乘时间,同时有效减轻了车站的压力;电子客票采用非接触技术识读证件,检票、通行速度明显提升,消除了原磁介质车票卡票、传动故障等问题,现场作业更为流畅;还消除了倒卖假票的问题和旅客丢失车票的风险。

(2)电子客票的发售。

车站售票窗口、自动售票机和铁路代售点向旅客发售铁路电子客票时,提供"行程信息提示",不出具纸质车票。旅客通过铁路12306网站购买电子客票后,凭购票时使用的乘车人有效身份证件原件进站乘车。

旅客需要掌握购票信息时,可以登录铁路12306网站自行下载或打印"行程信息提示",也可以到实施电子客票的车站窗口、自动售票机打印"行程信息提示"。

(3)自动售票系统。

自动售票系统主要由自动售票机和自动售票软件组成。该系统通过集成自动控制、计算机网络通信、现金自动识别、微电子计算、机电一体化等技术,实现了售票、信息查询、票务统计等功能的自动化处理。该系统可实现售票功能、信息查询功能、票务统计功能自助服务功能。

通常,自动售票系统支持多种支付方式,如现金、银行卡、移动支付等,旅客可以通过自动售票机选择目的地、车次、座位类型等信息,并支付相应费用后获得车票。

4.2.2 客运服务工作组织

客运服务工作包括进出站服务、问讯服务、候车室服务、站台服务、广播工作。

1. 进出站服务

铁路运输企业按照国家有关规定对旅客所持车票和有效身份证件进行车票实名制查验。

为了维护站车秩序,保证运输安全,必须对旅客及携带品进行安全检查。车站一般配有安检系统、危险品检查仪、安全门、手持金属探测器等安全检查设备,用于对旅客及携带品、小件寄存物品实施安全检查。

车站对进、出站的旅客和人员应当检票,列车对乘车旅客应验票。对应当持证购买的优惠票、优待票,铁路运输企业还需核验旅客相应证件。旅客应配合铁路运输企业实施的车票实名制查验工作,携带免费乘车儿童还应提供其购票申明时使用的儿童有效身份证件。车站在开车前提前停止检票,并应当在本站营业场所公告提前停止检票时间,旅客可通过乘车站营业场所公告查询。

出站检票人员提前到岗,检查自动检票机、出站显示屏状态和内容,引导旅客通过自动检票机和人工检票通道检票出站。

2. 问讯服务

车站问讯处的基本任务是正确、迅速、主动、热情地解答旅客旅行中提出的各种问题,使旅客在购票、托运和领取行李、上车及中转换乘等方面得到便利。问讯处应根据客流动态及车站具体情况进行宣传和组织工作,尽可能使旅客在旅行中不发生错误。问讯处的工作方式有口头解答和文字解答两种。

(1)口头解答。通过问讯处的直接口头、电话、广播解答,口头通告回答旅客的问题。在大的客运站还设有电视问讯设备。口头解答有很大的灵活性,它可针对当时的实际情况随时解决问题,效果较好。解答问讯要耐心、热情,做到有问必答,答必正确,百问不厌,让旅客满意。在列车到发前后或列车晚点、满员时旅客询问较多,问讯处可用广播来解答旅客中带有普遍性的问题。

(2)文字解答。文字解答是让旅客通过自己的视觉来解决自己的问题。车站应在问讯处、售票处、候车室等旅客经常逗留的地方,提供旅客列车时刻表、车票票价表和购票、托运行李应注意的事项说明、铁路营业站示意图、车站所在地市区交通路线图及其他临时公告等图表或文字说明。图表的内容要通俗易懂,版面要鲜明、美观,夜间应有充足的照明。大型客运站还设有先进的计算机示导系统和触摸式问讯计算机。

3. 候车室服务

候车室是旅客休息和等候乘车的场所,昼夜都有大量的旅客,而且流动性很大,车站必须为旅客创造一个良好的候车环境。候车室一般实行凭票候车的方法,对夜间下车不能回家的旅客也应允许他们在候车室休息。较大的车站可按旅客去向设置候车室或按车次、席别、客流性质设置候车室。

候车室工作人员应保证候车室有良好秩序，要主动、热情、诚恳、周到地为旅客服务。候车室工作包括以下几个方面：

（1）主动迎送旅客，凭票进入候车室，引导旅客按方向、车次顺序候车。为保证旅客安全，又保证旅客休息，应及时清理候车室内闲杂人员，保证候车室秩序良好，并对进入候车室的旅客进行安全检查。

（2）及时通告有关列车到、开和检票进站时间；加强安全、卫生及旅行常识的宣传工作。

（3）搞好清洁卫生，保洁员应做到随脏随扫外，并根据列车开、到时刻，在候车室内旅客较少时进行清扫工作，避免对旅客的干扰。在候车室内应使用空调设备，为旅客创造良好的候车环境。

（4）候车室内应满足旅客饮水、吃饭、洗脸和文娱活动的要求。

4. 站台服务

（1）站台服务工作内容。

站台客运人员应提前到岗，检查引导屏状态和显示内容、站台及股道情况，做好接送列车、乘降组织、清理站台等工作。站台服务工作的具体内容如下：

①用电子设备显示列车停靠站台、开车时刻、车厢方向等有关信息。

②引导旅客安全通过天桥、地道，组织旅客站在站台安全线内排队等候上车，及时正确引导旅客按车厢号候车上车。

③做好安全宣传，随时注意旅客动态，防止旅客钻车、爬车、横越股道；加强站台的巡视、检查，重点检查站台、股道内是否有障碍物和闲杂人员，是否有物品侵线，电梯、软隔离带、站台栏杆有无损坏。

④利用电子设备引导下车旅客安全通过出站通道出站，防止旅客对流。

⑤列车开车铃响后，及时清理进入安全线的送行人员和其他人员，防止人员伤亡。列车出站后及时清理，保持站台卫生。

（2）站车交接。

站车交接是指车站与列车发生相互交接旅客或物品时，应履行的手续和办理的作业。列车在车站停靠时，站台客运值班员（客运员）应在规定的位置与列车长办理业务交接。

办理站车交接作业时，交方出具客运记录，记明事件的经过、交办的内容及应证明的情况等。接方核实情况后，在客运记录上签章（一份返交方，一份自己留用）接收。短编组动车组列车的站车交接位置是在4、5号车厢之间；长编组动车组列车的站车交接位置是在8、9号车厢之间；重联动车组列车的站车交接位置是在列车运行方向前组第7位和第8位车厢之间。

5. 广播工作

客运站的广播对客运工作人员起着指挥生产的作用，对旅客起着向导作用。通过广播，可将车站的接发车准备、进出站检票、清扫及整顿秩序等工作及时传达给工作人员，以便按照统一的作业过程，有条不紊地完成各项工作。通过广播，将列车的出发、到达时刻及其他有关事项通知候车室、广场和站台上的旅客，组织旅客及时进出站和上下车。

对广播工作的具体要求如下：

（1）认真执行党的方针政策，充分发挥广播对旅客的服务、宣传、组织作用。

（2）广播员应按照列车到、开顺序和旅客候车规律，编制广播计划，做好安全、服务、卫生和旅行常识的宣传；适当播放文娱节目。

（3）转播时要预先确认，认真监听，严防误转错播。直播时要事先熟悉材料，做到发音准确，音量适宜，语言通俗易懂，并要积极收集资料丰富广播内容。

（4）勤与运转室联系，准确掌握列车运行情况，遇有列车晚点及作业变化及时广播通告。

（5）爱护机械设备，熟悉机械性能，精心使用，严格管理，认真执行操作规程。

德育天地

以人为本，服务至上

在繁忙的都市一隅，某大型客运站以其高效、有序、温馨的服务赢得了广大旅客的赞誉。这里，每天有成千上万的旅客通过各种交通工具会聚，再从这里出发，前往各自的目的地。而这一切的顺畅运转，离不开客运站车工作组织的精心策划与严格管理，更离不开每一位工作人员的职业素养和敬业精神。

该客运站始终坚持“以人为本”的服务理念，将旅客的需求放在首位。在春节、国庆等客流高峰期，客运站会提前制定应急预案，增加服务人员，优化服务流程，确保旅客能够快速、安全地完成乘车手续。同时，工作人员还会主动为老幼病残孕等特殊旅客提供帮助，用实际行动诠释了“服务至上”的深刻内涵。

任务布置

办理车票发售、退票业务。

1. 图4-15所示的车票样张是怎样发售出来的？
2. 如何给图4-15所示车票办理退票？

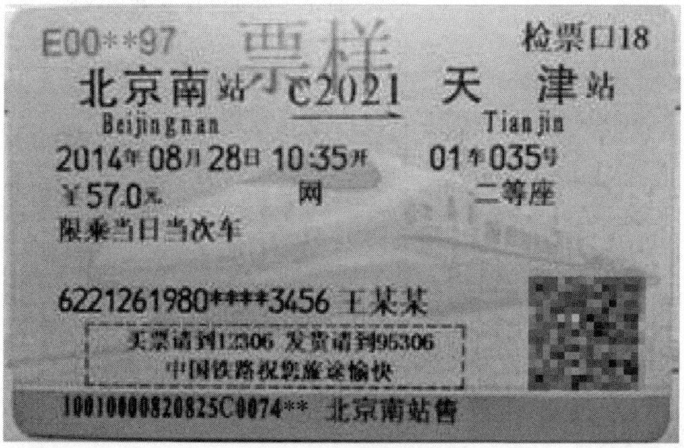

图4-15 车票样张

任务实施

<table>
<tr><td rowspan="2">操作流程</td><td colspan="3">工作任务</td></tr>
<tr><td colspan="2">办理车票发售、退票作业</td><td>实操记录</td></tr>
<tr><td>工作交接</td><td>售票员</td><td>①核对窗口未售票卷起止号
②点清储备票卷、备用金数量并进行登记
③检查岗位卫生、设备、物品定位放置情况
④发现设备故障时及时报告，签字确认</td><td></td></tr>
<tr><td>售票</td><td>售票员</td><td>①在窗口悬挂工牌号，开启售票计算机和制票机，进入售票程序，输入工号密码选择售票班次。核对制票机起票票号与售票程序显示票号是否一致
②核对乘车旅客信息，购票人应持有效身份证件原件，如果购票人未携带证件，需在公安部门办理临时身份证明
③执行售票“六字”作业法，按旅客要求正确发售车票
④窗口暂停售票时，应向旅客公示，告知旅客等候或在其他窗口购票。离开窗口时应退出售票界面，将票据、票款入柜加锁；调整窗口功能屏信息，显示“停售票”。遇兼岗离窗时，应提前 10 min 对外告知
⑤具体作业步骤：进入售票程序→选择日期→输入车次→选择到站→选择票种输入张数→收取票款（支持多种支付方式）→出票（电子客票）</td><td></td></tr>
<tr><td>办理退票</td><td>售票员</td><td>进入退票程序→选择退票理由→扫描票面条码→根据提示收取退票费→确认退票、车票盖“退”字章→将退票费报销凭证及退票款一并交给旅客</td><td></td></tr>
</table>

任务评价

<table>
<tr><td>任务测评</td><td>评价标准</td><td>本人自评得分（20%）</td><td>小组互评得分（20%）</td><td>校内教师评价得分（30%）</td><td>企业导师评价得分（30%）</td><td>综合得分</td></tr>
<tr><td>知识点掌握（30分）</td><td>1. 掌握售票组织工作的主要内容
2. 掌握行包运送作业流程</td><td></td><td></td><td></td><td></td><td></td></tr>
<tr><td>技能点运用（40分）</td><td>1. 会运用计算机制票软件，能按照售、退票程序正确操作计算机制票
2. 能按照乘降组织工作的基本流程组织旅客安全乘降</td><td></td><td></td><td></td><td></td><td></td></tr>
<tr><td>职业素养（30分）</td><td>具有沟通协调、认真细致、精益求精的服务精神</td><td></td><td></td><td></td><td></td><td></td></tr>
<tr><td colspan="2">综合评价</td><td colspan="5"></td></tr>
</table>

学生反思

思考总结	
心得分享	

任务3 旅客列车乘务工作组织	编号	XM4-3
	岗位	列车长、列车员
	技能点	明确旅客列车乘务组、乘务员数量的确定依据，并按照乘降组织工作的基本流程组织旅客安全乘降

任务引入

1. 旅客列车服务工作

某次列车一列车员自包头至西安间的作业流程如下：

(1)包头站开车铃响，列车员面向车门站在白色安全线上，铃止上车，将安全渡板、抹布放入乘务间内。

(2)车门立岗，车动关门锁门，自检互检边门，开厕所。

(3)整理行李架、衣帽钩。

(4)拖通过台、连接处、车厢过道。

(5)给车厢旅客送开水。

(6)随时解答旅客问讯，适时宣传安全常识。

(7)访问重点旅客，做到心中有数。

(8)到站前锁闭厕所，列车进入站台后打开边门，车停稳后抹扶手，组织旅客上下车。

请思考：

(1)以上叙述的作业中有哪些做得不对的？

(2)整理车容时应注意什么？

(3)送开水时，应注意哪些安全事项？

(4)对重点旅客的服务怎样才能做到心中有数？

(5)锁闭厕所有哪些规定？

(6)还有哪些作业没做到？

2. 旅客列车乘务组、乘务员需要数的确定

K××7 次列车上海南 17:02 开，次日 20:42 到达南宁。K××8 次南宁 11:16 开，次日 14:56 到上海南。上海南—南宁全程 2 052 km,列车编组 16 辆(含餐车、行李车各 1 辆),客运人员 40 人,采用包乘制。试计算上海南—南宁 K××7/××8 次空调快速旅客列车所需乘务组数。

知识链接

4.3.1 乘务工作的特点及任务

旅客的旅行生活大部分时间是在列车运行度过的,因此做好列车乘务工作,对保障旅客安全、便利、舒适的旅行具有十分重要的意义。

旅客列车乘务组是客运部门的基层生产班组,其工作特点是车内旅客人数多、要求不一,客车设备条件有一定限度,列车运行和停站时间有严格规定,而且列车乘务组是在运行过程中,远离领导进行工作,许多问题要及时独立处理。这就决定了旅客列车乘务组要建立相应的组织及一定的工作制度,从实际出发及时解决旅客提出的要求和处理临时发生的各种问题。

乘务组的主要任务是:

(1)保证旅客上下车及旅途中的安全。

(2)及时为旅客安排座席、铺位,保持列车内整洁卫生,维护车内秩序,做好服务工作。

(3)保证行李、包裹安全、准确地到达到站。

(4)充分发挥列车各种设备的效能,爱护车辆设备。

(5)正确掌握车内旅客及行包密度、去向,及时办理预报。

(6)正确执行规章制度,维护铁路正当收入,做好餐茶供应及文化服务工作。

4.3.2 旅客列车乘务组的组成及其分工

1. 旅客列车乘务组的组成

旅客列车乘务组是由客运乘务人员、车辆乘务员和公安乘警组成。

客运乘务人员包括列车长、列车值班员、列车行李员、广播员、列车员及餐茶供应工作人员,负责旅客列车的服务工作。

车辆乘务人员包括检车长、检车员(含空调检车员)、车电员,负责列车车辆设备检修工作。

公安乘务员包括乘警长和乘警,负责维护列车的治安工作。

他们分别由客运段(列车段)、车辆段(客车段)、公安处领导,在一趟旅客列车上共同担当乘务工作。

普通旅客列车"三乘一体":客运乘务组、检车乘务组、乘警乘务组。

动车组列车"六乘一体":列车员(长)、动车组司机、随车机械师、餐饮服务员、随车保洁员、随车乘警。

乘务中应在列车长领导下充分发挥“三乘一体”和“六乘一体”的作用，分工负责，共同搞好乘务工作。

(1)客运乘务组。

工作重点：保证旅客和行李、包裹的安全，组织好列车饮食供应，保持车内各项设备的完整和列车的清洁卫生，对重点旅客重点照顾，检验车票，通报到站站名，保证旅客安全乘降，正确填写各种报表，并及时正确地预报，乘务终了时，认真填写乘务报告。

(2)检车乘务组。

工作重点：负责客运车辆从始发站至终到站的运行安全，到站时进场巡视及检查车辆走行部分，检查车内通风、给水、取暖、照明、门窗等各项设备的技术状态，对发现的故障及时处理。

(3)乘警乘务组。

工作重点：协助客运乘务组维持列车秩序，调解旅客纠纷，做好旅客的安全保卫工作。

2. 各岗位职责

(1)列车长职责。

①执行规章制度，服从调度指挥，履行岗位职责。

②组织、指挥、协调各工种之间的配合，优质安全地完成各项旅客运输任务。

③负责对列车内部保洁工作项目及保洁质量检查验收和考核。

④负责餐饮供应的监督和检查。

⑤负责收集整理汇总旅客对列车服务工作的意见和建议，受理旅客投诉，帮助旅客解决旅行中的实际困难和问题。

⑥负责突发事件和紧急情况下的应急预案的启动和组织指挥，并及时向所在地铁路局集团公司客调及客运段汇报。

⑦负责乘务组在折返站及公寓住宿期间的“两纪”管理。

(2)动车组司机职责。

①执行规章制度，服从调度指挥，履行岗位职责。

②动车组在区间被迫停车时，指挥随车机械师、列车长处理有关行车、列车防护和事故救援等工作。

③动车组发生故障时，按照规定的程序独立处理或指挥随车机械师共同处理。

(3)随车机械师职责。

①执行规章制度，服从命令听从指挥，履行岗位职责。

②负责监控动车组运行中的技术状态，发现故障及时将有关信息通知司机和列车长，并采取措施，妥善处理。

③在司机的指挥下，处理有关行车、列车防护和事故救援等工作。

④根据司机通知，负责动车组车门开关（CRH5 型）。

（4）餐饮服务员职责。

①在列车长领导下开展工作。

②负责餐饮商品供应，满足需求，确保饮食安全。

③负责餐吧车区域内卫生保持和回收餐饮包装及废弃物。

④负责检查餐吧车餐饮设备作用和安全管理。

⑤负责中途按时向乘务人员供餐。

（5）随车保洁员职责。

①在列车长领导下按照动车组保洁作业项目和质量开展作业。

②按时完成动车组列车卫生保洁项目并达到作业标准。具体要求如下：负责车厢内的杂志、服务指南、清洁袋、洗手液、垃圾袋、芳香球（盒）、卫生纸、无菌座便垫等保洁消耗品的补充、配置及定位。

③负责列车运行中、折返站的卫生清扫、垃圾收集，保证列车卫生质量和保持运行中良好的车内卫生环境。

④特殊情况下，执行和完成列车长布置的临时性任务。

（6）随车乘警。

①执行规章制度，服从命令听从指挥，履行岗位职责。

②负责动车组司机室安全。

③协助列车长在紧急情况下，实施列车应急预案。

3. 乘务组的乘务形式

旅客列车乘务组的乘务形式，按照既有利保养车辆又合理使用劳力的原则，根据列车种类和运行距离，分别采用包乘制和轮乘制。

（1）包乘制。

含义：是将乘务组和客车底固定起来，即两个乘务组包乘一组客车底，各负其责，所以，包乘制实际上是乘务组包车底制，乘务员包车厢制。

优点：乘务员容易熟悉车内各种设备的情况和掌握其使用性能，便于加强对各种设备、备品和用具的管理，有利于熟悉和掌握沿线停车站的技术设备及客流情况，为保证旅客安全乘降创造良好的条件，便于乘务组班次安排和合理分配工作与休息时间。

缺点：长途旅客列车需挂乘务员休息车，浪费运能，同时乘务工时一般不易保证。

适用：长途旅客列车。

（2）轮乘制。

含义：乘务组不包车底，乘务员不包车厢，而是按出乘顺序，轮流担当旅客列车的乘务工作。乘务员在本铁路局集团公司内，全程实行单班乘务。

优点：列车中不必挂乘务员休息车，从而有利于扩大运能，节省乘务人员。

缺点：增加了乘务员间的交接手续。

4.3.3 乘务组及乘务员数量的计算

根据两种不同乘务形式可计算服务于某列车的乘务组数，再根据列车乘务组的编制，计算乘务员的需要数量。

目前我国采用8 h工作制，全年12个月，全年日历日365 d，全年周休日104 d，全年法定节假日合计11 d。

乘务员每月工作小时 =（365 − 104 − 11）/12 × 8 = 166.7（h）

根据乘务员每月工作时间计算列车乘务组数。

设每对列车（往返）乘务组的工作时间（不包括在折返站的停站时间）为 $T_{往返}$，则

$$T_{往返}=2(L/v_{直}+t_{接}+t_{交})$$

式中 L——列车始发站至终点站间的距离，km；

$v_{直}$——列车直达速度（列车始发站至终点站包括停站时分在内的平均速度），km/h；

$t_{接}$，$t_{交}$——接收和移交列车的时间，h。

因为一个列车乘务组一个月工作时间为166.7 h，则一个列车乘务组每月担当的列车回数（往返）K 为

$$K=166.7/T_{往返}=166.7/[2(L/v_{直}+t_{接}+t_{交})]$$

设一个月为 a 日，每日开行 N 对，则一个月共需要 aN 列车回数。所以需要的列车乘务组数 B 为

$$B=aN/K$$

再根据列车编组及乘务组编制可以计算乘务员的需要数。

根据劳动计划岗位人员编制标准，长途客车单程运行18 h以上者，旅客列车乘务人员编制和职称如下：

列车长（正、副）2人；

列车值班员每列2人；

列车员（包括宿营车）每辆2人；

行李员每列2人；

广播员每列2人；

餐车人员：每日一餐者7人；每日二餐者8人；每日三餐者9人；单程22 h以上者10人；

供水人员：每辆茶炉车1人。

列车乘务组数乘以该列车定员数即为所需乘务员的数量。

目前各客运（列车）段乘务员需要量的计算，均以实际乘务工时作为计算标准。

乘务工时包括运行中值乘时间（轮班乘务员在车上休息不记工时）、出退勤时间、本、外段入库清扫时间、途中交接班时间（双班作业）和看车时间。

（1）运行中值乘时间。单程运行超过12 h时，按值乘旅客列车往返一次实际运行时

间一半计算(因乘务组在列车单程运行时间超过 12 h 为双班),单程运行 12 h 以下时按实际运行时间计算。

(2)出退勤时间,按表 4-13 计算。

表 4-13　出退勤时间计算标准

单程运行时间	$T_{单程}>12$ h	6 h $\leq T_{单程}\leq$ 12 h	$T_{单程}<6$ h
本段出勤	90 min	90 min	70 min
外段到达	30 min	30 min	20 min
外段出勤	70 min	65 min	70 min
本段到达	60 min	30 min	20 min

(3)本、外段入库清扫时间,按表 4-14 计算。

表 4-14　本、外段入库清扫时间标准

单程运行时间	$T_{单程}>12$ h	6 h $\leq T_{单程}\leq$ 12 h	$T_{单程}<6$ h
入库清扫时间	360 min	360 min	180 min
作业人数	2 人	1 人	1 人

(4)途中交接班时间(双班作业),每人每次按 30 min 计算。

(5)看车时间。

车底在本、外段停留,必须派人看车。

看车人数:软硬卧、软座车各 1 人,餐车 2 人,硬座车 1 人(冬季采暖时间,硬座车每 3 辆或不足 3 辆为 1 人)。看车工时,按下列公式计算:

看车工时 =(列车停留时间 - 出退勤时间 - 库内清扫时间)× 看车人数全班人数

用一次往返乘务工时($T_{往返}$)除乘务员月标准工时(166.7 h)得每组每月值乘次数,再除以开行列车回数,得所需包乘组数。再根据列车编组及乘务员编制,确定每组乘务员需要数。用每组乘务员数乘所需包乘组数即得乘务员总数。

4.3.4　乘务组工作制度及工作组织

1. 乘务组的工作制度

(1)出退勤制。

列车乘务员在本段出乘时,要按规定时间由列车长带队到派班室报到,听取派班员传达有关事项,列车长并应摘抄有关铁路电报、命令、指示。

每次乘务终了,列车长应召开班组会议,总结工作,表扬好人好事。返回本段后,列车长向派班室汇报往返乘务工作情况并提出书面乘务报告。

(2)趟计划制。

列车长每次出乘前应编制趟计划,趟计划在乘务报告中显示,其主要内容有:

①本次乘务工作中的重点工作安排。

②对贯彻上级规章、命令、指示、通知的具体措施。

③上次乘务工作中的优缺点及改进措施。

④针对接车所发现的问题，应采取的措施。

(3)验票制。

为保证旅客安全、准确的旅行，维护铁路运输秩序和铁路收入，在列车内应检验车票。列车查验车票，工作人员手工录入证件号码查询电子客票时，须重点核查系统显示证件类型、证件姓名与旅客所持证件对应信息一致性，不一致的，按票证不符处理；工作人员通过扫描报销凭证或行程信息提示单二维码查询电子客票时，须输入隐藏位证件号码进行比对，同时重点核查系统显示证件类型、证件姓名与旅客所持证件对应信息一致性，不一致的，按票证不符处理。

(4)统一作业制。

列车长应根据列车乘务的运行时刻、线路、客流、换班、餐茶等情况编制统一作业过程。除上述制度外还应建立健全以岗位责任制为中心的各项管理制度，如安全生产，经济核算，票据、现金、备品管理及库内看车，旅客意见处理等项制度。

2. 工作组织

(1)安全工作。

安全运送旅客是乘务组的首要任务，必须在保证旅客安全的前提下做好旅客服务工作。

①列车开、到前后的安全工作。

乘务员出乘前必须充分休息，严禁在出乘前和工作时饮酒。

出乘前列车长应向车站客运室联系，了解重点照顾的旅客，并在出乘会上通知并指定专人负责安排照顾。

旅客上车前必须对车门、车梯、车厢连接处进行检查，发现有影响行车和人身安全的地方，及时通知有关部门解决。列车开、到前后做好乘降组织工作。始发站旅客进站时列车长应在入口处、列车员在车门口观察，注意重点需要照顾的旅客，组织旅客上下车。列车接近站台时，要先试开侧门，待车停稳后再打开，组织旅客先下后上，防止拥挤和混乱。对重点旅客应在到站前先安排到车门，列车停稳后及时下车。列车乘务员要加强车门管理，认真执行“停开、动关锁、四门检查瞭望”制度，遇临时停车，应看守车门到站，应及时清除扶手和车梯的冰雪，保证旅客上下车安全。旅客上下完了，列车员要按前后顺序进行确认和口头联系，由尾部列车员通报值班员“乘降好了”。途中停车时，广播员应向旅客通报，除有关人员外乘务员应坚守岗位，不让旅客下车。

②列车运行中的安全工作。

列车运行中，乘务员要做到：

a. 及时通报站名，防止旅客坐过站或下错车。

b. 宣传安全常识，加强禁带危险品的宣传，共同做好检查危险品工作。

c. 整理好行李架防止压断或行李坠落砸伤旅客;取送开水或倒开水时,应有相应安全措施,防止烫伤旅客等。

d. 电气化区段严禁攀登车顶作业。

e. 列车乘务组人员会使用紧急制动阀和人力制动机,会使用各种类型的灭火器。

f. 严格执行《铁路旅客运输安全检查管理办法》。

(2)列车行包运输工作。

行包运输工作中列车行李员的工作十分重要。列车行李员必须与车站密切协作,做到巧装满载,同时应掌握乘务区段的线路情况、停站时分及行包中转站的范围,接续车次和各停车站的装卸规律,以防止事故,保证列车安全、正点。

①始发站作业。

列车行李员主动到始发站行李房了解情况,掌握行包装车数量、性质及主要到站,并收集附近站预报,做到心中有数,按行包运输方案及行包装卸交接证核对票据,确定堆放位置。始发站至终点站的行包应集中装在行李车两端,到各中间站的行包按站顺远装里、近装外,并做到大不压小、重不压轻、大件打底、小件放高、堆码整齐、装载平衡、货签朝外,易碎、易污、放射性物品分别隔离,鲜活物品注意通风,列车行李员要认真监装,发现危险品、国家禁止或限制运输的物品及包装不符合标准的货件、款、密件应拒绝装车。发现行包破损或有异状时应在交接证上注明现状。作业时执行“三检、三对”,检查货票、标签、包装,对件数、品名、到站。装卸完毕要清理票据、件数,经确认无误后办理签收手续。

②途中作业。

列车从始发站开出后,应按行李票、包裹票分别到站登记行李票、包裹装卸交接证。款、密件及挂号信件登入公文交接证,并将行包件数、重量填入列车“行包运输密度表”。到站前做到“三看”,看密度表记载有无要卸的行包、看行包交接证有无要卸的货件、看公文交接证有无交接的信件、公文,并及时将车内待卸的行包确认一次,集中到车门附近准备卸车,并将不卸车的行包隔离妥当,防止误卸,到站应先卸后装。列车停稳后向站方交应卸的行包票据及公文信件,指明待卸货位。卸完后站方办理签收手续后再接收待装票据、信件,并指定货位进行装车。列车行李员要认真监装卸,进行票货核对,防止错卸、漏卸、有货无票、混装顶件的事故发生。装卸行包较多的车站,装车时应将车站交给的票据按站顺整理好,分别列出到站、件数,核查到站、件数是否正确,然后按车站交给的装车清单确认到站,点件装车,装卸完了双方签收,开车后再逐票核对。

为了充分利用运能,列车的行包要做到巧装满载,每站卸后及时将剩余运送能力和待卸行包向前方站做出预报,预报由站方行李员代报。遇有大批行包或列车晚点时应提早预报,并组织快装,快卸,保证列车正点。

列车运行中,行李员要经常巡视货仓,做好防火、防塌、防湿损、防丢失工作;货位应悬挂到站显示牌,必要时整理翻装,各站分开,码放整齐,不堵车门,做到一目了然。对押运人要进行登记,介绍安全注意事项。发现包装松散及时修理。运输途中发生事故或需要说明现状时,应编制客运记录,作为交接凭证和编制事故记录的依据。

③终到作业。

列车到达终点站前,行李员应将票据、公文、信件整理清楚,票货核对无误,准备与终点站交接、卸车,并将往返乘务的行包装卸交接证整理装订成册,妥善保管,统计行包件数,将完成任务情况、有关记录、铁路电报事项向列车长汇报。最后搞好行李车的终到卫生,整理各项备品与接收班组交接。

(3)列车服务工作。

旅客旅行大部分时间是在列车上度过的,做好列车的服务工作,最大限度地满足旅客在旅行中的物质和文化生活方面的需要是乘务人员的主要任务。服务工作的好坏直接影响到铁路的声誉。因此乘务员必须树立全心全意为人民服务的思想,讲文明、有礼貌地为旅客服务。

列车服务工作包括车厢服务、列车广播和饮食供应工作。

①车厢服务。

始发站检票前乘务员应做好各种准备工作,坚守车门扶老携幼,迎接旅客看票上车。开车后,乘务员按作业过程进行工作,服务中态度主动、热情、语言文明,表达得体、准确,行动稳重、大方,作风谦虚谨慎,方法机动灵活,处理问题要实事求是。及时通报站名,组织旅客安全乘降。

②列车广播工作。

列车广播的主要任务是介绍铁路安全、旅行常识及沿线的名胜古迹;正确及时地做好站名及中转换乘通告。按时转播中央人民广播电台的新闻和报纸摘要节目,以及宣传党的路线、方针、政策;为活跃旅客的旅行生活适当播放一些文娱节目和录像;为保证旅客身体健康做好列车卫生宣传工作。

列车广播员应根据旅客心理及客流特点对乘务中各区段、各区间的播音内容做出详细安排,经列车长审查批准,按计划执行。

③列车餐饮供应工作。

旅客列车餐饮供应的基本任务是保证广大旅客在旅途中的饮食需要,保证饮食卫生,不断提高服务质量。

列车餐饮经营应遵循以下原则。

a. 认真贯彻执行国家政策和法令,做到面向旅客、经济实惠、保质保量、适应需求。

b. 应在保证供应的基础上求质量,以照顾大多数旅客的饮食需求为主,适当兼顾各方面的需要。

c. 本着保本微利的原则,为旅客服务。

德育天地

提升服务质量，构建和谐旅途环境

在繁忙的铁路线上，一列列旅客列车如同动脉中的血液，穿梭于城市的各个角落，连接着千家万户。某次春运期间，一列由北方城市开往南方沿海的旅客列车上，旅客众多，其中不乏归心似箭的外出务工人员、携家带口的家庭游客及急于赶路的商务人士。面对如此复杂多样的旅客群体，列车乘务组在做好基本服务的同时，积极创新工作方法，努力营造温馨、和谐、安全的乘车环境。针对老幼病残孕等特殊旅客群体，乘务组专门制定了个性化服务方案。如为老年旅客提供热水、药品等必需品；为带小孩的家长提供婴儿护理指导；为残疾人提供无障碍服务等。通过这些细致入微的服务，让特殊旅客感受到社会的关爱和温暖。该车乘务组高度重视列车安全工作，通过发放安全宣传手册、播放安全提示视频等方式，向旅客普及安全乘车知识。同时，加强车厢巡逻和安全隐患排查工作，确保列车运行安全稳定。在遇到紧急情况时，乘务员能够迅速反应、冷静处理，有效保障旅客的生命财产安全。

任务布置

完成一次完整的乘务作业。

请编制 K11××次列车（包头—北京）包头—北京间硬卧列车员乘务作业过程。（列车在包头站的开车时间是22:26，正点到达北京站的时间是次日11:40。）

任务实施

操作流程	工作任务		
	硬卧列车员作业流程		实操记录
始发开车作业	列车长	①全列巡视 ②核对席位 ③服务质量	
	列车员	①车动关门锁门，出站台后自检与立岗边门相邻的四张边门，开厕所、端门，再到车厢另一端检四张边门 ②拖车厢两端的通过台、连接处 ③再次核对铺位	
运行中作业	列车长	①安全检查 ②卫生管理 ③作业检查 ④车内环境 ⑤服务质量 ⑥查验车票	

续上表

操作流程	工作任务		
	硬卧列车员作业流程		实操记录
运行中作业	列车员	①餐后卫生作业，送上餐后一杯水，回收空饭盒，随机服务，保持车内整洁 ②巡视车厢，解答问询，为旅客送水，暖水瓶加水，清理果盘、烟灰缸，保持整洁 ③整理车容（行李架、毛巾杆、窗帘） ④遇临时停车做好宣传，加强巡视 ⑤宣传夜间乘车注意事项，征求旅客意见，按铺位核对清理人员，停止会客，做夜间去向登记 ⑥清理果盘、茶几、垃圾桶，扫拖走廊、通过台，擦抹走廊窗台、洗脸间，冲刷厕所、洗脸间，清扫整理乘务间、通过台，闭合过道遮光帘，鞋子排队 ⑦按规定做好夜间车内工作，车内无闲杂人员，保持车内安静，做到“四轻”（讲话轻、脚步轻、关门轻、作业轻），尽量避免干扰旅客 ⑧22:00 关全灯，开地灯 ⑨加强巡视，对过往人员认真询问，坐在靠乘务间方向第二个边座上值岗，掌握旅客动态	
到站前作业	列车员	①提前 30 min 叫醒要下车的旅客 ②做好北京站到站前作业，扫、拖通过台、地面，整理乘务间，锁闭厕所和端门，垃圾袋扎口放置在反边门翻板上，提前立岗进站	

任务评价

评价内容	评价标准	本人自评得分（20%）	小组互评得分（20%）	校内教师评价得分（30%）	企业导师评价得分（30%）	综合得分
知识点掌握（30 分）	了解列车乘务组的组成和责任分工，明确旅客列车乘务组、乘务员数量的确定依据					
技能点运用（40 分）	能按照乘降组织工作的基本流程组织旅客安全乘降					
职业素养（30 分）	具有“人民铁路为人民”的服务意识和“以人为本”的服务理念					
综合评价						

学生反思

思考总结	
心得分享	

<table>
<tr><td rowspan="3">任务4　动车组列车旅客运输工作组织</td><td>编号</td><td>XM4-4</td></tr>
<tr><td>岗位</td><td>列车长、列车员</td></tr>
<tr><td>技能点</td><td>按照动车组列车作业标准组织旅客运输</td></tr>
</table>

任务引入

1. 列车途中作业办理

某日，某动车组列车从廊坊站开出。列车员小丁在核对车票时，发现6号车厢有位旅客有无票的嫌疑。因为这位旅客被查到已越站时，虽声称自己要办理延长票，却再三拖延不补。小丁将这一情况通知了列车长小钱。小钱赶到后，凭经验感觉这位旅客想长乘短补，钻铁路的空子。但话留余地、礼让三分，小钱婉转地问他："先生是否要因公临时改变行程?"该旅客连声说是，并爽快地把票办理到了前方的济南西站。

列车在济南西站开车后，小丁再次巡视车厢、核对车票时，发现一个熟悉的身影起身离开了座位。这一举动没有瞒过小丁，她追了上去，叫住了该旅客，此时越站旅客才尴尬地抬头看向小丁。小丁严肃地问他："先生，您为什么又越站了？"

请思考：

1. 动车组列车的列车员在列车运行途中都需要完成哪些工作?
2. 如何做好列车运行途中的各项工作?

2. 机械故障临时停车的处理

20××年××月××日，D××××次列车在行驶过程中突然因为机械故障在运行区段内临时停车，造成列车全列无空调、无广播、集便器不能正常使用。

请思考：

如果你是本次列车的列车长，该如何处理?

知识链接

4.4.1　动车组列车客运工作组织

为适应动车组列车开行需要，不断满足旅客安全、快速、便利、优质的运输服务需求，动车组列车旅客运输工作组织应按相关规定进行。

1. 车站候车及检票设备设施

为方便动车组旅客候车及乘车，较大车站应设置动车组旅客专用候车室，有动车组停靠的中间站应设专用候车区。动车组旅客的候车室(区)设备设施和服务应符合软席候车室标准。

有条件的车站可设置车站自动检票闸机，车站自动检票闸机的功能是：根据检票计划和运行参数，实现自动检票机自动读判磁票电子信息及旅客通行智能监控，允许合法旅客通过，阻挡非法旅客，实现旅客进出站自助检票。该系统工作原理主要为：通过车站检票服务器系统生成及管理检票计划和运行参数，并及时下载到自动检票机，自动检票机自动完成旅客车票的验证，记录检票存根，并按系统设定时间上传到车站检票服务器系统。自动检票闸机主要部件有：旅客信息显示器、通行指示器、蜂鸣器与指示灯。

为保证动车组列车检票工作顺利进行，车站设置自动检票闸机的，闸机的数量和布局应当与车站设施设备相协调，有利于划分动车组旅客专用区域和通道并满足旅客快速进出站的需要。使用自动检票闸机的车站应同时留有人工通道。

2. 车站站场客运安全防护

为保证旅客乘降安全，旅客站台不应邻靠正线。既有邻靠正线的旅客站台，列车通过速度 160 km/h 以上至 200 km/h 时，站台安全标线与站台边缘距离为 2 m，也可在距站台边缘 1 m 处设栅栏防护。

当站台邻靠正线，一侧有动车组通过时，站台另一侧应当停止组织旅客乘降或设防护栏进行防护。当一个站台两侧同时有动车组邻站台通过且没有防护措施时，除有人身安全防护措施的车站工作人员外，站台上不得再有候车旅客、其他工作人员和可移动物品。

办理客运的车站应设置天桥或地道。有动车组停靠或通过的车站，应当对跨线候车室窗户或天桥进行封闭管理并有“禁止抛物”等相应的安全提示。

没有立体跨线设备的车站，对于穿越正线的站内平过道两端应设置栏杆等防护设备，以关闭状态为定位，并且应当有专人管理，旅客或作业车辆须通过平过道时应当有人引导。

暂未取消的平过道，由铁路局集团公司制定安全保障措施。

此外，为确保动车组列车运行安全，对列车注水口处设有加锁式挡板门的动车组，上水人员在给列车注水结束后，应当锁闭挡板门并进行再确认。

3. 站台乘降工作组织规定

动车组列车应当接入固定站台并停于固定位置。站台上应以颜色区别车型标出车门位置，划出旅客上下车指示线，站车有关工种应当紧密配合，组织旅客按照车厢号在车门位置处排队等候，上下车旅客分开，有序乘降。

动车组列车车门验票由车站负责。通道和站台专用的车站可以不在车门验票。

4. 车站旅客服务系统

为方便动车组列车旅客出行，可以以 TRS（客票发售和预订系统）的基本列车时刻及票务信息和 TDCS（列车调度指挥系统）/CTC（列车调度集中系统）的实时列车信息为基础，构建车站旅客服务系统。

现阶段，我国在已建成的高速铁路上所构建的旅客服务系统总体采用两级架构，分别部署在区域中心和车站，国铁集团设置公共数据管理平台。其中国铁集团中心对全路高速铁路旅客服务系统提供信息支撑，进行宏观管理，实现对全路旅客服务的监督、管理和统计分析，并具有公共数据管理和音视频基础信息库的制作以及视频监控的功能。区域中心旅客服务系统以集成管理平台为核心，原则上实现对所辖区域大型车站旅客服务系统的监视，对中、小型车站旅客服务系统的集中管控；在紧急情况下，可以代管大型车站旅客服务系统；完成区域内公共音视频数据的制作、发布和转发，以及系统间信息共享和功能联动。

大型车站旅客服务系统以集成管理平台为核心，集成导向揭示、广播、监控、时钟、投诉、查询、求助、站台票发售、无线、呼叫中心座席、寄存子系统，连接火灾报警和楼宇自控等外部系统，实现对本站旅客服务系统的集中监视和控制，完成系统间信息共享和功能联动，紧急情况下接受区域中心代管。根据线路情况，可对邻近中、小车站进行代管。以科学合理的布局配置服务终端设备，为旅客提供导向、广播、时钟、投诉、查询、求助、呼叫、站台票发售、寄存、无线上网、人工服务等多样服务。

中小型车站旅客服务系统根据线路情况可由区域中心集中管控或者由邻近大站代管，以科学合理的布局配置服务终端设备，为旅客提供导向、广播、时钟、投诉、查询、求助、呼叫、站台票发售、寄存、无线上网、人工服务等多样服务。

旅客服务系统主要包括：集成管理平台子系统、导向揭示系统、广播系统、监控系统、时钟系统、求助系统、查询系统、寄存系统、安检系统、门禁系统和窗口对讲系统。

(1)集成管理平台子系统(IMP)：是国铁集团公共数据管理平台作为公共音频、公共视频的制作、审核、发布平台，完成旅客服务系统公共数据的维护和管理功能。

(2)导向揭示系统(PIS)：该系统在旅客进站、购票、候车、检票、乘车、出站等各个环节上为旅客和工作人员提供及时准确的信息服务。显示终端分别为LED、LCD、PDP显示屏，根据使用环境结合运用。

该系统通过数据服务器共享信息，按设置的预案播放文字、视频信息，并通过车站监控室对前端显示设备控制，在指定的时间，将指定的信息给指定的人群。如在旅客通道位置的显示屏为旅客提供列车到发信息、候车引导信息及检票信息等；在候车室及贵宾室的显示屏在正常情况下播放综合资讯，包括：乘车须知、管理者公告、检票提醒、政府公告、出行参考、天气、时间、股票信息、媒体新闻、赛事直播、广告等实时动态的多媒体信息。在紧急情况下，车站工作人员可在车站综合监控室编辑、插播特定的信息到指定的显示终端，如在火灾、阻塞及恐怖袭击等非正常情况下，提供动态紧急疏散引导服务。

此外，系统还可通过视频直播技术对有线电视、数字电视和高清视频进行直播服务。

系统由应用服务器、数据服务器、控制器、维护终端、各类显示屏和到发通告终端等设备组成。

(3)广播系统:车站的广播系统主要用语音广播,基本由业务广播和消防广播两部分组成,正常情况下进行业务广播,向站内的旅客提供信息,实时地进行业务、宣传、临时、紧急、背景音乐、资讯广播等,让旅客顺利地进站、乘车、出站;在出现火灾等紧急情况时进行消防广播。

车站广播系统的广播方式包括人工广播和自动广播(含半自动),可提供中文普通话、英语等多种语言。

(4)监控系统:视频监控系统是通过在某些地点安装摄像头等视频采集设备对客运现场进行拍摄监控,然后通过一定的传输网络将视频采集设备采集到的视频信号传送到指定的监控中心,监控中心通过人工监控或者将视频信号存储到存储设备上对现场进行视频监控。

(5)时钟系统:时钟系统其主要作用是为铁路工作人员和旅客提供统一的标准时间,并为其他有关系统提供统一的标准时间信号,使各系统的定时设备与本系统同步,从而实现铁路全线统一的时间标准。时钟系统的设置对保证铁路运行计时准确、提高运营服务质量起到了重要的作用。

(6)求助系统:其功能主要是在车站站台、候车厅、售票厅等旅客聚集场所设置求助终端,上方设置醒目标志及使用说明,供旅客在必要时使用该终端设备,远程得到车站工作人员的帮助。

(7)查询系统:查询系统主要以本地数据库和集成管理平台为数据源,采用触摸屏、计算机、多媒体、网络、接口等先进技术,为旅客提供列车、票价、席位、服务设施、站区环境等相关信息,查询系统提供给旅客一种人性化的自助信息查询途径,在某种程度上大大减轻了问讯处人工服务压力。

(8)寄存系统:寄存系统采用钱币识别、控制、计算机、网络和接口技术实现旅客自助寄存功能。集成管理平台通过接口对寄存设备进行远程监控。

寄存系统采用主柜带附柜的方式,在主柜上设置控制芯片,控制并监视所有柜格信息,主柜设置钱币识别模块、液晶显示模块和寄存存根打印模块,红外传感器、柜门设置锁具实现旅客自助寄存小件物品。寄存系统设置维护管理终端,进行收费统计报表的制作和打印,并与集成管理平台接口,实现在集成管理平台对寄存设备的远程监控。

(9)安检系统:安检系统通过X射线安全检查设备,对旅客行包进行安全检查,防止旅客携带容易引起爆炸、燃烧、腐蚀、毒害或有放射性的物品及枪支、管制刀具等可能危害公共安全的物品,有效地保障了铁路运输和旅客生命财产安全。

(10)门禁系统:门禁系统即出入口控制系统,是用于对车站出入口通道进行安全管理的系统。

出入口安全管理系统是新型现代化安全管理系统,它集计算机自动识别技术和现代安全管理措施于一体,涉及电子、机械、光学、计算机技术、通信技术、生物技术等诸多技术,是解决重要部门出入口安全防范管理的有效措施。

（11）窗口对讲系统：窗口对讲系统主要供车站营业性服务窗口提供售票服务、旅行咨询服务等使用。

4.4.2 动车组列车乘务工作组织

1. 动车组列车乘务组组成及客运乘务组乘务形式

动车组列车乘务组由列车长、列车员、乘警和随车机械师组成。列车上保洁、餐饮由社会专业公司承担时，其员工视同列车乘务组成员。列车乘务组人员应当各司其职，在为旅客服务上，接受列车长统一领导。特殊情况下，按规定服从司机统一指挥。

其中，客运乘务组根据交路实际需要采用轮乘制或包乘制。客运乘务组由1名列车长和2名列车员组成，动车组重联时，按两个乘务组配备。编组16辆的动车组按1名列车长和4名列车员配备。对以上运行时间较长的动车组可适当增加客运乘务人员。

2. 动车组车内设备设施使用与管理

（1）动车组客运乘务人员配手持电台。动车组列车始发前，列车长的手持电台均应设置在频道1（CH1）与随车机械师、乘警或司机进行通话联络。运行途中，列车长需与列车员通话时，转为各自的专门频道进行通话。通话完毕，应转回频道1进行守候。

（2）列车多功能室只能用于照顾伤、病旅客，存放少量服务备品，由客运乘务人员管理，其他人员不得占用或改作他用。

（3）动车组配电盘、车内空调、照明及旅客信息系统设备由随车机械师操作。自动广播装置的广播内容由客运段负责按规定要求录制，车辆段负责输入自动广播装置。

（4）客运乘务员发现设备故障时，通知随车机械师及时处理。运行中发生设备损坏时，随车机械师与列车长共同确认，并填写上部设施破损记录，双方签字。

（5）动车组出运用所前，由动车所质检员组织地勤司机、客运人员、随车机械师及车载行车安全设备（列控车载设备、LKJ、CIR）检修单位进行出库联检，填写出所联检记录单。客运人员负责车厢内服务设施完好状况的检查确认，与质检员办理交接；随车机械师负责动车组技术状态的检查确认，与质检员办理交接；行车安全设备检修单位负责对列控车载设备、LKJ、CIR设备进行出库检查确认后，填写行车安全设备合格证，地勤司机确认行车安全设备技术状态，与检修单位办理合格证交接；本务司机与地勤司机办理行车安全设备合格证和驾驶设备技术状态的交接。

3. 动车组列车客运乘务工作

动车组列车客运乘务组在乘务工作中主要承担服务旅客、处理票务、检查列车保洁、餐饮工作质量等工作。发生影响旅客安全问题时，客运乘务组应当立即采取有效措施，保护旅客安全。

运行时间在3 h以内的列车，一般只播迎送词、服务设备介绍、安全提示、站名和背景音乐。运行时间超过3 h的列车，可在不干扰旅客休息的前提下，适当增加播放内容。

为保证旅客乘车环境良好，列车应通过广播、图形标志、电子显示屏、文字提示等形式向旅客广泛宣传环境保护和禁止吸烟规定，提示旅客不得随意丢弃杂物。

列车旅客信息服务及影音播放系统播放的内容应由客运部门提供，由车辆部门录入。

列车长出乘除携带铁路电报、客运记录、处理票务等必要的设备和处理业务资料外，其他纸质资料台账不携带上车。动车组列车运行中，列车长无须向添乘领导汇报工作。

餐饮经营符合有关审批、安全规定，证照齐全有效。食品经营单位的食品安全管理制度健全。餐车销售的饮食品符合国家有关规定。销售的商品质价相符，明码标价，一货一签，价签有“CRH”标志，提供发票。餐车明显位置、售货车、服务指南内有商品价目表和菜单，无只收费不服务行为。经营行为规范，文明售货，不捆绑销售商品。非专职售货人员不从事商品销售等经营活动。餐车实行不间断营业，并提供订、送餐服务。销售人员不在车内高声叫卖、危险演示，销售过程中主动避让旅客。夜间运行时，不得进入卧车销售，座车可根据情况适当延长或提前销售时间，但不得超过1 h。

4. 动车组列车车门管理

(1)在始发站车门作业规定。

动车组在始发站始发前，应将车门保持关闭状态。车站放行旅客前，司机(随车机械师)根据列车长的通知开门。

(2)在中间站(含折返站)车门作业规定。

车站客运人员确认客运作业(含旅客乘降、上水、吸污、高铁快运、餐车物品装卸、互联网订餐等)完毕后，通知列车长。列车长接到客运作业完毕的通知后，再次确认旅客乘降完毕，通知司机(随车机械师)关闭车门。

(3)在终到站(不含折返站)车门作业规定。

在站不进行吸污、上水作业时，列车长确认旅客下车完毕、客运终到作业结束，通知司机(随车机械师)关闭车门。

在站进行吸污、上水作业时，在旅客乘降等作业完毕，具备退乘条件时，列车长与车站站台客运人员联控后组织退乘。动车组列车入所时，车站站台客运人员确认列车客运乘务组退乘完毕，确认列车吸污、上水等作业完毕后通知司机(随车机械师)关闭车门；动车组列车在站停放时，车站站台客运人员确认列车客运乘务组退乘完毕，通知司机(随车机械师)关闭车门，吸污作业完毕后车辆吸污人员通知车辆驻站联络员，上水作业完毕后给水人员通知车站客运人员。

5. 动车组列车乘务安全管理

(1)动车组列车乘务人员岗位安全职责。

为保证动车组列车运输安全，列车各岗位乘务人员均应认真执行规章制度，服从命令听从指挥，切实履行规定职责。此外，在乘务工作中，各岗位乘务人员还应分别承担以下安全职责：

①本务司机安全职责。

动车组列车在区间被迫停车时,负责指挥随车机械师、客运乘务组处理有关事故救援等事宜。

动车组列车运行中出现故障时,按车载信息监控装置的提示,按步骤及时处理;需要由随车机械师配合处理时,通知随车机械师。

②随车机械师安全职责。

负责在运行途中监控动车组列车的技术状态,发现故障及时将有关信息通知司机,并采取措施,妥善处理;在司机指挥下,处理有关事故救援等事宜;发生危及行车安全故障或其他紧急情况时,使用紧急制动阀停车或通知司机采取停车措施。

③客运乘务员安全职责。

发生危及行车和旅客生命安全的紧急情况时,使用紧急制动阀停车或通知司机采取措施;需要组织旅客撤离列车时,通知司机,由司机向列车调度员报告或通知就近车站值班员;在司机指挥下,处理有关事故救援等事宜。

(2)动车组列车乘务安全管理基本要求。

时速300 km及以上的动车组和直通动车组列车不得超员;铁路局集团公司管内短途一等座车不得超员,二等座车最高超员率为20%。

列车乘务人员在列车运行中应当注意对列车安全设备的管理,制止搬动、触碰安全设备等不安全行为。严禁任何人在列车正常运行中打开气密窗,禁止任何无关人员进入司机室。

列车各部位均不得吸烟。列车乘务员发现旅客吸烟应予以制止。

4.4.3 动车组列车餐饮工作管理

动车组列车餐饮服务由与铁路局集团公司签订餐饮服务合同的专业餐饮公司承担。为列车提供餐饮服务的企业必须通过ISO 9000或HACCP质量认证。铁路局集团公司应当监督餐饮企业严格遵守国家卫生法律法规的规定,建立健全加工食品的场地、加工程序、设备、保管、运输、列车供餐服务质量、商品价格等各环节管理和考核制度。

1. 动车组列车餐饮供应

动车组列车销售的食品、饮品应当为全国名优产品并有“QS”标志,必须由餐饮公司统一采购。动车组列车供应的食品、饮品应当品种丰富,价格合理。餐饮企业应当经常征求旅客对饮食服务的意见,并根据旅客的意见调整供应品质、品种,改善服务质量。同时,列车销售的食品、饮品应当明码标价、一货一签,并有“CRH”标记。餐饮公司销售人员应将上车食品、商品的出库单交列车长以备检查。

此外,列车餐饮供应还应符合以下要求:

(1)制订科学合理、营养健康、绿色环保的餐饮品种体系,针对不同区域、不同季节、不同时段、不同层次旅客的需求,提供规范标准的餐饮产品。

(2)餐饮品种应品类丰富,口味多样,方便快捷,能够根据旅客的要求及时调整。

(3)餐食成品的各项主辅料搭配要定量化,设置科学合理的上下限标准,并在外包装中标明。

(4)餐饮营养搭配合理,各种营养素含量符合国家有关标准。

(5)餐饮应质价相符、物有所值,满足旅客旅行中的基本餐饮需求。要充分考虑铁路票价和旅客的消费水平,提供高、中、低档不同的供应方案。对于旅客必需的餐食品种,要坚持保本微利原则。对于非必需的餐饮品种,可根据市场情况提供差异化服务。乘务餐不得高于成本价。

(6)餐食原料绿色化,不提供以野生保护动、植物为原料的食品。餐具环保化,一次性餐盒必须可降解或可回收。餐食应符合列车环境要求,禁止销售存在旅客人身安全隐患、影响列车环境卫生的食品。

①动车组列车餐饮经营按《铁路运营食品安全管理办法》相关规定执行,卫生管理制度健全,有卫生许可证、餐饮服务许可证或食品流通许可证,主动接受监督管理。餐饮服务人员个人卫生合格,持“健康证”,并定期体检;餐、饮、茶具清洁、卫生;销售的食品、饮品必须严把准入关、销售关、检查关、考核关。

②列车供应的食品、商品应当品种丰富,价格合理,满足不同旅客需求。列车应当定期征求旅客对饮食服务的意见,并根据旅客意见调整供应品种、品质,提升餐饮服务质量。

③供应品种多样,有高、中、低不同价位的预包装饮用水、盒饭等旅行饮食品,2 元预包装饮用水和 15 元盒饭不断供。尊重旅客的饮食习惯。

④餐饮品、商品有检验、签收制度,采购、包装、储存、加工、运输、销售符合食品卫生安全要求。

⑤不出售无生产单位、生产日期、保质期和过期、变质,以及口香糖、方便面等严重影响列车环境卫生的食品。超过保质期限的食品单独存放,回收销毁。

⑥一次性餐饮茶具符合国家卫生及环保要求。

⑦餐饮经营符合有关审批、安全规定,证照齐全有效。食品经营单位的食品安全管理制度健全。

⑧商品柜、冰箱、吧台、橱柜不随意放置私人物品(乘务员随乘携带的餐食等定位存放)。餐食、商品在餐车储藏柜、冰箱内定位放置,不占用旅客使用空间。

⑨餐车配置的微波炉、电烤箱、咖啡机等厨房电器符合规定数量、规格和额定功率,保持洁净。

2. 动车组列车餐饮包装

餐饮外包装必须标明餐饮成分、食用方法、保质期、生产日期、质量安全图示等标识。包装材料必须选择可重复使用、可回收利用或可降解的材料,确保印制或粘贴的标识标签无毒,且不直接接触食品。

3. 动车组列车食品配送

(1)食品配送服务要求。

配送过程应坚持全程冷链原则。准冷链配送时,必须严格控制时间,确保食品安全。

盒饭以冷链为主,热链为辅,常温链仅做应急备用,有清真餐食。

配送的餐饮包装完好,交接流程规范。配送的物品、车辆清洁卫生。配送人员服装统一,整洁卫生。

列车送餐人员上岗前应经过安全知识培训,持证上岗并着统一服装、佩戴工牌作业。

(2)铁路局集团公司有关部门为食品配送应提供的基本工作条件。

各铁路局集团公司应在列车餐饮配送网点车站或车站附近安排一定规模场地,采用多种方式提供给餐饮企业,协助解决水、电、燃气等设施,以满足调度、储存、加热、配送等基本功能。

各车站(库)应及时为餐饮服务人员及车辆办理进出站(库)的证牌,严禁乱收费,确保动车组列车餐饮服务所需备品、人员及时到位。

各铁路局集团公司应向餐饮服务公司提供售票信息、动车组列车的运行时刻、停靠站台等列车运行信息,遇列车运行图调整、列车晚点或其他特殊情况时,应及时向餐饮服务公司通告,并提供便利条件。

各铁路局集团公司要与客运乘务班组一并安排列车餐饮服务人员在途中、折返站的就餐及住宿事宜,标准一致,费用自理。

列车乘务组乘务餐定点供应,乘务餐应按标投料,味美量足,营养搭配合理,依照规定收费,任何人不准随意扩大乘务餐范围。

各铁路局集团公司要对列车餐饮服务人员进行铁路运输安全培训及考核发证,车站负责对进站的配餐人员和车辆进行安全管理。

4. 动车组列车餐饮销售服务要求

(1)销售服务规范,销售方式新颖,销售工具先进,销售价格透明,服务态度温馨,就餐环境宜人。

(2)车上销售人员不少于 3 人,最多不得超过 5 人(餐吧人员没有配置的明确,一般是短编 1 长 2 员、重联 2 长 4 员、长编 1 长 4 员)。

(3)餐饮配送和销售人员应经过铁路知识和专业技能培训,持有效健康证明,持证上岗。

销售人员要树立活力、热情、文明、自信的专业形象,服装得体大方,语言文明礼貌,服务规范要符合相关要求。

(4)车上餐饮经营必须备有发票。

(5)移动售货在列车始发 5 min 后方可开始,终到前 10 min 停止。不得叫卖、兜售,不允许使用对讲系统,不干扰旅客,服务过程中主动避让旅客。售货小推车应印有 CRH 商标,具有良好的防撞、刹车性能,不得影响旅客侧身通行。

餐车实行不间断营业,并提供订、送餐服务。销售人员不在车内高声叫卖,频繁穿梭,销售过程中主动避让旅客。夜间运行时,不得进入卧车销售,座车可根据情况适当延长或提前销售时间,但不得超过1 h。

(6)餐车经营要确保环境整洁,秩序良好。餐饮宣传品摆放位置合适,不得粘贴。列车终到前,服务人员要及时整理餐车,恢复原貌。餐车备品符合国家环保要求,印有CRH商标。

(7)加热后未售出的食品严格实行定时报废制度。在列车上,报废的食品在未处理前应醒目标明"报废"字样存放。

列车上加热后未售出的食品严格实行定时报废制度,报废的食品在未处理前应醒目标明"报废"字样另行存放。

(8)餐饮企业的乘务服务人员负责列车运行中餐车的清洁卫生。餐车展示柜布置应当美观丰满,其他商品、备品存放不得侵占通道和影响安全。列车到站、开车时,乘务服务人员应当在餐车门内立岗迎送旅客。

餐车整洁美观,展示柜布置艺术,与就餐环境相协调;厨房保持清洁,各种用具定位摆放。商品、售货车等不堵通道,不占用旅客使用空间。售货车内外清洁,定位放置,有制动装置和防撞胶条。

(9)未经同意,不得在动车组列车上发布任何广告。

5. 动车组列车餐饮工作监督检查

(1)监督检查的职能分工。

①国铁集团职能。

国铁集团负责制定全路餐饮经营相关政策、标准及管理办法;统一规划列车餐饮服务的经营布局,按照市场机制,引导各餐饮服务公司有序竞争,并对餐饮工作进行监管。

②铁路局集团公司的职能。

铁路局集团公司是动车组列车餐饮服务的授权委托方和监管主体,负责组织指导餐饮服务公司的组建和经营网点的布局,协调解决餐饮服务运营商与站段关系,负责对餐饮服务公司的监督和考核。列车长负责管理值乘的列车餐饮服务人员。

③餐饮服务公司的职能。

餐饮服务公司是动车组列车餐饮服务的经营主体,负责动车组列车餐饮的经营、食品卫生安全及餐饮服务人员的人身安全,完成采购、加工、包装、配送、销售等工作,接受国铁集团、铁路局集团公司的监管。选派餐车服务人员和移动餐饮售卖人员,优先录用经培训合格的铁路职工。

(2)监督检查的内容。

监督检查内容为动车组列车餐饮服务的整体质量,包括《动车组餐饮服务授权经营合同》或《动车组餐饮服务合作合同》履行情况,餐饮服务运营商质量管控制度的制定及执行情况,应急预案制定与执行情况,动车组列车餐饮相关设备管理情况,安全管理情况等。

车上监督检查原则上由列车长负责，地面由铁路局集团公司指定部门负责。

监督检查形式包括旅客问卷调查、日常检查和年度综合评估等。检查中发现的问题，由铁路局集团公司开具整改通知书。

铁路局集团公司根据日常检查和年度评估结果，按照《动车组餐饮服务授权经营合同》或《动车组餐饮服务合作合同》的规定对餐饮服务运营商进行奖励或处罚。

6. 动车组列车餐饮工作安全管理

(1)餐饮工作安全要求。

①餐饮服务运营商在采购、加工、储存、配送、销售、回收过程中，必须确保餐饮质量卫生安全；在配送、销售、回收过程中，应避免造成旅客人身伤害。

②餐饮服务运营商在站内作业时，必须遵守车站相关管理规定，服从车站工作人员指挥，确保铁路行车安全。

③餐饮服务运营商在站内和列车上进行食品加热、加工作业时，应规范操作，确保不发生火灾事故。

④发生上述安全事故时，按照《动车组餐饮服务授权经营合同》的规定，明确责任，及时处理。

(2)餐饮工作安全应急管理。

各餐饮服务公司要结合动车组列车特点，针对可能出现的食品事故，协商运输部门统一制订应急预案和处理标准，建立应急处理指挥与工作机构，明确应急人员职责，并应对食品事故、客流暴涨、自然灾害、中断行车等应急预案，要做到人人培训，演练达标，以确保旅客生命安全和客运秩序。

4.4.4 动车组列车保洁工作管理

为给旅客提供方便、舒适、清洁的旅行环境，确保动车组列车旅客服务设施设备干净整洁，动车组列车保洁工作由与铁路局集团公司签订保洁合同的专业保洁公司承担。为动车组列车提供保洁服务的企业应当具有 ISO 9000 质量认证。

1. 动车组列车保洁工作分级管理职责

(1)国铁集团的职责。

国铁集团负责制定全路动车组列车保洁服务相关政策、标准及管理办法；对保洁工作进行监管。

(2)铁路局集团公司的职责。

铁路局集团公司是动车组列车保洁服务的委托方和监管主体，负责协调解决保洁公司与站段关系；负责对保洁公司的监督、考核；列车长负责管理值乘的保洁服务人员。

(3)保洁公司的职责。

保洁公司是动车组列车保洁服务的提供方，负责动车组列车保洁工作，按照库内、折返、途中保洁作业规范执行，负责列车备品整备等工作，接受国铁集团、铁路局集团公司的监督、管理；选派随车保洁服务人员，优先录用经培训合格的铁路职工。

2. 动车组列车保洁工作模式及内容

动车组列车保洁工作模式分为以下三种：

(1)库内保洁。

动车组列车在库内完成车体内外的全面保洁，包括动车组列车各车厢内各部位全面清洁，不含动车组列车驾驶室内保洁。

库内保洁服务内容主要包括：

①吧台：清洁厨房空调口、天花板、微波炉、烤箱、服务台、垃圾桶、车内门缝、备份箱格、装饰板、化妆镜、餐台、餐桌、座椅、厨房地板。

②卫生间及洗脸间：清洁卫生间门、外壁板、厕所内壁板、天花板及厕所镜子、厕所垃圾桶、厕所纸架、厕所地面、厕所用品用具存入格，清洁洗手池、马桶、垃圾桶、垃圾投掷门和垃圾箱门、地板。

③车厢内：清洁列车内壁板、天花板、空调口，擦遮阳板、玻璃镜，擦窗台、小桌板、行李架、座椅扶手，清理座位靠背袋、门帘、地面卫生，调整座椅方向，拉放窗帘。

④保持一等座车车内地毯整洁、干净，对日常运行中发现明显污脏的重点部位及时清洗。

⑤列车外皮洗刷：清洗全列车门门框、窗框、车外皮及车梯。设有洗车机的动车所，动车组列车外皮清洗由车辆段负责。

⑥座椅干洗：原则上每季度对动车组列车无座椅套的座椅全面干洗两次，保持座椅整洁、干净。日常运行中发现明显污脏的个别座椅时，应在库内保洁时作为车内整备内容，及时干洗。

⑦备品整备：将动车组列车各车厢需配备的洗手液、香芯(芳香球)、卫生卷纸、面巾纸(盒装)、垃圾袋(分类配送)、清洁袋(放于座椅背袋)、靠头巾(套)、桶装饮用水、一次性垫圈(或卫生间消毒巾)、旅客须知、服务手册、报刊等备品进行规范整备。

⑧座椅转向列车始发前进方向，窗帘拉放至统一位置。

⑨定位摆放清洁工具备品，按指定点投放垃圾，按规范处理保洁污水。

(2)折返保洁。

动车组列车在折返站停车期间实行折返保洁，即在折返规定时间内，由折返保洁人员对车辆(车厢)迅速进行基本清扫和整理。

折返保洁服务内容主要包括：

①卫生间：清洁卫生间内门、洗手池、便池、厕所壁板、厕所镜、台面、洗手液瓶、纸架、地板，整理垃圾，清洁空气。

②车厢内：清洁地板，倒垃圾(包括吧台垃圾)，清理座位靠背袋，整理车容。

③将座椅转向列车始发前进方向，窗帘拉放至统一位置。

④清洁车窗下沿以下的车外皮、车梯。

⑤定位摆放清洁工具备品，规范投放垃圾，按规范处理保洁污水。

(3)途中保洁。

动车组列车运行途中由专业保洁人员随车开展保洁，随车保洁员应对车厢内的环境卫生做到随脏随清。

途中保洁服务内容主要包括：

①备品整理：将动车组列车需配备的洗手液、香芯(芳香球)、卫生卷纸、面巾纸(盒装)、靠头巾(套)、垃圾袋(分类配送)、清洁袋(放于座椅背袋)、一次性垫圈(或卫生间消毒巾)、旅客须知、服务手册、报刊等备品进行补充和规范整备。

②卫生间：收集处理厕所垃圾，清洁洗手池、便池，清洁厕所镜子、台面、洗手液瓶，清洁厕所垃圾桶、厕所纸架、厕所地板，清洁空气。

③车厢内：清扫地板，倒垃圾，清洁洗脸间台面及地面。

收集车内垃圾在指定车站定点投放。

3. 动车组列车保洁作业时间标准

(1)库内作业时间标准与要求。

库内保洁作业应在列车出库前 1 h 完成。

为保证按时完成作业，列车进库之前，基地保洁领班应当将当天的保洁人员做好配比和具体安排；库内保洁过程中，保洁领班或组长应该在保证保洁质量的同时，控制好每道保洁工序的时间，并且做好现场调度和整合。

保洁人员在列车入库前 30 min，应做好开工准备，各就各位，定人定岗。列车进入车库后，保洁人员迅速进入各自的岗位，对列车内外同时进行清洁，平均每列车清洁作业不超过 1.5 h。

(2)折返作业时间标准。

折返保洁在列车开车前 10 min 完成。为保证按时完成作业，在列车到站前 10 min，保洁人员应做好准备，定人定岗。列车停稳及旅客下完后，保洁人员要快速进入列车内，按照折返保洁标准做完保洁，作业时间约为 5 min。

(3)途中作业时间标准。

途中保洁在列车运行中全程进行。保洁公司应根据列车运行时间长短实际需求，安排保洁人员按照途中保洁要求提供随车清洁。其中卫生间、洗脸间的卫生随时清理。

4. 动车组列车保洁作业工具备品质量要求

根据动车组列车设备设施的要求，保洁公司应按统一制定的标准配备、使用保洁工作专用工具设备及洗涤用品。其中，动车组列车保洁工作使用的清洁剂(包括各种清洁剂、不锈钢保养剂等)类用品应当是经过认证机构认证的产品，必须是正规厂家所生产的合格产品，质量要到达国际环保质量标准，符合动车组列车保洁环保要求。

5. 动车组列车保洁人员岗位行为规范

(1)热爱铁路事业，热爱本职工作。遵守国家法律、法规和铁路行业管理规章制度，自觉维护旅客和企业合法权益。爱护站车设备设施,不占有、不浪费服务备品和餐饮供应品,廉洁自律,公私分明。

(2)尊重旅客的风俗习惯和宗教信仰,对不同种族、国籍、民族的旅客一视同仁。理解旅客的服务需求,注重服务修养,礼貌待人,态度谦和,仪表整洁,仪态端庄,言谈得体,举止文明。

(3)使用普通话和礼貌用语,严禁忌语,使用敬语,"请"字当头,"谢"不离口,做到旅客至上,热情有礼。不得在工作场所粗言秽语、高声谈话或闲聊,不得讥讽旅客或与旅客争吵,不得在公共场所与旅客、同事争论,不得依傍墙壁或栏杆等物,不得当着旅客有梳妆打扮、扣鼻、剔牙等不雅行为、动作。

(4)熟知作业程序和标准,熟悉服务设备设施的基本性能,熟练使用服务设备设施,能为旅客提供准确的服务。熟知安全措施和应急预案,熟练使用安全设备设施,具备妥善处理突发事件的应急、应变能力。在工作中总结经验,不断提高个人的操作技能、技巧和工作效率。

(5)诚实守信,敬业爱岗,忠于职守。听从指挥,热爱集体,团结协作,工作认真,工作作风严谨。执行标准、落实制度,遵章守纪。

(6)做到"有事必报,有错必纠",不提供假情况;不文过饰非,阳奉阴违,诬陷他人;不犯自由主义,制造事端,搬弄是非,挑拨关系;不侵占旅客财物;不得私自接受客人的馈赠。

此外,动车组列车保洁人员上岗前应经过安全知识培训,持证上岗并着统一服装、佩戴工牌作业。保洁作业中应当爱护车辆设备。铁路运输有关部门应当对保洁工作中涉及卫生环境质量和爱护车辆设备等进行检查指导。

德育天地

注重团队协作,践行集体主义精神

随着高速铁路网的不断扩展,动车组列车已成为我国旅客出行的重要选择。在高速、便捷的背后,是无数动车组列车工作人员辛勤的付出与严谨的组织管理。

在动车组列车旅客运输工作中,A局集团公司始终坚持"人民铁路为人民"的服务宗旨,将旅客需求放在首位。通过定期举办服务礼仪培训、心理辅导课程等,提升列车员的服务意识和服务能力。同时,利用车厢广播、宣传栏等载体,宣传社会主义核心价值观和文明出行理念,引导旅客自觉遵守公共秩序,共同营造和谐舒适的乘车环境。

动车组列车的高效运行离不开各岗位工作人员的紧密协作。该铁路局集团公司注重培养列车员的团队精神和集体荣誉感,通过组织团建活动、开展技能比武等方式,增强团队凝聚力和战斗力。在紧急情况下,各岗位人员能够迅速响应、协同作战,确保列车安全平稳运行。这种集体主义精神不仅体现在工作中,也深深烙印在每个列车员的心中,成为他们共同的价值追求。

任务布置

动车组列车始发作业。

某动车组列车还有半小时就要发车了,该列车的列车长早早就守在了值守车厢的门口处。几分钟后,车站客运值班员推着一位腿部打着石膏、坐着轮椅的旅客向这节车厢走来。列车长立刻上前迎接,他帮助旅客顺利上车,并将其妥善安置到为他准备好的专区。这样的服务让这位旅客非常感动,连连称赞动车组列车服务到位。原来列车长提前掌握了该趟列车重点旅客情况,了解到有一位腿部骨折的旅客要从始发站上车,所以早就做好了交接准备工作。

根据以上资料,列出动车组列车始发作业包括哪些内容。

任务实施

<table>
<tr><th rowspan="2">操作流程</th><th colspan="3">工作任务</th></tr>
<tr><th colspan="2">动车组列车的始发作业</th><th>实操记录</th></tr>
<tr><td rowspan="2">始发前准备作业</td><td>列车长</td><td>①整理仪容:按规定时间起床洗漱、化淡妆,仪容规范、标志齐全;佩带对讲机、无线列调便携台和 GSM-R 手持终端,通信设备作用良好
②列队进站:“两人成行、三人成列”列队进站,右手拉拖箱;按规定径路行走
③请领票据:领取补票机和票据;开机确认补票机使用状况良好;及时下载更新补票机数据
④站台接车:“两人成行、三人成列”列队进站,在站台餐(吧)车位置列队接车;检查收取乘服员上岗证、健康证,布置当趟重点工作
⑤备品定位:督促乘务员将保洁备品、服务备品、商品、乘务箱等定位摆放,票据入柜加锁加密
⑥巡视检查:检查卫生整备质量,防暴箱配备、卧具整型、列车刊物配发、摆放等;对不合格项目进行整改和补强
⑦重点事项:始发前,按规定与司机核对时刻和车次,通报 GSM-R 手机号码,落实出乘注册和退乘注销规定;并与机械师、乘警、司机进行通话联络,调试无线通信设备,核对无线列调便携台频率,动车组无线列调便携台、客运对讲机和 GSM-R 手机做到随身携带</td><td></td></tr>
<tr><td>列车员</td><td>①整理仪容:按规定时间起床洗漱、化妆,仪容规范、标识齐全;佩带对讲机,对讲机核对频率,作用良好
②列队进站:“两人成行、三人成列”列队进站,右手拉拖箱,按规定径路行走</td><td></td></tr>
</table>

续上表

<table>
<tr><td rowspan="2">操作流程</td><td colspan="3">工作任务</td></tr>
<tr><td colspan="2">动车组列车的始发作业</td><td>实操记录</td></tr>
<tr><td>始发前准备作业</td><td>列车员</td><td>③站台接车：在站台餐（吧）车位置列队接车；听取列车长布置当趟重点工作。
④备品定位：将乘务箱、备品定位摆放，服务备品定位摆放
⑤巡视检查：督促责任车厢乘服员检查备品、检查责任车厢卫生整备质量，防暴箱配备、卧具整型、列车刊物配发、摆放等；将车内卫生、设备设施等问题报告列车长，对不合格项目进行整改和补强</td><td></td></tr>
<tr><td rowspan="2">始发前作业</td><td>列车长</td><td>①站车交接：短编在4～5号车厢之间、长编在8～9号车厢之间、重联在列车运行前组7～8号车厢之间与车站站台负责人办理交接，掌握重点旅客和重点运输情况
②站台作业：组织旅客乘降，协助重点旅客上车并妥善安排；检查各工种岗位作业情况和乘务员车门引导、宣传工作落实情况；开车前5 min用站车交互系统下载本趟客流数据
③关闭车门：列车长需在站台铃响前，接到站台客运负责人确认旅客乘降作业、上水作业（含应急上水）、站内吸污作业（含应急吸污）、高铁快运、物品装卸作业完毕的通知信息［站台负责人联控用语：“××次××站客运作业完毕。”列车长（重联时为运行方向前组列车长）接通知后应答：“××次客运作业完毕，列车长明白。”］站台铃响，列车长要收到列车员确认旅客上车完毕的信息［重联时，后组列车长用无线对讲机向前组列车长报告：“G(D、C)次前组列车长×××，后组乘降完毕。”前组列车长确认后应答：“××次后组乘降完毕，前组明白。”］铃响完毕，按照规定使用无线对讲机通知司机关闭车门，呼叫用语为：“G(D、C)××次司机，旅客上下完毕，请关门。”动车组司机应答：“G(D、C)××次列车长，是否可以关闭车门?”列车长应答：“G(D、C)××次司机，可以关闭车门。”动车组司机应答：“G(Q、C)××次车长，可以关闭车门，司机明白 。”及时发车</td><td></td></tr>
<tr><td>列车员</td><td>①立岗迎客：根据站台广播和列车长通知，在指定位置立岗，做好迎接旅客上车准备
②引导上车：迎接旅客上车，将旅客指引到相应的座席、铺位；做好重点旅客引导和服务工作
③安全宣传：做好车门安全宣传，防止旅客夹伤或物品阻挡车门关闭，提示站台和车门口旅客进入车厢
④站位立岗：站台铃响后，移步至通过台前侧，面向站台立岗</td><td></td></tr>
</table>

任务评价

任务测评	评价标准	本人自评得分(20%)	小组互评得分(20%)	校内教师评价得分(30%)	企业导师评价得分(30%)	综合得分
知识点掌握(30分)	了解动车组列车乘务人员配备与隶属关系及动车组列车列车长和列车员作业内容					
技能点运用(40分)	能按照动车组列车作业标准完成各个阶段、各岗位的工作					
职业素养(30分)	具有爱岗敬业、吃苦耐劳、遵章守纪、按章作业的职业素养					
综合评价						

学生反思

思考总结	
心得分享	

任务5　春节、暑期旅客运输组织	编号	XM4-5
	岗位	铁路客运员、铁路售票员
	技能点	组织办理春节、暑期旅客运输

任务引入

1. 春运期间××次列车旅客突发公共卫生事件的处理

20××年2月5日，A客运段担当的青岛始发的G2××次动车组列车，运行至潍坊开车后，5号车厢乘务员发现本车厢5A、5B、5C座位的三位旅客不停出现呕吐现象，立即询问。这三位旅客(李某，男，33岁；王某，女，35岁；周某，男，36岁)自述：上车前在一家小餐馆用餐。列车长立即通过广播寻找医生职业的旅客进行医治，旅客中的医务人员初步判断为食物中毒，建议下车继续治疗，列车长编制客运记录交前方停车站青州，并向有关防疫站拍发铁路电报，请其派员检查处理。

请思考：

(1)若你是本次列车的列车员、列车长，在列车运行途中出现旅客突发公共卫生事件该如何应对处理？需要完成哪些工作？

(2)如何做好列车运行途中的各项工作？

2. 春运期间列车服务工作

20××年12月21日10:15，阿克苏开往成都南的L2××次列车驶离阿克苏站，当年最后一批来新疆打工的3 000名内地务工人员乘坐专列踏上了返乡之路。

请思考：

铁路客运站应如何加强旅客乘降组织工作？

知识链接

4.5.1 春节旅客运输组织

铁路春节旅客运输(简称春运)，是全国交通系统春运的重要组成部分，是全路第一季度的中心任务，各铁路局集团公司均成立春运领导小组，下设春运办公室。春运期间，春运办公室实行昼夜值班制度，由各级干部组成春运工作组，及时下基层帮助、检查春运工作。

春运期间按照“以客为主，客货兼顾”的原则，统筹安排动车组列车机车车辆和客运能力，充分挖掘既有设备潜力，增加人员、设备投入，做好人员培训，圆满完成春运任务。

春运特点：时间性强、流量大、流量集中且不均衡。

客流对象：以民工流、学生流、探亲流、旅游流为主。

春运期限：按春运文件执行，一般掌握节前15天、节后25天。

1. 运输组织

(1)积极挖潜扩能提效，扩大列车编组，图定客车按规定满轴运行，该加挂回转车的必须加挂。客运量大的始发站或中转站要备车底，客流积压时，及时加开图外临客。

(2)严格控制列车超员率。

①严格执行旅客计划运输有关规定。各车站要按计划发售车票，严禁超计划售票。各车站、列车要密切配合，坚持验票进站、上车，防止列车严重超员。列车严重超员时，列车长必须及时发报，并注明超售客票的车站。对造成列车严重超员的站、车，要通报批评，对酿成严重后果的，要追究其单位领导责任。

②在客流高峰期需超出超员规定时，直通列车必须经国铁集团批准，管内列车必须经铁路局集团公司批准，并以调度命令下达。

(3)认真做好学生运输，组织到校售票、托运行李和包裹，部分大站要办理学生往返票，保证学生按时返校。三等及其以上客流量较大的车站要增设流动售票点，增加学生售票窗口，对学生购票、托运、候车、上车实行“四优先”。

(4)安排好民工运输。民工运输要纳入运输计划，要请地方政府加强民工外出管理，组织有序流动，协助铁路掌握民工的流向，合理安排运输能力。对乘车有计划的民工团体,铁路要优先安排运送,民工客流量大、方向集中的地区,可组织开行民工直达临时快车,发售客票不得超过本次列车终到站。

2. 乘降组织

(1)客流量较大的车站,应根据实际情况增设售票窗口,延长售票时间,配备一定数量的人员配合公安维护售票秩序。

(2)加强旅客乘降组织工作。

①民工、学生客流量大的车站要设专门候车区域,实行集中候车,上车时由客运员引导组织有序进站。

②要组织机关干部协助车站加强站内巡视,在候车室、天桥、地道、站台等主要部位设岗,防止旅客拥挤、抓车、钻车、跳车和横越线路,协助公安、武警严守各进、出站口的通道,阻止无票旅客和闲杂人员进站、上车。保持站内秩序良好。

(3)客流量较大的车站要抓重点,巧安排,合理分流,定岗定位,可采取凭票候车、分区截留、横向切块、纵向成行、专人带队、进站分批、乘降有序的组织方法。对军人和老幼病残孕旅客购票、候车、进站、上车实行"四优先"。

(4)加强饮食供应工作,饮食以大众快餐为主,春运期间要加强客车给水工作,较大车站要在站台设置开水桶并组织送开水活动,所需供水费用列入年度计划加以保证。

4.5.2 暑期旅客运输组织

铁路暑期旅客运输简称"暑运"。

暑运特点:天气炎热、客流量大、流向集中、时间性强、要求高。

客流对象:以学生流、旅游流为主。

暑运期限:按暑运文件执行,一般掌握为7、8月。

暑期旅客运输组织除按照春节旅客运输组织有关要求外,在加强站、车管理工作中,还应做好以下几项工作:

(1)站、车密切配合,做好卫生工作。与旅客乘车有关的售票厅、候车室、行李房、天桥、地道、站台、厕所、到发线路等场地要随脏随扫,保持站容整洁,使旅客有一个良好的候车、乘车环境。

(2)保证站、车供水。三等及其以上客运站应安排开水供应点,专人负责。

(3)客车给水要实行统一领导、分级管理、逐级负责制,给水设备要保持作用良好,水栓流量要达到国铁集团要求的标准,给水作业要坚持"人定岗、岗定栓、栓定车",确保旅客列车列列、辆辆满水。

(4)做好防暑降温工作,防止旅客和职工中暑。车站候车厅、售票厅、工作室应安装电扇、排风扇或空调。餐车应安装排风扇、活页窗等防暑降温设备。车厢内要通风降温,温度超过28℃时,应开启电扇(或空调)。站、车应备防暑药品。

此外，安全是春运、暑运工作的基础和前提，各级领导必须牢牢树立“安全第一”的思想，须做到以下几点。

(1)检查车站安全准备，对有关安全设备要进行全面检查，如进出站口、天桥、地道、护栏、围墙、消防、防火设施等。

(2)检查客流调查与组织工作和准备，客流疏导方案，客票的预售与出售，旅客的候车、上车、下车、出站等情况的安全措施是否健全、落实。

(3)车站要加强站内巡视，在候车室、天桥、地道、站台、各进出站口和通道等主要部位设岗，防止旅客拥挤、抓车、钻车、跳车和横越线路，阻止无票旅客和闲杂人员进站上车，保持站内秩序良好。

(4)对附近生产或使用“危险品”的工厂、矿山、煤矿、采石场等进行走访、宣传，对其出售或使用管理、防止流失等安全问题签订包保合同。客流量较大的车站必须装备对危险品的检测设施，各站要有足够的人力对所有进站旅客携带或托运的行包进行开包检查，对车站两端与检票口以外的一切进出口派人把守检查。

(5)车站消防设施要齐全、良好，各部门、各区域要制定和落实防火安全责任制。

(6)对各站行李、邮政、送货牵引车及拖车的管理要加强，要有具体的速度要求和几个单位的执行协议，共同执行，对站内平交道口的安全规定必须健全、落实。

德育天地

创新驱动，提质增效

在我国，铁路不仅是国家经济发展的重要动脉，更是连接千家万户、承载亿万人民出行需求的民生工程。每年春节和暑假期间的铁路春运与暑运，不仅是对铁路系统运输组织能力的一次大考，更是展现我国社会主义制度优越性、弘扬社会主义核心价值观的生动实践。

铁路部门始终坚持“人民铁路为人民”的服务宗旨，在春运与暑运期间，通过增开临客、优化列车运行图、延长售票时间等措施，最大限度满足旅客出行需求。同时，加强站车服务，提升旅客乘车体验，让旅客在旅途中感受到家的温暖。春运与暑运期间，铁路系统全体干部职工放弃休假，坚守岗位，夜以继日地奋战在运输一线。他们之间相互支持、密切配合，形成了强大的工作合力。这种团结协作的精神，不仅保障了运输任务的顺利完成，也彰显了社会主义集体主义精神的光辉。面对春运与暑运的巨大挑战，铁路部门不断创新运输组织方式，运用大数据、云计算等现代信息技术手段，精准预测客流变化，科学调配运力资源。同时，加强设备设施维护保养，提高列车运行效率，确保运输安全顺畅。这些创新举措不仅提升了运输服务质量，也推动了铁路行业的转型升级和高质量发展。

任务布置

制订春运安全工作方案。

铁路人对安全有着深刻的认识，尤其到了春运时期，春运安全对于铁路人来说更是有着重大的意义。春节是中国人的传统节日，每到这个时候，有回家过年的学生，有在外奔波的务工人员回家看望孩子，有异地工作的孩子想要回到父母身边尽孝心，外出的人们越来越多，铁路成为大家首选的交通方式，因此铁路春运安全也就成为人们关注的社会问题。春运期间，客流持续高峰，客车密集到发，临客大量开行，设备高频次运转，如何在这些特殊的情况下保证春运安全，是对铁路人最大的考验、最大的挑战。请结合实际，为某车站春运做一份春运安全工作方案。

任务实施

操作流程	工作任务		
	春运安全工作方案制订		实操记录
实施客运提质计划	客运部 技术科	①运用大数据精准分析预测客流需求 ②全面保障运力有序供给 ③按需开行、合理优化资源配置 ④制订并完善各类春运应急预案，做好应急准备工作	
改善站车设施环境	铁路售票员 铁路客运员	①车站自助售票设备新增退票功能，提供24 h全天候服务 ②坚持开展窗口人工售票、自助售票机购票人工服务引导 ③车站推行全覆盖消毒、通风和卫生清洁 ④充分利用电视、广播、媒体等形式加大春运安全宣传力度	
加强重点旅客服务	铁路客运员 列车员	①所有人工窗口全部支持现金购票，保障老年人群购票服务 ②高速铁路部分车次的"静音车厢"服务上线 ③严格控制列车超员率 ④做好民工团体票发售工作 ⑤组织青年志愿者服务小分队，为旅客提供便利便民爱心服务 ⑥倡导微笑服务、热情服务、主动服务，为旅客营造温馨旅程	

任务评价

任务测评	评分标准	本人自评得分（20%）	小组互评得分（20%）	任课教师评价得分（30%）	企业导师评价得分（30%）	综合得分
知识点掌握（30分）	了解春节、暑期旅客运输特点及方法					
技能点运用（40分）	能正确组织办理春节、暑期旅客运输					
职业素养（30分）	具有“人民铁路为人民”的服务意识，坚持“以人为本”的服务理念					
综合评价						

知识拓展

互联网售票系统的基本应用

12306网站互联网售票系统是客票系统接入互联网办理业务的系统，其功能主要是辅助旅客自助完成购票、退票、改签的全过程。各渠道业务规则一致，根据不同渠道特点提供的服务项目略有差异。

互联网售票系统主要功能包括用户注册、账号注销、用户登录、余票查询、购票、改签、变更到站、接续换乘购票、候补、退票、订单处理、消息通知、领取报销凭证等。

1. 用户注册

用户在12306网站进行实名注册，注册时提供用户名、姓名、证件号码、邮箱地址或手机号等信息，对身份信息进行有效性校验，并进行手机短信校验或邮箱激活后，方可进行网上购票。

2. 账号注销

按照国家有关法律法规要求，12306网站提供注册账号注销功能，登录后可注销账号，也可持证件原件到车站窗口注销，账号注销后不可恢复。

3. 用户登录

用户通过输入用户名和密码登录。铁路12306移动端用户可通过指纹识别、人脸识别快速登录。12306网站也可使用铁路12306移动端扫码登录。用户登录成功后，如长时间未进行操作，系统将强制退出。

4. 余票查询

系统根据用户输入的信息搜索车次和余票信息，供旅客购票选择。

5. 购票

旅客选定车次和席别确定购票时，需要正确填写乘车人信息。订单申请成功后，显示订单信息,包括日期、车次、车厢、席位号和票价。支付成功后,生成电子客票,并向旅客提供订单号。

(1)可购票种:全价票、儿童优惠票、学生优惠票、优待票。

(2)可用证件:中华人民共和国居民身份证(含中华人民共和国临时居民身份证)、中华人民共和国护照、中华人民共和国港澳居民居住证、中华人民共和国台湾居民居住证、外国人永久居留身份证、港澳居民来往内地通行证、台湾居民来往大陆通行证、外国人护照。

(3)支付方式:主要银行借记卡与第三方电子支付应用;订单支付时间为 30 min,开车前 2 h 以内的订单支付时间为 10 min。

(4)选座:系统支持 G、C、D 字头的动车组列车选座,提供座位相对关系选择,如果剩余车票不能满足需求,系统将自动分配席位。

(5)静音车厢:支持静音车厢的车次,旅客也可选择。

6. 改签

12306 网站提供使用电子支付方式购买的车票改签功能。

7. 变更到站

12306 网站提供使用电子支付方式购买的车票变更到站功能,线下车站窗口购买的电子支付的电子客票也可以在线上进行变更到站。

8. 接续换乘购票

在没有符合出行需求的车票时,可使用接续换乘功能,查询途中换乘一次的部分列车余票情况。选定合适的车次后,点击"预订",系统将再次进行提示,选择对应车次所需席别及对应乘车人等信息后提交订单,后续按系统提示完成支付即可完成购票。

9. 候补

旅客通过 12306 网站查询指定车次没有余票时,页面在相关车次的席别余票列表中显示"候补"字样,旅客可根据需求点击相应车次、席别对应的"候补"区域,填写乘车人信息并支付相应票款后,完成候补操作。

10. 退票

12306 网站 24 h 提供电子客票退票功能。现金支付或已经开具报销凭证的,可先在线上办理退票,自网上办理退票成功之日起 180 d 以内,凭乘车人有效身份证件到车站指定窗口办理退款手续。

11. 订单处理

对于支付成功的订单,转换成电子客票,这部分订单保留到一定期限后自动转成历史订单。对于逾期不支付的订单,为避免席位虚靡,须尽量减少席位被占用时间,系统根据业务部门制定的时间规则进行判定,确认为可返库订单,则将车票返库,并将订单置为返库状态。此类订单也保留一定期限后自动转成历史订单。提供已注册用户为查询条件的历史订单信息查询、电子票处理等功能。订单查询包含待支付、已支付和历史订单等不同维度,可查询历史30 d订单。

12. 消息通知

12306网站支持旅客购票"行程信息提示"通过手机短信、邮件、微信、支付宝、12306消息等多种方式推送。

巩固提升

1. 客流量预测的方法有哪些?
2. 管内客流图的编制流程是什么?
3. 旅客运输计划的指标主要包括哪些?
4. 如何确定旅客列车车底组数?
5. 列车定员如何计算?
6. 售票处和售票窗口的设备和资料有哪些?
7. 售票的作业流程是什么?
8. 客运站工作组织主要包括哪些?
9. 旅客乘降工作组织具体包括哪些环节?
10. "三要"、"四心"、"五主动"和"三知三要"指的是什么?
11. 在《国铁集团客规》中关于行李发送的处理依据有哪些?
12. 普通旅客列车与动车组列车乘务组的组成有哪些不同?
13. 包乘制和轮乘制各自的优缺点是什么?
14. 乘务组月值乘次数、乘务组需要数的计算方法如何?
15. 乘务组主要的工作制度有哪些?

项目5　铁路客运安全与管理

项目导读

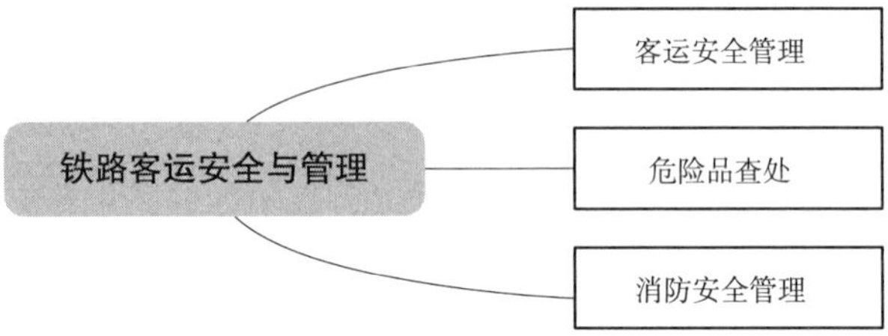

学习目标

1. 知识目标

(1)能够充分认识并理解客运安全的重要性。

(2)掌握危险品查处的要求。

(3)掌握铁路消防安全管理的主要内容。

2. 技能目标

(1)能够熟练运用安全管理规定并履行客运安全职责。

(2)能够熟练辨别危险物品的种类。

(3)能够根据火灾原因合理使用各种灭火器。

3. 素养目标

(1)树立并强化“安全第一”的意识。

(2)增强对于铁路旅客运输工作的大局意识和责任感。

学习工具

《铁路安全管理条例》《铁路旅客禁止、限制携带和托运物品目录》《中华人民共和国消防法》。

任务1　客运安全管理	编号	XM5-1
	岗位	铁路客运员、列车员
	技能点	安全职责

任务引入

2024年6月以后，全国大部分地区进入主汛期。铁路各单位细化安全措施，排查隐患，确保安全稳定。

铁路各单位强化底线思维，聚焦旅客列车安全，强化会商研判，及时避险。针对跨局长途列车，以警为令，提前研判调整方案，确保运输生产全程各环节生命安全责任与措施到位，保障旅客列车绝对安全。

各铁路局集团公司统筹预警预防、排查整治等工作，加强现场安全防范，全面检查重点工程。同时，加强与地方部门沟通，及时研判影响，发布预警信息，确保应急联动。各级防洪办动态调整重点处所，严防死守。各铁路局集团公司充分准备防洪抢险，完善预案，开展演练，确保应急有备。

请思考：

铁路部门在做好铁路防洪防汛的工作过程中，各部门分别承担了怎样的安全生产职责，又起到了怎样的作用呢？

知识链接

铁路客运安全管理要以保障旅客运输安全为目标，遵守国家有关法律法规，遵循“安全第一、预防为主、综合治理”的总体方针，坚持“以人为本、基础取胜、从严管理、以站保车”的基本原则，全面推行安全风险管理，不断提高客运安全生产管理水平。

5.1.1　安全职责

(1)客运安全管理应按照领导负责、逐级负责、分工负责、专业负责、岗位负责的要求，明确各级、各部门、各单位的安全生产职责。

(2)国铁集团客运管理部门负责贯彻国家安全生产法律法规，组织制定、完善客运安全管理规章制度和标准，定期组织对各铁路局集团公司客运安全管理工作督导检查和考核评价。

(3)铁路局集团公司客运管理部门负责贯彻落实国家、国铁集团有关安全生产法律法规和规章制度，制定和完善本铁路局集团公司客运安全管理相关规定、要求和标准，建立健全本铁路局集团公司客运安全生产管理体系，做好对客运系统安全管理的研究、分析、指导、检查，督促所属客运单位开展安全生产、落实安全工作要求，并进行监督检查和日常考核。

(4)客运系统各单位负责落实国铁集团、铁路局集团公司客运安全生产管理相关规定、要求和标准,制定本单位客运岗位安全职责,强化生产现场安全控制,全面推进本单位安全基础管理工作,依法承担本单位安全生产管理责任。

5.1.2 安全制度

(1)客运系统各级管理部门和客运单位要建立健全客运安全生产管理制度,明确相关管理工作要求、标准和考核制度等内容,强化安全生产制度的落实,确保客运作业现场安全有序。

(2)客运单位应建立健全安全生产委员会(以下简称安委会)和月度安全例会制度,定期召开专题会议,研究本单位安全重点工作。安委会、安全例会应定期召开,遇研究重大安全管理工作时可组织召开专题安委会。安委会和月度安全例会内容应突出安全管理重点,以分析总结近阶段安全工作情况、传达上级安全工作要求、布置下阶段安全工作要点、研判安全风险项点、制定安全整改措施等为主。

(3)实行客运安全风险管理机制。以影响旅客运输的安全隐患和倾向性问题为重点,围绕人员、设备、管理、环境等要素,准确把握客运安全风险系统性、过程性和易发多变性特点,突出源头治理,明确管控责任,实施动态研判,强化过程控制,防控安全风险。

(4)实行客运安全风险预警机制。根据季节性和阶段性安全工作重点,以及事故、故障等安全问题特点,各铁路局集团公司、客运站段要加强安全问题的灾害程度和危害因素的综合分析判断,动态掌握安全风险趋势,及时预警预控,采取有效的应对措施,达到安全风险超前防范的目的。

(5)实行客运安全红线管理机制。将影响旅客列车运行安全、旅客人身安全和职工劳动安全的关键重点和重大隐患作为客运安全红线问题。铁路局集团公司、客运站段要制定完善相关安全控制措施,确保客运安全红线管理可控。

(6)实行客运安全事故限时上报机制。加强客运安全动态掌握,发生铁路交通事故、旅客人身重伤以上事故、群体性旅客食物中毒事故、站车火灾爆炸事件、旅客集体漏乘事件等安全问题时,铁路局集团公司在做好调查处理的同时,按时限要求向国铁集团相关部门进行上报,报告内容应包括事故(问题)概况和初步原因分析。对报告不及时的,将追究相关铁路局集团公司的责任。

(7)实行客运安全专题分析机制。发生客运安全事故和重大安全风险隐患时,铁路局集团公司、客运站段要根据问题种类、影响等级等情况,组织不同层面的专题分析会,按照“事故原因未查清不放过,责任人员未受到处理不放过,事故责任人和周围群众没有受到教育不放过,事故制定的切实可行的整改措施未落实不放过”的原则,深入分析,查找原因,制定措施,限期解决。

(8)实行重点事项挂牌督办机制。国铁集团、铁路局集团公司客运管理部门对发现的重大安全隐患、倾向性或惯性问题，实行挂牌督办制度，确定督办目标，组织责任单位限期整改。相关单位应及时分析原因，积极采取有效措施，确保按期完成，挂牌期间，应按规定定期报告阶段成效。

(9)实行客运安全专项整治机制。国铁集团、铁路局集团公司要针对全路和管内客运安全倾向性、典型性、惯性问题，定期组织开展客运安全专项整治活动，强化客运安全管理基础工作，提升现场安全控制水平。

(10)实行新建项目安全评估机制。根据国铁集团统一安排，在新建项目开通运行前，各铁路局集团公司、客运站段要组织对相关单位有关客运安全基础管理、规章制度建设、人员配备和培训、设备设施安全、应急预案制定等方面进行安全评估，指导、检查相关单位做好运营准备工作。

(11)实行安全专业考核评价机制。国铁集团客运管理部门每半年组织开展一次对铁路局集团公司的客运安全专业管理考核评价工作，主要围绕各铁路局集团公司安全事故、红线问题等方面，并进行排名公布。铁路局集团公司要结合实际，组织开展对客运单位的专业考核评价。

德育天地

旅客安全无小事，安全宣传不停歇

2024年春运共历时40天，全国铁路客运量达到48 356.7万人次。

1. 春运，我们在行动

为进一步优化旅客乘车服务，铁路部门坚持“真诚、细致、恒心”的服务理念，标准化安全宣传用语，关注细节，将旅客的小事视为头等大事。同时，铁路部门致力于打造温馨、安全、有序的春运环境，通过每一次贴心的提醒、每一句安全宣传、每一次重点帮助，让旅客的旅程更加愉快。

您好，为了您的安全，请不要倚靠车门。

您好，请把杯盖盖紧，小心烫伤。

您好，动车组全列禁止吸烟。

您好，让我帮您调整一下行李，确保旅途更加安全稳妥。

您好，座椅调整按钮就位于此处，如有任何疑问或需要协助，请随时联系我们。

您好，在乘车过程中，若您有任何需要帮助的地方，请立即与我们联系。

您好，为了维护车厢内的整洁与舒适，请您在车厢内不要脱鞋，并保持鞋子穿戴整齐。

您好，为了不打扰其他旅客，请在车厢内将手机音量及说话音量调至适当低度，感谢您的配合与理解。

您好，为了保障每位旅客的乘车体验，请您不要躺卧在座椅上，感谢您的理解与配合。

您好,请看护好孩子,不要在车厢内跑跳。

新春假期后,学生返校潮起,乘务员耐心解答学生优惠票疑问,助力无忧出行。

2. 守护学生、儿童旅客安全乘车

针对学生旅客行李繁多的情况,鉴于车厢内空间资源有限,列车乘务员主动发挥引导作用,协助旅客将大件行李妥善安置于指定存放区域,确保行李有序摆放,避免造成不便。

为确保儿童旅客的乘车安全无虞,列车各班组积极行动起来,深入开展儿童乘车安全知识的普及宣传工作,并细心叮嘱随行家长务必加强对儿童的监护与陪伴,共同营造安全和谐的乘车环境。

任务布置

安全是铁路运输组织永恒的主题,客运安全尤为重要,为适应铁路客运安全工作新形势新要求,客运管理人员、作业人员应牢固树立"客车为天"责任意识,更好地掌握安全管理、安全常识,增强安全风险管控能力,全面提高安全业务素质。请问铁路各部门安全生产职责是如何规定的?

任务实施

操作流程	工作任务	
	安全生产职责的划分	实操记录
掌握国铁集团客运管理部门生产安全职责	负责贯彻安全生产法规,制定客运安全管理规章制度和标准,定期督导检查并考核评价各铁路局集团公司客运安全管理工作	
掌握铁路局集团公司客运管理部门生产安全职责	贯彻安全生产法规,制定和完善本铁路局集团公司客运安全管理规定,构建管理体系,加强客运系统安全管理的研究、指导、检查和督促,确保所属客运单位安全生产,落实安全要求,并实施监督检查和考核	
掌握客运系统各单位生产安全职责	落实国铁集团、铁路局集团公司客运安全管理规定,制定客运岗位安全职责,强化现场安全控制,推进安全基础管理,承担本单位安全生产管理责任	

任务评价

任务测评	评分标准	本人自评得分(20%)	小组互评得分(20%)	任课教师评价得分(30%)	企业导师评价得分(30%)	综合得分
知识点掌握(30分)	掌握铁路各部门生产安全职责的要求					

续上表

任务测评	评分标准	本人自评得分（20%）	小组互评得分（20%）	任课教师评价得分（30%）	企业导师评价得分（30%）	综合得分
技能点运用（40分）	能够在工作中落实铁路客运安全管理职责					
职业素养（30分）	具有“安全第一”的责任意识					
综合评价						

学生反思

思考总结	
心得分享	

任务2　危险品查处	编号	XM5-2
	岗位	铁路客运员、列车员
	技能点	危险品的处理

任务引入

20××年春节假期期间，各大铁路客运站迎来客流高峰。坐火车回家的旅客既往家中带去了看望亲人的礼物，又携着家人满满牵挂的行李返程。在外工作的小李携带的物品可谓琳琅满目：腊肠、火腿等熟食，白酒，鲜花，绿植，香烟，礼花炮，充电宝，含75%酒精的消毒纸巾，普通打火机和水果刀。

请思考：

小李携带的这些行李，哪些可以携带？哪些限制携带？哪些禁止携带呢？

知识链接

5.2.1　旅客运输安全检查

安全检查是指所属铁路运输企业在客运站、旅客列车对旅客和其他进站、乘车人员及其随身携带品、托运的行包快件进行禁止和限制物品检查的活动。铁路运输企业可以采取多种方式进行安检。安检工作依法依规接受国家有关部门监督检查指导。

5.2.2　危险物品

危险物品是指易燃易爆物品、危险化学品、放射性物品和传染病病原体及枪支、管制器具等可能危及生命财产安全的器械、物品。

根据《铁路旅客禁止、限制携带和托运物品目录》中的具体要求，禁止托运和随身携带的物品，包括：

1. 枪支、子弹类（含主要零部件）。

（1）军用枪、公务用枪。

（2）民用枪。

（3）道具枪、发令枪、钢珠枪、催泪枪、电击枪等，以及各类配用子弹。

（4）上述物品的样品、仿制品。

2. 爆炸物品类。

（1）弹药。

（2）爆破器材：炸药、雷管、导火索、导爆索、震源弹、爆破剂等。

（3）烟火制品：礼花弹、烟花（含冷光烟花）、鞭炮、摔炮、拉炮、砸炮等各类烟花爆竹，发令纸、黑火药、烟火药、引火线，以及“钢丝棉烟花”等具有烟花效果的制品等。

（4）上述物品的仿制品。

3. 管制器具。

（1）管制刀具：根据《管制刀具分类与安全要求》（GA 1334—2016），认定为管制刀具的专用刀具、特殊厨用刀具、开刃的武术与工艺礼品刀具，以及其他管制刀具［超过《日用刀具分类与安全要求》（GA/T 1335—2016）规定的尺寸规格限制要求的各种刀具］。

（2）其他器具：警棍、军用或者警用匕首、催泪器、电击器、防卫器、弩、弩箭等。

4. 易燃易爆物品。

（1）压缩气体和液化气体。

（2）易燃液体。

（3）易燃固体。

（4）自燃物品。

（5）遇湿易燃物品。

（6）氧化剂和有机过氧化物。

5. 毒害品。

氰化物、砒霜、硒粉、苯酚、氯、氨、异氰酸甲酯、硫酸二甲酯等高毒化学品，以及灭鼠药、杀虫剂、除草剂等剧毒农药。

6. 腐蚀性物品。

硫酸、盐酸、硝酸、氢氧化钠、氢氧化钾、有液蓄电池（含氢氧化钾固体、注有酸液或碱液的）、汞（水银）等。

7. 放射性物品，指含有放射性核素，并且其活度和比活度均高于国家规定豁免值的物品。

8. 感染性物质，包括可感染人类的高致病性病原微生物菌（毒）种和感染性样本。

9. 其他危害列车运行安全的物品。

(1)可能干扰列车信号的强磁化物。

(2)硫化氢及有强烈刺激性气味或者有恶臭等异味的物品。

(3)容易引起旅客恐慌情绪的物品。

(4)不能判明性质但可能具有危险性的物品。

10. 法律、行政法规、规章规定的其他禁止携带、运输的物品。

5.2.3 铁路旅客进站乘车禁止随身携带但可以托运和限制随身携带的物品

1. 禁止随身携带但可以托运的物品

根据《铁路旅客禁止、限制携带和托运物品目录》中关于禁止随身携带但可以托运的物品包括:锐器;钝器;工具农具;其他。

对持有检疫证明、装于专门容器内的小型活动物,铁路运输企业应当向旅客说明运输过程中通风、温度条件。但持工作证明的导盲犬和作为食品且经封闭箱体包装的鱼、虾、蟹、贝、软体类水产动物可以随身携带。

2. 限制随身携带的物品

(1)包装密封完好、标志清晰且酒精体积百分含量大于或者等于 24%、小于或者等于 70% 的酒类饮品累计不超过 3 000 mL。

(2)香水、花露水、喷雾、凝胶等含易燃成分的非自喷压力容器日用品,单体容器容积不超过 100 mL,每种限带 1 件。

(3)指甲油、去光剂累计不超过 50 mL。

(4)冷烫精、染发剂、摩丝、发胶、杀虫剂、空气清新剂等自喷压力容器,单体容器容积不超过 150 mL,每种限带 1 件,累计不超过 600 mL。

(5)安全火柴不超过 2 小盒,普通打火机不超过 2 个。

(6)标志清晰的充电宝、锂电池,单块额定能量不超过 100 W · h,含有锂电池的电动轮椅除外。

(7)法律、行政法规、规章规定的其他限制携带、运输的物品。

5.2.4 铁路使用的安检设备

1. 铁路常见的安检设备

铁路局集团公司应使用符合国家相关标准和国铁集团企业标准及安全、环保等要求的安检设备。安检仪器选型应适合铁路客流量大的特点,符合检测性能良好、安全可靠、便于操作和维修等要求。铁路常见的安检设备有 X 射线仪、安检门、手持金属安检仪、防爆罐、防爆毯、搜爆犬及远距离炸探仪等。

2. 常见危险品过机安检呈现颜色

常见危险品过机安检呈现为橙色的主要是有机物,如炸药、毒品、纸张、木制品、塑料等,其成分均由原子序数较低的氢、氮、氧等构成。

常见危险品过机安检呈现为蓝色的主要是无机物,如金属化合物、锌、铜、铁等,均由原子序数较高的物质构成。

常见危险品过机安检呈现为绿色的主要是混合物,含铝等成分较多,如电路板。

3. 安检设备的维护和保养

安检仪使用管理单位应组织对本单位安检仪年度定期检测，发现工作状态不良及安全隐患的，应当立即进行整改。安检仪、液体检测仪、安全门等安检设备实行专业化维保，铁路局集团公司应建立并落实安检设备的使用、维保更新及报废等管理制度，加强设备经常性维护、保养，保障其性能稳定，运行安全。

德育天地

安检查危无小事

当今社会,安检的重要性愈发凸显,人们乘车旅行时,安全是首要考虑的因素,包括人身安全、行李安全及车辆运行安全。为了确保旅客的绝对安全,铁路部门已将危险品检查视为安全验证的首要环节。

随着安全议题的深化,铁路部门已将易燃易爆物品的查验视为工作重心,对枪支、弹药、警械、管制刀具、放射物品、腐蚀品、毒害品、氧化剂、强磁物品等危险及违禁品实施严格检查。候车厅入口处的危险品检查通道成为铁路安全的第一道坚实防线。安检人员严格按照规定处理发现的危险品,确保它们被有效拦截在站外车下,为旅客的生命财产安全筑起坚实的屏障。

同时,车站与铁路派出所加强对安检队民警及安检员的日常教育与定期培训,致力于实现文明、全面的安检服务。

安检人员需佩戴袖章,遵守规章制度,车站通过多种方式宣传禁止携带危险品法规,确保旅客安全。

铁路行业将安全视为首要任务,全程把关。工作人员应贯彻“安全第一,预防为主”方针,认真对待安全工作。旅客需配合安检,切勿携带危险品,平安出行最重要。

任务布置

20××年××月 28 日,由呼和浩特客运段值乘的 K××次(空调,呼和浩特经由包头、绥德、甘泉北、蒲城东、新丰镇至西安)到某车站前验票时,发现一名旅客持有 7 月 27 日呼和浩特至西安车票,携带旅行袋一件重 13 kg(内装旅行用品及酒精 5 kg),列车应如何处理?

任务实施

操作流程	工作任务	
	列车上查出危险品的处理	实操记录
交由值乘的公安人员妥善保管	移交最近前方停车站公安派出所处理,车站不设公安派出所的,由列车长编制客运记录,移交车站处理	
计算运价里程	查出呼和浩特至西安的里程	
根据里程计算运费	13 kg 加倍四类运费	

任务评价

任务测评	评分标准	本人自评得分(20%)	小组互评得分(20%)	任课教师评价得分(30%)	企业导师评价得分(30%)	综合得分
知识点掌握(30分)	掌握危险品的查处要求					
技能点运用(40分)	能够熟练计算运费					
职业素养(30分)	具有坚守安全、服务旅客为己任的意识					
综合评价						

学生反思

思考总结	
心得分享	

任务3　消防安全管理	编号	XM5-3
	岗位	铁路客运员、列车员
	技能点	消防安全相关知识

任务引入

12月8日,重庆西开往南通的G×××次列车在泗阳至淮安东区间行驶时,列车速度骤然降至110 km/h,这一突发状况竟源自一名旅客在车厢卫生间内的违规吸烟行为。

面对乘警的质询,旅客彭某承认自己在如厕时烟瘾难耐,尽管知晓动车组列车禁烟的明文规定,仍心存侥幸,点燃香烟。在察觉有人敲门后,他匆忙用水浇灭烟蒂,并随手丢弃至垃圾桶内,未曾料到仅吸了三口便触发了警报系统。

随后,列车长向彭某宣读了《失信行为告知书》并要求其签字确认。待列车抵达盐城站后,该名违规吸烟的旅客被移交至盐城站进行进一步处理。最终,盐城铁路警方依法对彭某处以500元的行政罚款,并将其纳入铁路失信人员名单,限制其在未来180 d内乘坐列车。

请思考:

在动车组列车上吸烟会产生怎样严重的后果呢?

知识链接

铁路客运消防安全是客运消防工作的一个重要环节,加强消防安全工作能有效地预防火灾发生,最大限度地减少因火灾带来的危害,保障铁路运输生产和旅客生命财产安全。

5.3.1 消防安全工作认知

1. 消防安全组织机构

国铁集团及所属各单位应明确本单位消防安全管理职责分工,落实逐级消防安全责任制和岗位消防安全责任制,明确逐级和岗位消防安全职责。

(1)国铁集团负责贯彻执行国家有关消防工作的方针政策、法律法规,组织推进全路消防安全基础建设,不断完善铁路消防安全治理体系,组织开展火灾隐患排查整治,督促所属各单位落实消防安全责任制。

(2)国铁集团机关各部门在承担业务管理职责的同时,承担相应消防安全职责。

(3)国铁集团所属各单位依法承担消防安全主体责任,负责贯彻执行消防有关法律法规、规章制度,落实消防安全责任制,建立健全本单位消防安全制度、消防安全操作规程,制定灭火和应急疏散预案,组织防火检查,开展消防安全风险分级管控和隐患排查治理,及时消除火灾隐患,定期开展消防安全宣传教育培训和有针对性的消防演练。

(4)国铁集团所属各单位法定代表人或者主要负责人是本单位消防安全责任人,对本单位的消防安全工作全面负责。各单位应确定本单位消防安全管理人,负责组织实施本单位的消防安全管理工作,依法承担消防安全管理责任。消防安全管理人可由分管领导担任。

(5)国铁集团所属各单位应成立防火安全委员会,定期召开会议,组织、协调本单位消防工作,研究解决消防安全重大问题。

2. 消防安全制度建设

为加强铁路消防工作,预防火灾事故,减少火灾危害,保障铁路运输生产、建设和人身财产安全,根据《中华人民共和国消防法》《消防安全责任制实施办法》等有关法律法规,制定《中国国家铁路集团有限公司消防管理办法》。该办法适用于国铁集团及所属各单位消防工作管理。

3. 消防安全的方针原则

国铁集团消防工作坚持人民至上、生命至上,贯彻预防为主、防消结合的方针,按照国铁集团统一领导、所属单位全面负责、职工群众积极参与的原则,严格落实"管行业必须管安全、管业务必须管安全、管生产经营必须管安全",以及领导负责、分工负责、专业负责、岗位负责的要求,实行消防安全责任制。

4. 消防安全工作的培训

消防安全责任人、消防安全管理人应定期接受消防安全专门培训。

国铁集团所属各单位应对职工经常性开展消防安全知识培训教育。定期对专(兼)职消防管理人员和消防设施操作人员,电工、电气焊等特种作业人员,易燃易爆岗位作业人员,旅客列车工作人员,以及车站客货运工作人员、机车乘务员等进行消防安全培训,达到"四懂四会",即:懂得本岗位的火灾危险性、懂得预防火灾的措施、懂得扑救火灾的方法、懂得逃生的方法,会使用消防器材、会报警、会扑救初起火灾、会组织疏散逃生,经考试合格后方可上岗。

新职工、其他从业人员和改变工种人员应经过消防安全知识教育,经考试合格后方可上岗。

进行电焊、气割等具有火灾危险作业的人员必须持证上岗,并遵守消防安全操作规程。

5.3.2 消防安全相关知识

1. 火灾的定义

凡是在时间和空间上失去控制,造成物质损失和人员伤亡的燃烧现象即称为火灾。

2. 火灾的种类

A类火灾:指固体物质火灾,如木材、棉、毛、麻、纸张。

B类火灾:指液体火灾和可熔性的固体物质火灾,如汽油、煤油、原油、甲醇、乙醇、沥青等。

C类火灾:指气体火灾,如煤气、天然气、甲烷、丙烷、乙炔、氢气。

D类火灾:指金属火灾,如钾、钠、镁、钛、锆、锂、铝镁合金等燃烧的火灾。

E类火灾:指电器火灾。

3. 常见的灭火器种类及使用方法

(1)干粉灭火器:适宜扑灭油类、可燃气体、电器设备等初起火灾。使用时,先打开保险销,一手握住喷管,对准火源,另一手拉动拉环,即可打开进行灭火。

(2)1211灭火器:适宜扑灭油类、仪器及文物档案等贵重物品的初起火灾。使用时,先撕去铝封，拔去安全保险销，一手抱住灭火器底部，另一手握住压把开关，喷嘴对准火源喷射，松开压把，喷射即停止。

(3)二氧化碳灭火器：适宜扑灭精密仪器、电子设备及 600 V 以下的电器初起火灾。手提式二氧化碳灭火器有两种使用方式，即手轮式和鸭嘴式。灭火时，人员应站在上风处。持喷筒的手应握在胶质喷管处，防止冻伤。室内使用后，应加强通风。

4. 灭火的方法

(1)隔离法。将正在发生燃烧的物质与其周围可燃物隔离或移开，燃烧就会因为缺少可燃物而停止。

(2)窒息法。阻止空气流入燃烧区域，或用不燃烧的惰性气体冲淡空气，使燃烧物得不到足够的氧气而熄灭。

(3)冷却法。将灭火剂(水、二氧化碳等)直接喷射到燃烧物上把燃烧物的温度降低到可燃点以下，使燃烧停止；或者将灭火剂喷洒在火源附近的可燃物上，使其不受火焰辐射热的威胁，避免形成新的着火点。

(4)抑制法(化学法)。将有抑制作用的灭火剂喷射到燃烧区，并参加到燃烧反应过程中去，使燃烧反应过程中产生的游离基消失，形成稳定分子或低活性的游离基，使燃烧反应终止。

5. 消防的“四懂、四会”

“四懂”：懂得本岗位火灾危险性、懂得预防火灾的措施、懂得扑救火灾的方法、懂逃生方法。

“四会”：会报警、会使用灭火器、会扑救初起火灾、会组织人员疏散逃生。

6. 发生火灾的报警内容

(1)保持镇定迅速拨打“119”电话。

(2)简述灾情情况。

(3)讲明详细地点和附近目标。

(4)留下电话及地址以便进一步联系。

7. “两知一会”

对消防器材应做到“两知一会”：知位置、知性能、会使用。

德育天地

铁路部门加强警示教育，筑牢思想防线

“消防安全，始于细微，平安环境，你我共筑。”“规范电线铺设，杜绝乱拉乱接，隐患方能远离。”11 月全国消防宣传月，铁路部门巧借宣传栏、横幅标语等多元媒介，深入推进消防安全知识普及，着力提升干部职工的消防安全意识。

围绕“119”消防宣传月这一核心主题，铁路部门精心策划，扎实开展了一系列消防安全宣传培训、火灾事故警示教育及应急演练活动。他们灵活运用多种宣传手段，广泛传播用火用电安全常识及灭火器材使用方法；紧密结合运输生产实际，针对消防安全责任人、管理人员及关键岗位人员，分层次、有重点地实施教育培训，确保消防安全知识深入人心。同时，他们还致力于完善消防安全防控体系及应急处置预案，通过丰富的警示教育活动，进一步筑牢全员消防安全的思想防线。

此外，铁路部门还从精准预防、短板补强、高效应对等多个维度出发，全面深化消防安全隐患排查整治工作。他们坚持系统化管理原则，明确了客运、货运、机车车辆、工务电务、建设等各系统的消防排查重点，并建立了问题隐患与整改责任“双清单”制度，确保隐患排查与整改工作的闭环管理。同时，他们还成立了专业的消防安全检查组，对所属各单位的消防安全责任制落实情况、消防设施配备状况、人员培训效果、消防安全风险管控水平及隐患排查治理成效等进行了全面细致的检查，为“两坚守两实现”攻坚战的顺利推进提供了坚实的安全保障。

任务布置

在日常出行乘坐动车组列车的过程中，列车广播经常会循环播放提醒旅客“请勿在车上吸烟”。然而，某铁路警方在20××年××月××日接警，有一位女性旅客竟在乘坐动车组列车时在厕所吸烟，触发烟雾报警器警报，导致列车降速，险些紧急停车，面对乘务人员的询问，她竟然反问道：“我犯法了吗?”乘务人员随即明确告知：“您好，动车组列车禁止吸烟，您的吸烟行为已构成违法行为。”请分析为什么动车组列车禁止吸烟?

任务实施

操作流程	工作任务	
	高铁吸烟违法处理	实操记录
动车组列车上抽烟行为后果的判定	将被处以500元至2 000元不等的行政罚款或者将被禁乘火车180 d。如果吸烟导致列车火灾等严重后果的，吸烟者将会被依法追究刑事责任	
动车组列车上抽烟处罚规定	在动车组列车上吸烟或者在其他列车的禁烟区域吸烟，被公安机关处罚，或被铁路站车单位现场取证认定，将纳入惩戒名单，限制乘坐火车，期限180 d	
依据《铁路安全管理条例》对动车组列车上抽烟行为进行处罚	第七十七条　禁止实施下列危害铁路安全的行为：在动车组列车上吸烟或者在其他列车的禁烟区域吸烟	

任务评价

任务测评	评分标准	本人自评得分（20%）	小组互评得分（20%）	任课教师评价得分（30%）	企业导师评价得分（30%）	综合得分
知识点掌握（30分）	熟练掌握相关消防知识					
技能点运用（40分）	能够利用法律法规处理违规行为者					
职业素养（30分）	树立客运安全第一的意识					
综合评价						

学生反思

思考总结	
心得分享	

知识拓展

铁路安检工作中的“四必查”

1. 身份可疑的必查

（1）所持车票与其所述出行方向、家庭住址、身份等不符的，如探亲旅客持与返家（工作地）地点不一致的车票等。

（2）言谈举止、穿着与气质不符的，如穿着名牌服饰但气质粗俗者，穿着脏却拎高档皮包、笔记本电脑者，打扮前卫、举止怪异。

（3）持有假身份证或冒用他人身份证的，通过“摸看问”等方法迅速辨识身份的真假。

（4）未带有任何身份证明的，对不合常规、无法出示身份证件，有意回避查问、口音与自述地明显不一致、自述地址与身份信息有误的要重点盘查。

2. 体貌特征可疑的必查

（1）体貌似被通缉、协查人员的。

（2）身具外伤或衣服沾有血迹、污痕的。

（3）体貌特征与所称籍贯口音不符的。

（4）面黄肌瘦、身体乏力或手臂有针眼的（有吸毒可疑）。

3. 行为可疑的必查

（1）行走异常，见民警绕道走或走偏门斜道的。

(2)面对民警时面带惊恐或目光游移不定的。

(3)进站后不停张望的。

(4)坐立不安,在人群中溜进溜出的。

(5)对民警的盘查特别顺从、过于配合而显得做作的。

4. 携带物品可疑的必查

(1)携带物品疑似作案工具的,如携带各类自制枪、仿真枪、撬盗工具、管制刀具等。

(2)携带物品来历不明或系违禁物品的,如携带大量现金,多部手机、便携式计算机,金银首饰、毒品、假币、假票证等。

(3)携带包裹、行李遮遮掩掩、怕动怕碰的。

(4)长途旅行携带少量行李或短途旅客不带行李的。

(5)携带物品与本人陈述不符的。

巩固提升

1. 客运安全管理应坚持什么基本原则?
2. 客运安全风险预警机制是什么?
3. 常见危险品过机安检呈现哪些颜色?
4. 禁止携带物品有哪些?
5. 对查出的危险品如何处理?
6. 消防的“四懂、四会”具体内容是什么?
7. 灭火的方法有哪些?

项目6　铁路客运应急处置

项目导读

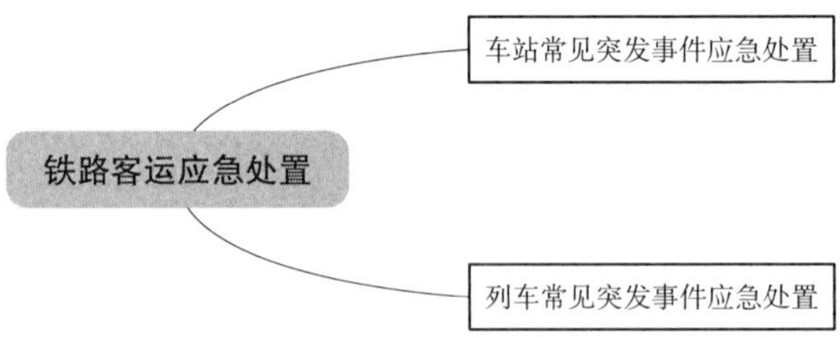

学习目标

1. 知识目标

(1)掌握车站常见突发事件的应急处置方法。

(2)掌握列车常见突发事件的应急处置方法。

2. 技能目标

(1)能在站车发生突发事件时正确研判并采取正确、积极、有效的措施。

(2)能按照规章和相关文件要求正确、灵活处理旅客伤害事故。

3. 素养目标

(1)培养"人民铁路为人民"的服务意识,坚持"以人为本"的服务理念。

(2)培养遵章守纪、按章作业的职业素养。

(3)培养临危不惧、沉着冷静、处事果断、灵活变通、独当一面的职业素养。

(4)培养团队协作精神。

学习工具

《国铁集团客规》、《车站旅客滞留应急处置工作方案》(铁运〔2021〕110号)、《高速铁路客运非正常情况应急处置办法》(铁客〔2021〕72号)。

任务1　车站常见突发事件应急处置	编号	XM6-1
	岗位	车站客运所有岗位
	技能点	车站常见突发事件应急处置措施

任务引入

20××年1月3日，中国南方各地区有20个省份，因为天气自然灾害均遭到不同程度的损害。低温、雨夹雪带来的冰冻让南方电网线无法承受导致断裂，很多地方的汽车客运站、铁路车站、飞机场停运或者长时间延迟。40万旅客被困在A站的候车大厅里，而长时间的停留，很多人提前准备好的食物早已吃光，附近的连锁便利店也缺货。据说当天车站一桶泡面能卖到50元钱，去趟厕所来回需要2 h。冰冻挨饿、身体不适等各种情况的发生，越来越多的人逐渐出现不满，开始发泄情绪制造混乱，也有一些人因情绪激动和疲劳而昏倒。为了解决旅客的问题，当地政府马上开启了应急预案。为更好地预防安全事故的发生，安抚滞留旅客的情绪，政府派出了大量军民干部、部队官兵进行巡逻值岗，确保群众的安全，为旅客提供食品和药物。铁路线路的抢修也在紧锣密鼓地进行着，滞留的旅客从一开始的嘶喊、愤怒甚至与公安民警"斗智斗勇"到后来慢慢理解、坚持。经过夜以继日地抢修，停运的所有车次全部恢复了正常。最后进站的时刻最为关键，公安民警用自己的血肉之躯筑成一道道人墙，40万滞留旅客分拨缓慢进入车站踏上回家的旅程。

请思考：

车站发生大面积旅客滞留时，应采取哪些应急措施？

知识链接

6.1.1　车站发生旅客大面积滞留的应急处置

铁路交通事故、设备故障、自然灾害等突发事件，容易引发车站旅客大量滞留，为确保旅客人身安全，维护旅客候车秩序，提供旅客基本服务，改善旅客出行体验，应按如下方案进行应急处置：

1. 工作原则

(1)生命至上、安全第一。以对人民极端负责的精神，牢固树立安全发展理念，切实履行国铁企业的政治责任和公共服务职能，把保障旅客生命安全作为首要任务，并贯穿应急处置工作的全过程。

(2)统筹资源、应急有备。统筹日常生产和应急处置、路内和路外应急资源，不断优化完善应急预案，加强应急培训演练，做好应急人员、装备、物资准备，确保各类应急救援资源和预案适用可靠。

（3）协同应对、处置高效。树立系统观念和大局观，落实铁路单位、地方政府和铁路公安部门的工作职责，健全应急工作机制，完善应急处置措施，规范应急处置流程，确保应急处置统一领导、快速反应、协同高效、安全可靠，站车秩序尽快恢复。

（4）以人为本、降低影响。把保障旅客出行和改善旅客体验放在更为突出的位置，及时准确发布突发事件信息，降低对旅客出行的影响，妥善安置和疏解滞留旅客，确保旅客人身财产安全，满足旅客基本服务需求，正确引导社会舆论。

2. 应急响应标准

根据旅客在不同地区车站滞留或可能滞留的数量及影响，国铁集团将车站旅客滞留应急处置响应标准划分为一级、二级、三级 3 个级别，见表 6-1。

表 6-1　车站旅客滞留应急响应标准

应急响应标准	一级	二级	三级
旅客滞留情况	①北京地区车站滞留旅客达到或可能达到车站正常和应急最大容纳旅客数量之和，需要北京市协调启动应急疏散场所，并采取交通管制措施时 ②国铁集团认为需要按一级应急响应启动时	①北京地区车站滞留旅客达到或可能达到车站正常最大容纳旅客数量，需要北京市协调启动应急候车场所时 ②上海、广州地区车站滞留旅客达到或可能达到车站正常和应急最大容纳旅客数量之和，需要地方政府协调启动应急疏散场所，采取交通管制措施，并需要国铁集团采取跨局运输组织措施时 ③国铁集团认为需要按二级应急响应启动时	①北京地区车站滞留旅客达到或可能达到车站正常最大容纳旅客数量的 90%，需要采取限制进站措施时 ②上海、广州地区车站达到或可能达到车站正常最大容纳旅客数量，需要地方政府协调启动应急候车场所的，并需要国铁集团采取跨局运输组织措施时 ③其他地区车站滞留旅客达到或可能达到正常和应急最大容纳旅客数量之和，需要地方政府协调启动应急疏散场所，采取交通管制措施，并需要国铁集团采取跨局运输组织措施时 ④国铁集团认为需要按三级应急响应启动时

3. 应急响应启动

（1）国铁集团应急响应启动。

国铁集团运输调度指挥中心（以下简称调度中心）接到铁路局集团公司上报的造成或可能造成车站旅客滞留的信息报告后，应立即通报国铁集团客运部，由国铁集团客运部牵头，会同国铁集团调度中心和相关设备管理部门对客车晚点、车站旅客滞留等情况进行综合研判，对符合车站旅客滞留应急处置响应标准的提出启动响应的建议，经请示相关领导人员批准后启动。

（2）铁路局集团公司和车站应急响应标准及启动。

各铁路局集团公司和车站应依据国铁集团应急响应标准和启动，明确本单位的应急响应标准和启动程序。

4. 信息报告、发布和引导

(1)内部信息报告。

①发生或预计可能发生车站旅客滞留时,事发地铁路局集团公司应立即组织研判,达到或预计达到国铁集团应急响应标准时,立即将车站旅客滞留事件信息,包括发生地点、事件基本情况、影响范围等,上报至国铁集团调度中心。

②国铁集团调度中心接报后立即通报国铁集团客运部,并根据确定的应急响应级别,分别通知国铁集团指导组相关人员。

(2)向地方政府、铁路公安机关等通报信息。

国铁集团决定启动应急响应后,相关铁路局集团公司要将突发事件有关情况、可能产生的影响和需要支持配合的工作第一时间报告车站所在地党委、政府值班机构和应急管理机构及所在地区铁路监督管理局、铁路公安机关,同时将报告的内容报国铁集团办公厅应急办。势态发展可能影响公共安全或社会稳定的,按照地方政府、路地公安机关依法作出的决策执行。

(3)客车运行信息发布与引导。

①客车运行调整方案确定后,客运部门要立即将客车晚点、停运、迂回、折返等情况通报相关站车,并利用12306网站、手机短信(微信)、站车广播、显示大屏等方式,及时将客车相关运行信息告知旅客,组织做好咨询解释和旅客情绪安抚工作,引导旅客合理安排出行计划,避免旅客大量向车站聚集。

②宣传部门与客运、调度等部门共同协商拟定新闻通稿或发声口径,按程序报审后,通过铁路官方微博、微信等铁路新媒体平台对外发布,必要时通过电视、广播、新闻客户端等主流媒体发布,扩大信息覆盖面。

③各部门、各单位要统一发布口径,实现客服系统、路内外媒体的联动发布。

(4)舆情引导和调控。

①各级舆情值班人员要加强突发事件舆情监测,准确研判舆情走势,积极开展舆论引导,及时回应社会关切。

②各级宣传部门要落实网格化、区域管理要求,主动协调当地新闻、网络主管部门及主要媒体,争取调控支持,降低舆情热度,防止负面炒作。

③相关铁路局集团公司和车站要做好现场媒体记者的服务组织工作,及时提供权威信息,协调进行客观报道。

5. 车站应急预案

各铁路局集团公司和车站应按照"一站一案"的原则,会同地方政府编制完善车站旅客滞留处置应急预案,科学划分响应等级,制定明确应对措施,坚决防止发生旅客踩踏事故和群体性事件。车站旅客滞留处置应急预案应包括以下内容:

(1)应急处置的工作原则,应急组织指挥体系、作业体系及岗位责任分工。

(2)防范旅客滞留的措施及旅客滞留预警预报。

(3)旅客滞留应急处置分级响应标准、启动程序,以及限制、停止旅客进站候车、启用旅客应急候车场所、实施车站周边交通管控措施的标准和条件等。

(4)突发信息报告流程及要求。

(5)应急响应措施。包括:运输组织、乘降组织、售(退)票组织、秩序维护引导、客运服务、重点旅客帮扶、旅服设施设备保障等措施,以及客车运行信息发布、舆情调控引导等机制和措施。

(6)与铁路公安部门的沟通协调机制、职责分工及应急处置措施。采取的相关应急处置措施应与铁路公安机关协商一致。

(7)与地方政府及相关部门的沟通协调机制及应急处置措施。包括:路地合署办公机制及职责划分,信息传递方式,武警、公安等应急支援力量,应急候车区域广播引导和秩序维护,旅客疏散方式,公共交通运力调整,交通管控措施,旅客手机通信、餐饮、环卫、医疗救治、防疫等服务保障措施等。

(8)路地联合开展应急演练的工作机制和要求。

(9)车站及应急候车能力情况。包括:车站候车场所、面积、最大容纳旅客数量,站前广场、停车场(库)、地方公交场站等可临时扩充为应急候车和疏散的场所、面积、最大容纳旅客数量等。

(10)车站应急处置备品情况。包括:隔离栏杆、引导牌、应急广播、应急照明、食品等各类应急物资存放位置、数量、管理办法等。

【例6-1】 20××年12月29日10:00,元旦假期即将到来,旅客出行量增加,同时北方全范围突降暴雪,导致部分列车晚点或停运,受此影响,A站发生旅客大面积滞留,截至当日12:00,站内滞留旅客已达3万人,预计当日进站旅客约20万人。在这种情况下,A站如何引导旅客有序进站、候车、上车?

【解】 A站应根据旅客滞留情况启动应急响应程序,从运输组织、乘降组织、售(退)票组织、秩序维护引导、客运服务、重点旅客帮扶、旅服设施设备保障、客车运行信息发布、舆情调控引导等措施入手,引导旅客有序进站、候车、上车,防止旅客踩踏事故和群体性事件的发生。

(1)进站口:设立检票口,安放防护栏,拉警戒线,所有旅客必须凭票有序进站,并避免进出站旅客对流,确保安全,同时利用广播和各种引导指示牌及时、不间断向旅客宣传车站采取的措施和注意事项。

(2)候车室:①启用所有候车室——必须在短时间内腾空平时占用的候车室和旅客通道,启用进出站通道和站前临时候车区,取消候车室特色服务功能,改为普通候车室。②优化候车组织——候车室做好提前放行准备,放行时间原则上不少于规定放行的最大时间;在候车室门口、检票口、临时候车区放置车次牌,确保旅客有序候车;候车室主要通道安排客运人员疏导旅客,避免出现旅客对流和走错站台的情况;候车室工作人员要维护好候车室秩序,向旅客做好宣传解释工作,并随时与广播室和站台联系。③做好广播宣传——车站广播不间断广播车站公告、旅客注意事项和候车情况；人工广播要根据车站应急组织方案及时向旅客宣传相关事项，引导旅客有序乘车。

(3)站台：放行旅客，原则上不少于规定最长放行时间。列车停靠站台后，站台值班员要提前和列车长联系，让列车提前开门，做好放行准备，并与候车室联系，待列车开门后，才可将旅客放行至站台上车。当候车室旅客较多时，可提前组织专人将旅客带领至站台上，以缓解候车室压力，同时做好安全卡控工作。

6.1.2 车站突发公共卫生事件的应急处置

铁路突发公共卫生事件一般是指突然发生重大传染病疫情、群体性不明原因疾病，造成或可能造成社会公共健康严重损害，并有可能通过铁路传播的事件。

铁路应预防、控制、规范突发公共卫生事件应急处置工作，最大程度减少或降低突发公共卫生事件的发生频次和危害程度，防控各类疾病疫情通过铁路传播，确保广大旅客、铁路职工及家属的身体健康和生命安全，努力维护铁路正常的运输生产秩序。

1. 处置原则

为最大程度地减少客运车站突发公共卫生事件的发生和危害，防止疫情通过铁路传播，维护正常的铁路运输生产秩序，保障广大旅客和铁路职工的身体健康与生命安全，预防和控制突发公共卫生事件应坚持依靠科学、加强合作、反应灵敏、措施果断，统一领导、分级负责、职责明确、运转高效，以人为本、防治结合、专群结合、路地联控，早发现、早报告、早隔离、早治疗的原则。

2. 信息报告

车站突发公共卫生事件发生后，事件发生单位应急办应立即用最快捷的方式，将事件情况及时、准确、全面地上报铁路局集团公司主管处室和铁路局集团公司突发公共卫生事件应急领导小组办公室，报告内容应包括：发生时间、地点、发病旅客人数及基本情况、已经采取的措施、报告人及联络方式等。

3. 现场处理

(1)客运人员会同公安人员将可疑人安置到指定场所，同时对可疑病人采取必要防护措施。

(2)可疑病人应使用指定的卫生间，分泌物、排泄物不得直接排入马桶，应放入单独的密闭容器内经消毒后处理。

(3)对可疑病人及其密切接触者进行登记，详细记录其姓名、性别、年龄、家庭住址、身份证号、联系方式、乘车区间、车次、去向、主要症状及接触史等。

(4)加强候车室的通风换气并采取消毒措施，同时做好旅客的宣传工作，确保职工和旅客情绪稳定，取得旅客的配合和支持。

(5)按上级有关指示要求，将可疑病人及其密切接触者移交至定点医院，对病人可能污染的场所进行消毒。

4. 善后处理

做好一般接触者和参加可疑病人处理工作人员的善后处理工作。

5. 信息上报及总结

首先应将现场动态处理情况及时上报铁路局集团公司突发公共卫生事件应急办公室。同时,还应根据流行病学现场调查要求,及时收集、整理、汇总、分析有关资料,事件处理结束后,事件发生单位和调查处理单位应写出对事件情况翔实的分析总结。

6. 应急备品的基本配置

客运车站每个班组按照表6-2配备应急处理备品,由专人负责定期清点,及时更换、补充备品。一旦有疫情,应确保正常使用。

表6-2　车站突发传染病应急处理备品包基本配置表

序号	名称	单位	数量
1	口罩	个	5
2	帽子	个	3
3	一次性手套	副	10
4	乳胶手套	副	2
5	隔离服	(套)	3
6	防护眼镜	个	3
7	体温计	支	2
8	小污物袋	个	6
9	大污物袋	个	3
10	75%酒精	mL	适量
11	含氯消毒液	瓶	1
12	手持式喷雾器	个	1
13	肥皂	块	1
14	毛巾	条	1
15	登记表	张	数张
16	笔	支	2

6.1.3　车站设备无法正常使用的应急处置

1. 检票口闸机故障应急处置程序

(1)立即汇报。

发生检票口闸机故障时,应按照逐级汇报制度向上一级部门汇报。客运车间客运员发现故障后,及时汇报给客运车间值班员,客运车间值班员按照逐级汇报原则汇报给联合值班室,由联合值班室通知信息技术科、客运科、站长值班室等相关科室,站长值班室向值班站领导汇报,在值班站长指示下,由联合值班室宣布启动急预案。

(2)协助处置。

客运科通知派出所,派出所应增派警力协助车站维护秩序,配合客运车间值班员或者值班站长和客运人员维护好旅客检票秩序。派专人接听电话了解现场信息,在站领导和客运科长指挥下,向客运处汇报情况。

(3)人工检票。

客运车间值班员将自动闸机调整为通行状态,提前安排其他岗点人员到检票口,采用人工检票,加大人工检票力度,负责做好情况记录和信息反馈。

(4)安全卡控。

进站口检票改为人工验票作业时,应注意加强对进站旅客的安全卡控,安排专人引导旅客进站,做好旅客尤其是重点旅客检票进站的人身安全卡控,防止由于大客流状态下旅客拥堵进站通道造成旅客人身伤害。

(5)设备修复。

客运车间值班干部及时通知信息技术科赶赴现场进行设备修复。修复应选择在车站检票或者旅客检票人数较少的时间段进行,杜绝在旅客大量检票进站的同时进行设备修复,杜绝因时间安排不当影响旅客进站乘车的情况。

2. 引导揭示系统故障应急处置程序

(1)立即汇报。

车站引导揭示系统发生故障时,客运车间客运员应及时汇报给客运车间值班员,客运车间值班员汇报给值班干部、联合值班室,联合值班室负责向客运科、站长值班室等相关科室汇报,站长值班室向站领导汇报。在站领导指示下,宣布应急预案启动。

(2)协助处理。

客运科通知派出所,派出所应增派警力协助车站维护秩序,配合客运车间值班员和客运员、售票员维护好旅客购票、候车、检票和出站秩序。派专人接听电话了解现场信息,在站领导和客运科长指挥下,保证旅客上下车及出入站秩序。

(3)现场处置。

①客运车间客运员在进站大厅、候车区、检票口、出站口等处准备好临时引导揭示牌,随时向旅客公告服务信息。售票员在售票处内引导旅客购票并解答旅客问讯。

②客运员利用小区广播(便携式扩音器),加强广播宣传;图定列车开车前40 min,由联合值班室提前与客运调度联系,确认列车能否正常发车,确认具体运行信息后,联合值班室要通过车站广播和小区广播及时向旅客进行公告。

③客运车间值班员或中间站值班站长抽调人员提前上岗,引导旅客进站、候车、收票、乘降、出站。

④引导揭示标志故障时,应加强对站内旅客的安全卡控,做好站内旅客安全宣传

和引导，指派专人在天桥、地道、站台等安全事故易发区域流动执勤卡控，加强对重点旅客的安全宣传与引导，防止由于旅客漏听乘车通知带来的强行闯关乘车、趴车等安全隐患。

⑤客运车间值班干部及时通知信息技术科赶赴现场进行设备的修复，修复设备应注意时机的选择，以免影响车站正常作业。

3. 广播系统故障应急处置程序

（1）高速铁路车站应急处置程序。

①客运员发现故障后，及时汇报给客运车间值班员，客运车间值班员汇报给值班干部、联合值班室，联合值班室负责向客运科、站长值班室等相关科室汇报，站长值班室向站领导汇报；在站领导指示下，宣布应急预案启动。

②客运车间值班干部应在接到信息后第一时间赶赴现场，协助现场开展作业，派出所干警要配合值班员或者值班站长和客运员维护好旅客检票秩序。

③客运车间抽调其他岗位人员提前上岗，客运人员负责加强售票厅、候车区、进出站口、通道、站台等处的执岗力量，视情况采取提前预检、专人带队、引导上车、快速疏散等措施，确保旅客在正确位置候车、安全乘降。

④客运车间值班员要按照图定广播计划，利用小区广播及时向旅客广播候车、检票、停检等服务信息，组织旅客有序候车、排队检票。值班员或者值班站长要在图定列车检票前或终到列车到达前 15 min，加强与运转车间或者高速场的联系沟通，确认列车到发时刻及停靠站台，并及时通告相关岗位作业人员。

⑤客运车间值班干部及时通知信息技术科赶赴现场进行设备的修复，修复设备应注意时机的选择，以免影响车站正常作业。

（2）普速车站发生广播系统故障时一线岗位应急处置程序。

①始发列车。

a. 旅客检票时，广播室要利用对讲机通知各候车室放行旅客。

b. 值班站长接待处在每趟列车放行前及放行过程中，利用手持喇叭进行宣传引导。

c. 各候车室对本候车室放行的列车进行不间断宣传。

②到达列车。

a. 广播室在接到操纵台到达列车要牌通告后，通知值班站长接待处做好广播准备。

b. 广播室利用对讲机通知站台值班员做好接车准备。

c. 广播室利用对讲机通知出站口值班员做好接车准备。

d. 出站口工作人员利用手持喇叭通告接站旅客列车到达时间。

e. 值班站长接待处利用广播对出站口进行不间断广播宣传。

f. 站台工作人员利用喇叭对下车旅客和接站旅客进行不间断宣传，引导旅客出站。

德育天地

危急时刻的“生命守护者”

20××年××月××日，××次列车上一位旅客张先生突发疾病，咳嗽出血，脸色苍白，意识模糊。A站客运值班员小李接到××次列车长求助后，立即向值班站长报告。值班站长迅速联系120急救中心，并安排人员前往站台接应。众人合力将张先生抬至轮椅，并通过其手机联系到其家人。120急救人员到达后，初步诊断情况不乐观，值班站长遂安排开通绿色救援通道，迅速将张先生送上救护车。最终张先生经及时救治，恢复意识，脱离了生命危险。在危急时刻，铁路车站客运工作人员以高度的责任感和专业技能，迅速行动抢救伤病旅客，他们不仅是旅客出行的守护者，更是危急时刻的“生命守护者”。通过他们的努力，许多旅客得以在第一时间得到救治，转危为安。

任务布置

20××年1月20日11:15左右，客运站A站进站闸机故障，因恰逢春运，客流量大，在当前情况下，应如何应对车站设备故障？

任务实施

操作流程	工作任务		
	模拟车站设备故障的场景，分组进行角色扮演实战演练		实操记录
立即汇报	客运员	发现故障后，逐级汇报客运车间值班员、联合值班室、值班站长	
	值班站长	指示宣布启动应急预案	
协助处理	客运员	通知派出所	
	派出所公安	协作车站维护好旅客检票秩序	
	客运员	接听电话了解现场信息，向客运处汇报情况	
人工检票	客运车间值班员	将自动闸机调整为通行状态，提前安排其他岗点人员到检票口	
	客运员	采用人工检票，做好情况记录和信息反馈	
安全卡控	客运员	对进站旅客的安全卡控，引导旅客有序进站，防止进站通道拥堵	
设备修复	客运车间值班干部	通知信息技术科赶赴现场进行设备修复	

任务评价

任务测评	评分标准	本人自评得分（20%）	小组互评得分（20%）	任课教师评价得分（30%）	企业导师评价得分（30%）	综合得分
知识点掌握（30分）	掌握车站设备无法正常使用时的应急处置措施					
技能点运用（40分）	能对车站突发应急事件正确研判并采取正确措施					
职业素养（30分）	具有遵章守纪、按章作业的职业素养；具备团队协作精神					
综合评价						

学生反思

思考总结	
心得分享	

任务2　列车常见突发事件应急处置	编号	XM6-2
	岗位	列车客运所有岗位
	技能点	列车常见突发事件应急处置措施

任务引入

20××年11月2日凌晨4:23许，一列由A站开往B站的××次列车行至京广铁路C段761 km处时，机车车头部位突然起火，造成京广铁路双向停车。事故发生后，当地消防部门调集的4部消防车紧急救援。经现场侦查和询问铁路工作人员得知，着火客车为由北向南行驶，行驶中列车尾部车头副驾驶舱内开始冒烟，火势已成猛烈燃烧阶段，明火加上冒出的浓烟已有一两米高。所幸与该车头连接的是一节邮政运货车，事故并未造成人员被困，列车车头及相邻工作人员已全部疏散到安全地带，经铁路、消防等部门一个多小时的紧急处理，成功将大火扑灭。

请思考：

旅客列车发生火灾时，应采取哪些应急措施？

知识链接

6.2.1 列车发生火灾的应急处置

旅客列车发生火灾时,列车工作人员必须冷静、果断,视现场情况灵活地组织扑救。全体乘务人员必须坚守岗位,不得擅离职守,在列车长的统一指挥下积极扑救。

1. 立即停车

列车在运行中发生火灾时,发现火情的列车工作人员应冷静判断。火情如果能有效扑灭或控制,应立即设法灭火。如火势较大,情况严重,不停车不能扑灭时,应立即拉下紧急制动阀(动车组列车应按下报警按钮和紧急停车按钮),防止因运行时的风力作用将火势扩大。拉紧急制动阀停车时,应注意避开桥梁、隧道、重要建筑物、油库和居民集中居住区。电气化区段并应立即通知牵引供电部门停电。

2. 疏散旅客

列车发生火灾时,列车工作人员应迅速向列车长报告,组织起火车厢旅客向邻近车厢或地面安全地带疏散,采取措施稳定旅客情绪,避免引起旅客恐慌,防止事态扩大,同时要防止发生旅客跳车、趁火打劫等意外事件。对仍处在危险中的旅客要首先抢救使其脱离险境。对已经疏散的旅客,严禁返回事故车厢。

3. 迅速扑救

列车长、乘警在接到报告后,应立即组织人员赶赴现场,迅速判明原因,切断火源,本着先人员后财产的原则,统一指挥扑救。

4. 切断火源

列车停车后,列车需要分隔时,司机、车辆乘务员应迅速将起火车辆与列车分离,切断火源,防止蔓延。

5. 设置防护

列车分解后,对甩下的车辆,由车站值班员(在区间由司机和车辆乘务员)负责采取防护措施。事故如果影响临线行车或暂时不能恢复行车,需要在本列车后方设置防护时,列车长应当对司机的要求予以配合,以防扩大事故损失和影响。

6. 报告救援

列车长当尽快向事故发生地铁路局集团公司行车调度部门报告事故情况。报告内容主要包括火灾发生的时间、地点(区间、公里、米)、车次、牵引辆数、起火车辆所处位置及起火部位、起火物、人员伤亡及车辆、线路损坏情况,灭火救援情况和是否需要救援。铁路局集团公司应当根据事故等级及时逐级向上级和地方政府报告。

7. 抢救伤员

在疏散旅客、迅速扑救火灾的同时,如有被火围困或受伤人员应立即抢救。发现有人员受伤,应将伤者转移到安全处所,及时拨打120请求救护,并根据具体情况由红十字救护员或旅客中的医务工作者采取止血、简易固定、包扎等现场初期救护措施，为医院救治创造条件。

8. 保护现场

在扑救火灾的同时，乘警应维护好秩序，视情况需要设置警戒区，防止发生混乱，禁止无关人员进入，保护好火灾现场。乘务员要配合乘警，共同维护秩序，稳定旅客情绪，以免发生混乱。

9. 认真取证

乘警应及时开展调查取证，注意发现肇事者并及时控制，妥善保管物证，为现场勘察、认定火灾原因创造有利条件。对事故现场和有关证据材料要采取有效措施妥善保护。除因救护伤员、开通列车等需要外，不得擅自移动现场任何物品。因上述原因必须移动现场物品时，应当绘制现场原状草图或拍摄照片。

10. 协助查访

列车工作人员要积极协助公安人员了解情况，提供线索、协助调查，尽快查明事故原因。同时，要认真清点疏散旅客和伤员人数及伤害程度，登记旅客姓名、性别、年龄、单位、地址、国籍、车票、身份证号码、其他证件及随身携带物品。

6.2.2 列车空调发生故障的应急处理

1. 单车空调发生故障的应急处置

(1)空调失效超过 20 min 不能修复时，列车长要及时按章拍发车辆设备设施故障速报，请求列车运行前方站和终到站所在铁路局集团公司的车辆段派工程技术人员进行援助、抢修，通知司机向列车调度员提出在前方最近客运营业站停车请求，并随时将车内情况向所属(所在)铁路局集团公司客调、客运处、段应急办公室报告。

(2)空调设备故障难以排除时，列车长应随同车辆乘务长(空调乘务长)及时向旅客致歉，并根据列车票额及空余铺位、座席情况及时调整铺位或席位，必要时在不影响列车乘务员休息的情况下可调整至列车宿营车铺位。千方百计保障旅客利益，取得旅客谅解。

(3)在列车没有空余铺位或座席无法另行安排时，列车长要组织人员逐一登记旅客姓名、车票票号、乘车区间、通信方式，及时拍发铁路电报，编制客运记录交旅客下车站，作为旅客到站退还未使用空调区间票价的依据；同时组织乘务员，做好旅客服务和宣传解释、致歉工作，稳定旅客情绪，维护铁路声誉。

(4)在车站停留时，要打开车门通风，但必须指定专人负责看护车门，确保旅客的绝对安全。必要时，要与车站共同组织将旅客疏散到车站安全处所，等待故障修复、救援或组织旅客换乘其他旅客列车。

2. 全列空调发生故障的应急处置

(1)全列空调失效超过 20 min 不能恢复时，经车辆乘务员或随车机械师确认不能修复后，列车长可视情况通知司机向列车调度员提出在前方最近客运营业站停车请求，并随时将车内情况向所属（所在）铁路局集团公司客调、客运处、段应急办公室报告。

（2）空调设备故障难以排除时，列车长应随同车辆乘务长（空调乘务长）及时向旅客致歉，各车厢乘务员做好旅客服务和宣传解释、致歉工作，稳定旅客情绪。

（3）在车站停留时，要打开车门通风，但必须指定专人负责看护车门，确保旅客的绝对安全。必要时，要与车站共同组织将旅客疏散到车站安全处所，等待故障修复、救援或组织旅客换乘其他旅客列车。组织旅客换乘其他旅客列车时，列车长要组织人员逐一登记旅客姓名、车票票号、乘车区间、通信方式，及时拍发铁路电报，编制客运记录交旅客下车站，作为旅客到站退还未使用空调区间票价的依据。

3. 动车组列车空调发生故障的现场应急处置

（1）列车空调设备出现故障时，乘务员应立即通知列车长和随车机械师，及时维修。

（2）乘务员向旅客做好解释工作，向旅客道歉，安抚旅客。

（3）如果列车不足定员时，可将旅客向有空余能力的车厢疏散。先行疏散老、幼、病、残、孕等重点旅客和不理解的旅客。如果列车定员无处疏散旅客时，打开与邻车厢相通的端门，并将邻车厢温度适当调低。

（4）加强服务，为旅客供水，稳定旅客情绪，在第一时间内请旅客协助拉下车内全部遮光帘，保持车厢内温度。

（5）空调不能修复时，列车长拍发铁路电报，编制客运记录，到站退还旅客未使用区间的票价差额，由车站请示有关部门按规定办理。

6.2.3 发生线路中断的应急处置

1. 及时报告

在列车发生线路中断时，列车长应迅速了解停运原因，将现场发生的情况及时向所属铁路局集团公司客调、上级单位报告。必要时，向地方政府报告请求援助。

2. 现场处置

（1）列车长负责应及时召开“三乘”会议，指挥各工种各负其责，迅速采取措施保证列车秩序良好，确保旅客安全及行李包裹的安全。

（2）乘务人员坚守岗位，做好宣传、解释、安抚、服务工作，稳定旅客情绪，及时向旅客通报线路中断原因和铁路积极采取的措施。

列车广播通告用语：

女士们，先生们，大家好，我是××次列车列车长，受××（洪水、山体滑坡、泥石流、地震……）影响，前方线路中断，铁路部门正在积极组织抢修，列车现在停车等候通知。列车现在大约晚点×小时×分，给您造成不便，向您表示诚挚的歉意。

女士们，先生们，大家好，我是××次列车列车长，受××（洪水、山体滑坡、泥石流、地震……）影响，前方线路中断，铁路部门正在积极组织抢修，列车将在××停止运行，请去往××站以远的旅客在前方停车站下车办理退票手续,给您造成不便,向您表示诚挚的歉意。

(3)做好饮食供应。车上储备不够时,及时与车站或地方政府联系,组织采购,保证旅客需要,并照顾好重点旅客。

(4)需要跨越线路时,在无跨线设备的车站要在平交道口设专人防护,做好引导。遇有货物列车或车列在站内隔断平交道口时,应于列车或车列拉开道口后,再组织旅客通过。

(5)列车必须临时短距离前进、后退或临时变更停车线时,车站要通知列车长,车站利用广播向旅客宣传,乘务人员组织在车下的旅客上车,防止旅客惊慌抓车抢上和发生其他意外。

3. 对被阻旅客的处置

线路中断,列车不能继续运行时,车站、列车应及时向旅客通告运输中断、恢复运输及业务停办、恢复等有关信息,并应按以下规定妥善安排被阻旅客:

(1)线路中断,旅客可以要求在原地等候通车,返回发站、中途站退票或按照承运人的安排绕道旅行。

(2)停止运行站或列车应在旅客车票背面注明原因、日期、返回××站并加盖站名章或列车长名章,作为旅客免费返回发站、中途站办理退票、换车或延长有效期的凭证。动车组列车旅客不办理车票有效期延长,但可根据等候日数办理车票改签。

(3)在发站或由中途站返回发站停止旅行时,退还全部票价,其中包括在列车上补购的车票,但罚款、手续费和携带品超重、超大补收的费用不退。已使用至到站的车票不退。

(4)在停止运行站或返回中途站退票时,退还已收票价与发站至停止旅行站的票价差额,不足起码里程按起码里程计算。

(5)旅客持票等候通车后继续旅行时,可凭原票在通车10日内恢复旅行。车站应根据旅客候车日数延长车票有效期。卧铺票应办理退票。

(6)铁路组织原列车绕道运输时,旅客凭原票乘车,票价不补不退,但旅客中途自行下车时,车票即行失效。

(7)旅客自行绕道按变径办理。线路中断后,旅客买票绕道乘车时,按实际径路计算票价。

(8)由于线路中断影响旅行,旅客索要证明时,车站应开具文字证明,加盖站名戳。

6.2.4 列车严重晚点的应急处置

1. 列车晚点的原因

(1)天气因素:大雪、暴雨等恶劣天气出现时,为了车、人的安全,列车会降低速度行驶。

(2)不可抗力因素:当发生滑坡、塌陷、地震、水灾等问题时,列车晚点甚至停运。

(3)设备故障:供电设备、轨道、信号、列车等发生故障时,设备维修会导致列车晚点。

(4)突发事故:行车事故等导致列车晚点。

2. 应急处置

(1)广播致歉。

列车晚点30 min(动车组列车晚点15 min)以上,列车长应主动联系,了解原因,及时通过广播向旅客致歉,通报晚点原因,每次通报间隔不得超过半小时。

列车广播通告用语:

女士们,先生们,大家好,我是××次列车列车长,受××(降雨、降雪、雾霾、大雾、冰雹、台风、洪水、山体滑坡、泥石流……)影响,为确保旅行安全,列车需降速运行。列车现在大约晚点×小时×分,敬请谅解。

(2)加强联系。

遇列车晚点30 min(动车组列车晚点15 min)以上,列车长要在第一时间向段安全生产指挥中心汇报,遇列车因自然灾害、设备故障、运输组织等原因造成严重晚点时,列车长要及时与当地铁路局集团公司客调和停留站站长联系,报告车内情况和请求协助解决的困难,尽最大努力做好列车晚点后的各项工作。段安全生产指挥中心在得到列车长关于列车晚点的情况汇报后,要根据晚点的原因和严重程度判明性质,按照应急响应等级的要求和流程进行汇报,并根据应急指挥领导小组的决定启动相关的应急程序。

(3)耐心解释。

列车各岗位乘务人员要坚守岗位,实行首问首诉负责制,解答旅客问询,安抚旅客情绪,禁止使用不负责任的语言应付、搪塞旅客。

(4)解决困难。

列车长要及时了解旅客的需求和困难,对需换乘其他列车、民航及有紧急要务的旅客,要详细、准确地了解,做好统计;必要时汇报段安全生产指挥中心;同时提前通知客调和到站客运值班员,按规定与车站办理交接手续。

(5)交站处理。

列车晚点后,如发生旅客情绪激烈、矛盾激化或旅客到站后不肯下车时,应耐心做好解释、劝阻工作,必要时列车长应汇报段安全生产指挥中心,提前通知客调和到站客运值班员,要求车站派员处理,同时编制客运记录由车站处理。

6.2.5 旅客突发急病的处理

旅客突发急病时,铁路运输企业应树立“以人为本、关爱生命”的思想,切实履行对突发急病旅客实施救助的义务,保障旅客在旅行途中的健康和安全。

(1)旅客在列车发生急病时,列车工作人员要立即报告列车长,采取一切必要的措施组织抢救。

(2)旅客在列车上发生急病时,病情严重的旅客须移交车站时,应通知接收站提前做好准备。车站对于本站发生或列车移交的病人,应当及时联系当地医疗急救机构或送就近医院抢救。

(3)列车在向车站移交急症病人时,为避免列车晚点和及时抢救病人,对无陪同人员的急症病人和有生命危险的病人,列车应派工作人员下车协助车站做好抢救工作。

(4)在及时抢救病人的同时,要尽快了解旅客姓名、单位、住址、同行人、联系人等,站长或列车长会同铁路公安仔细了解旅客发病原因和过程,记录有关情况,做好随行人和周围旅客的旁证材料收集工作,要实事求是,文字表达清楚、明确,便于进一步抢救处理,同时寻找旅客携带品。列车长对于发生急病旅客,必要时及时编制客运记录,移交车站。由于时间紧急当时来不及办理的移交手续补交时间不能超过三天。

(5)动车组列车遇有旅客因病情严重须停车抢救时,列车长通过司机向列车调度员报告情况请求临时停车。列车调度员接到报告后,应尽快确定临时停车站,并向司机和停车站下达调度命令。

(6)列车在向车站移交急症病人时,旅客携带品一并移交。

德育天地

列车妥善救治,服务贴心暖人

20××年××月××日,在K××次列车上上演了一幕生命接力赛。当天,列车到达A站前,5号车厢10号座位,一名旅客曾某突发急病晕倒在车厢,列车员巡视车厢时发现此状况,立即用对讲机通知值班列车长。列车长闻讯后,立即和红十字救护员赶到现场并通知广播寻找医生。寻医生无果后,列车工作人员疏散周围旅客,开窗通风。列车长一边向上级进行汇报,一边联系前方车站进行接续急救。期间,列车员一直陪护在旅客身边进行照顾。列车到达A站,120救护车在站台等待,顺利交接送往医院。后经联系旅客,救治及时转危为安,旅客家属来电话致谢。

旅客列车运行过程中,会出现旅客突发急病、分娩等非正常情况。在这种情况下,列车工作人员应坚持“以人为本”的服务理念,积极采取有效的措施,全力救治和帮助旅客,让旅客感受到铁路的温暖和贴心。

任务布置

20××年7月15日13:59,在A站开往B站的G××次列车行驶至C站至D站区间时,一乘务人员正在巡视车厢,突然发现5号车厢旁的配电柜冒烟,请问现场如何处理?

任务实施

操作流程	工作任务		
	模拟列车发生火灾的场景，分组进行角色扮演实战演练		实操记录
立即停车	列车员	①发现火情立即采取扑救措施 ②如火灾蔓延，立即使用紧急停车装置（拉下紧急制动手柄、按下火灾报警按钮等） ③迅速报告列车长	
	列车长	列车长通知司机立即制动停车	
疏散旅客	列车员	迅速宣传，稳定旅客情绪	
	列车长	组织起火车厢旅客用毛巾、手帕、衣物等捂住口鼻向临近车厢疏散	
	乘警	维持车厢秩序，防止旅客跳车、踩踏、治安事件等意外情况发生	
迅速扑救	列车长	组织列车工作人员和自愿参加救援的旅客进行扑救	
切断火源	随车机械师	立即切断起火车厢电源，人员疏散完毕或关闭起火车厢两端的通道阻火门	
设置防护	司机	对甩下的车辆设置防护	
报告救援	列车长	尽快向事故发生地铁路局集团公司行车调度部门报告事故情况	
抢救伤员	列车长	①组织列车工作人员、旅客开展自助自救行动 ②将伤者转移到安全处所 ③及时拨打120请求救护	
	红十字救护员	对受伤旅客开展紧急救护	
保护现场	乘警	维护秩序，视情况需要设置警戒区，防止发生混乱，禁止无关人员进入，保护好火灾现场	
	列车员	配合乘警，共同维护秩序，稳定旅客情绪，以免发生混乱	
认真取证	乘警	及时开展调查取证，注意发现肇事者并及时控制，妥善保管物证，为现场勘察、认定火灾原因创造有利条件	
协作查访	列车工作人员	协助公安部门提供事故线索，调查事故详情，搜集相关证据	

任务评价

任务测评	评分标准	本人自评得分(20%)	小组互评得分(20%)	任课教师评价得分(30%)	企业导师评价得分(30%)	综合得分
知识点掌握(30分)	掌握列车突发火灾的应急处理流程					
技能点运用(40分)	能对列车火灾突发事件正确研判并采取正确措施					
职业素养(30分)	具有临危不惧、沉着冷静、处事果断的和团结协作的职业精神					
综合评价						

学生反思

思考总结	
心得分享	

知识拓展

动车组发生火情及火灾、爆炸的应急处置流程

列车发生火灾、爆炸可能危及行车、人身安全时，客运乘务组、随车机械师等列车乘务人员应立即通知司机采取停车措施，来不及报告时，应使用客室紧急制动装置停车。发生电源线路或电器火情时，由随车机械师或其他胜任人员切断电源后实施扑救。

(1)司机发现列车发生火灾、爆炸或接到列车发生火灾、爆炸的通知及报警时，须立即停车(停车地点应尽量避开长大隧道等，选择便于旅客疏散的地点)，报告列车调度员(车站值班员)，车站值班员报告列车调度员。列车调度员(车站值班员)接到报告后，立即通知邻线相关列车及本线后续列车停车，不再向区间放行列车。停车后司机使用列车防护报警装置进行防护，配合列车长、随车机械师、乘警(或安全员，下同)进行火灾扑救、旅客疏散等工作。

(2)列车发生烟火报警时，司机应立即采取降速措施，300 km/h 及以上线路限速 200 km/h 及以下，250 km/h 及以下线路限速 120 km/h 及以下，同时立即通知随车机械师及列车长到报警车厢查实确认，并报告列车调度员(车站值班员)。列车长会同随车机械师、乘警查看客室、卫生间，确认报警情况和设备状态，若发生客室火情或设备火情，可能危及行车、人身安全时，列车长或随车机械师立即通知司机停车，司机报告列车调度员(车站值班员)。若确认因旅客吸烟或非明火导致烟火报警，不危及行车、人身安全时，由列车长或随车机械师通知司机，司机报告列车调度员(车站值班员)，恢复正常

行车。

(3)客运乘务组、随车机械师等列车乘务人员发现或接到旅客反映车厢内有明火、冒烟等火情或消防设施报警时，应立即施救并通知列车长。列车长接到通知后，应会同随车机械师、乘警进行现场确认，旅客行李物品、垃圾箱等处所冒烟（无明火）不危及行车、人身安全时，可不停车，立即疏散周围旅客并组织施救。处置完毕后列车长应会同随车机械师、乘警对冒烟起火部位进行全面检查确认。

(4)车内火情可能危及行车、人身安全时，列车长应立即组织事故车厢的旅客向安全车厢疏散，同时指挥扑救，列车工作人员（含司机、随车机械师、乘警、客运、餐饮、保洁等人员，下同）在列车长统一指挥下共同做好扑救疏散工作。

(5)待全部人员向安全车厢疏散完毕，火势仍未得到有效控制，需向地面疏散时，列车长应立即指挥随车机械师或其他列车工作人员关闭通道阻火门。司机根据列车长的请求，向列车调度员报告，申请向地面疏散，现场救援。

(6)组织旅客向地面疏散时，必须扣停邻线列车。司机在接到列车调度员已扣停邻线列车的口头指示后，立即通知列车长，列车长接到司机通知后应立即组织列车员或随车机械师手动打开疏散车门，安装好应急梯（具备车门脚蹬装置的动车组打开翻板使用脚蹬，下同），组织旅客向地面安全地带疏散，在桥梁疏散时应开启运行方向右侧车门（双线桥梁为有线路一侧），在隧道疏散时应开启邻近疏散通道侧车门，根据引导标识，组织旅客通过紧急出口等逃生通道疏散。如遇火灾危及旅客安全，但未接到扣停邻线列车的通知，应开启运行方向左侧车门（无线路一侧），向安全地带疏散，结合现场实际，确定旅客疏散方向和疏散方式，列车工作人员应做好旅客安全宣传和防护，严禁旅客擅自跨越线路。

(7)列车工作人员应维护旅客疏散秩序，做好重点旅客帮扶工作，对受伤人员开展紧急救护。积极配合公安部门保护好现场，协助调查取证。

巩固提升

1. 车站旅客大面积滞留应急预案包括哪些内容？
2. 车站突发公共卫生事件的现场处理措施有哪些？
3. 列车发生火灾的应急处置措施有哪些？
4. 动车组列车空调发生故障的应急处置措施有哪些？
5. 发生线路中断的应急处置措施有哪些？
6. 列车严重晚点的应急处置措施有哪些？
7. 旅客在列车上突发急病的应急处置措施有哪些？

项目7　路内运输

项目导读

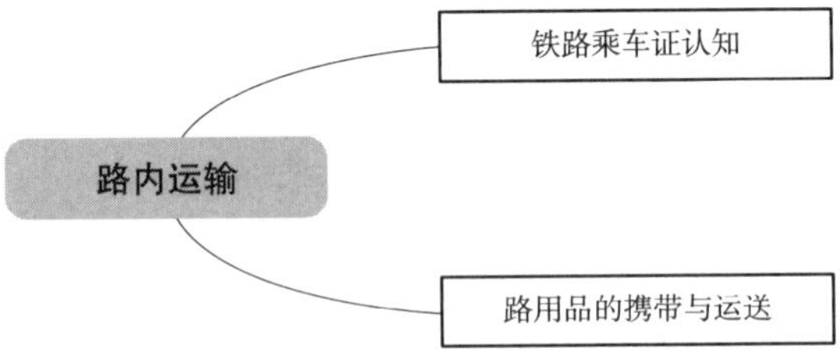

学习目标

1. 知识目标

(1)了解乘车证的种类及使用的有关规定。

(2)了解违章使用乘车证的处理规定。

(3)熟悉路用品的运送和携带范围。

(4)熟悉路内有关人员携带路用品的规定。

2. 技能目标

(1)运用规章解决违章使用乘车证的问题。

(2)掌握处理违章使用乘车证的方法,会进行票据的填写。

(3)运用携带路用品的规定解决相关问题。

3. 素养目标

(1)培养以国家利益为重的思想,养成自律意识。

(2)养成廉洁奉公、公道正派、不徇私情的道德观念。

学习工具

《国铁集团客规》《铁路乘车证管理办法》。

任务 1　铁路乘车证认知	编号	XM7-1
	岗位	铁路客运员、列车员
	技能点	处理违章使用乘车证

任务引入

一男子捡到一张铁路职工工作证后，将自己照片贴上去，企图冒充铁路职工乘车。

请思考：

此种情况应如何处理？

知识链接

7.1.1　铁路乘车证认知

1. 铁路乘车证的种类和式样

乘车证共分九个票种，三种颜色，均为单页。

（1）软席全年定期乘车证，浅粉色，横版，如图 7-1 所示。

（2）软席乘车证（含单程、往返、临时定期），浅粉色，竖版，如图 7-2 所示。

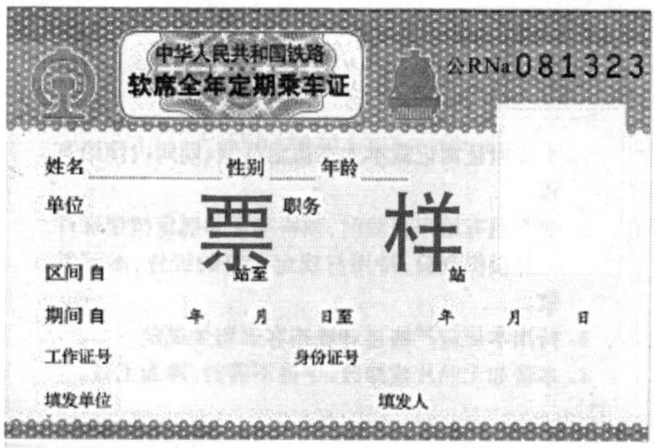

图 7-1　软席全年定期乘车证

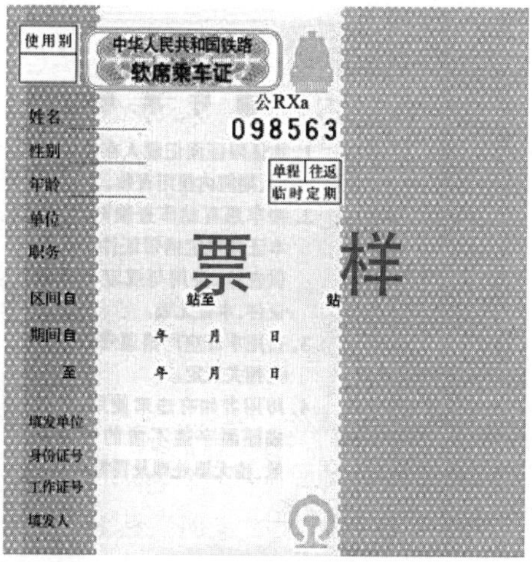

图 7-2　软席乘车证

图7-1

图7-2

（3）硬席全年定期乘车证，浅蓝色，横版，如图 7-3 所示。

（4）硬席临时定期乘车证，浅蓝色，竖版，如图 7-4 所示。

图7–3

图7–4

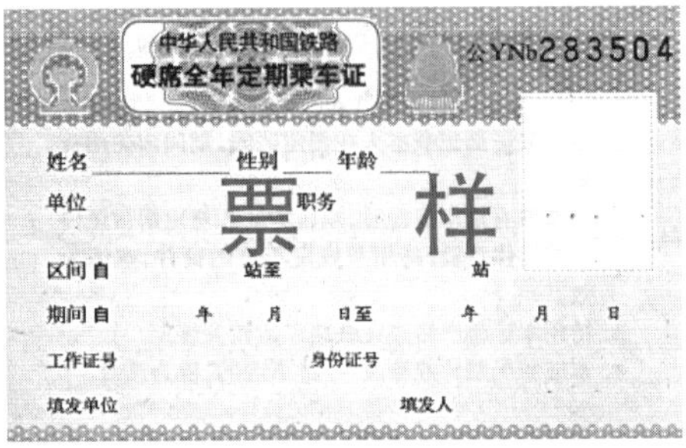

图 7-3　硬席全年定期乘车证

图 7-4　硬席临时定期乘车证

(5)硬席乘车证(含单程、往返),浅蓝色,竖版,如图 7-5 所示。

(6)便乘证,浅蓝色,竖版,如图 7-6 所示。

图7–5

图7–6

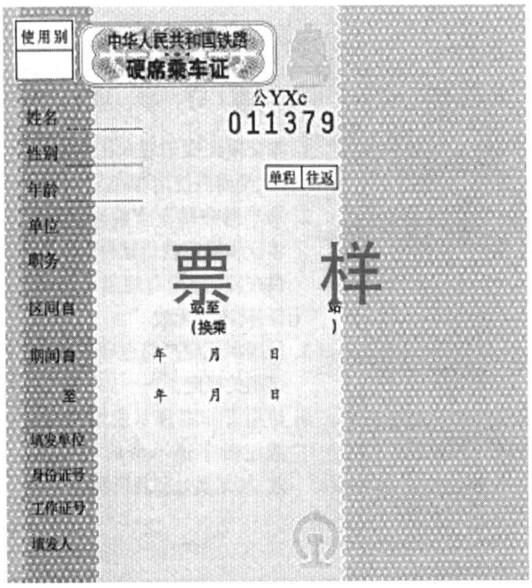

图 7-5　硬席乘车证

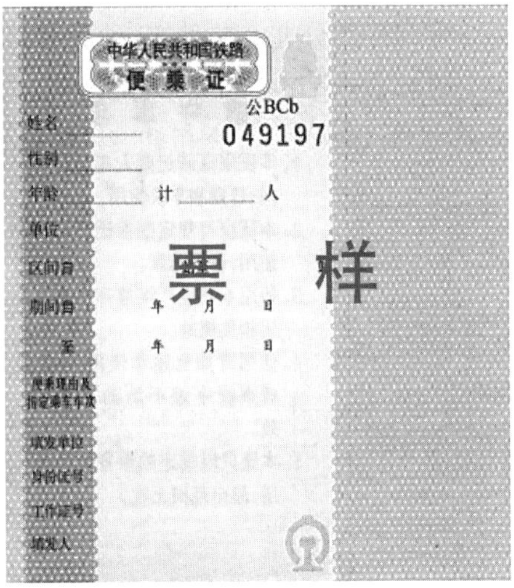

图 7-6　便乘证

(7)通勤乘车证(含通学、定期),浅黄色,横版,如图 7-7 所示。

(8)就医乘车证(含往返,临时定期,全年定期),浅黄色,竖版,如图 7-8 所示。

(9)探亲乘车证(含单程、往返),浅黄色,竖版,如图 7-9 所示。

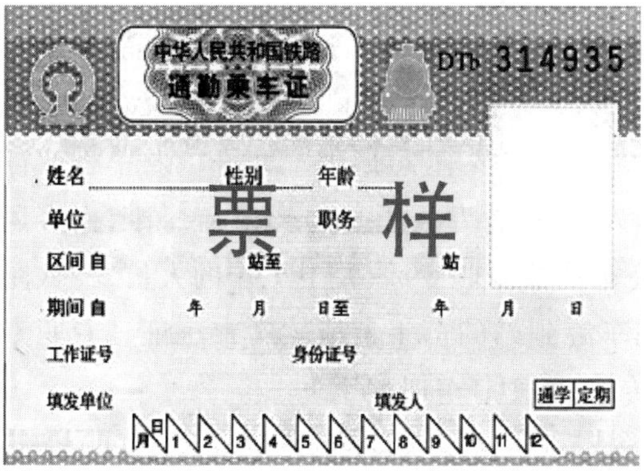

图 7-7　通勤乘车证

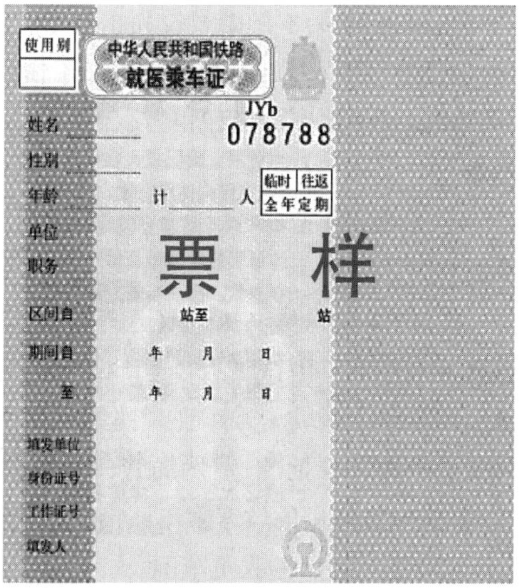

图 7-8　就医乘车证

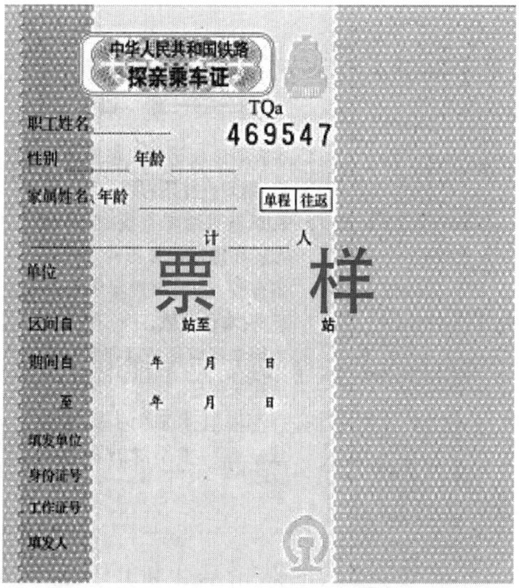

图 7-9　探亲乘车证

图7–7

图7–8

图7–9

2. 铁路乘车证使用人员范围及准乘列车规定

(1)准乘软席的人员范围。

①国铁集团公司正、副部级和相当职级的人员。

②正、副司长、局长和相当职级的人员。

③教授和相当专业技术职务的人员。

④经国家和国铁集团批准的“有突出贡献的专家”。

⑤年满 50 周岁的正、副处长和相当职级的人员。

⑥年满 50 周岁的副教授和相当专业技术职务的人员、高级技师。

⑦1937 年 7 月 6 日前参加革命工作的干部。

⑧国铁集团副部级和相当职级以上人员，因工作需要准许随行人员一人填发软席乘车证。

⑨受处分降低职务、工资级别的人员，应按降低后的职务、工资级别确定其能否享受乘坐软席。

另外，机要人员在执行取送密码任务时可使用软席乘车证，但只允许填发单程或往返软席乘车证。国铁集团客运部的专职专运人员，执行专运任务时，经领导批准，由客运部填发全年定期软席乘车证。铁路局集团公司从事专职专运、警卫工作的人员，经铁路局集团公司领导批准，填发局管内及所属列车终到站的全年定期软席乘车证。专职专运、警卫人员持用的软席乘车证只限于执行专运、警卫任务时使用。

（2）准乘硬席的人员范围。

除上述规定以外的其他铁路职工和符合《铁路乘车证管理办理办法》规定的其他人员准乘硬席。

（3）准乘列车规定。

①持用全年定期、临时定期、软席、硬席乘车证和便乘证，在正式或临时营业铁路上准乘各种旅客列车（国际列车除外）。

②持用探亲乘车证准乘除国际、旅游列车以外的各种旅客列车。

③持用通勤、定期通勤乘车证准乘各种旅客列车（国际列车除外）。乘坐全程对号和旅游列车时，不要与旅客争座位。

④持用通学、就医、购粮乘车证（以就医乘车证代用）准乘快车和普通旅客列车。

⑤持用铁路全年定期、临时定期、软席、硬席乘车证均可乘坐空调可躺式客车。

⑥铁路职工（含国铁控股合资铁路公司职工）可以持铁路乘车证乘坐动车组列车（但须办理实名签证）。其中，持软席全年定期乘车证、软席乘车证的人员可以乘坐动车组列车卧铺和一等座席，持硬席乘车证（含全年定期、临时定期乘车证）的人员可以乘坐动车组列车卧铺和二等座席，持其他铁路乘车证的人员可以乘坐动车组列车二等座席。

3. 使用铁路乘车证需要持有的乘车证明

（1）持用铁路各种乘车证的职工出入车站及在列车内须与旅客同样经过检验手续，同时交验工作证、学生证、离休证、退休证、家属医疗证或家属证。任何证明均不能代替上述证件。

（2）职工持用探亲乘车证，需同时持贴有本人照片的工作证和探亲证明；职工配偶或父母、子女持贴有本人照片的家属证（医疗证）和探亲证明，三证俱全方为有效。

（3）出差、驻勤、开会、入学、出校、调转赴任、搬家必须交验相应的证明，如职工出差证明书、人事调转命令、户口迁移证明等；医疗转院或疗养必须交验医疗机构的转院、疗养证明；机车乘务员便乘时，必须携带机务段填发的司机报单；机械冷藏车乘务员去外地换班乘坐旅客列车时，应交验保温段填发的交、接班证明；机要人员使用软席乘车证时，除按规定持有工作证、出差证明外，还应持有国铁集团公司办公厅制发的“机要人员证”方为有效。

(4)铁路公检法人员、合资铁路公司职工乘车，须持本系统、本公司职工工作证作为使用铁路乘车证的有效身份证明。

4. 铁路乘车证的签证与查验及免费使用卧铺的规定

(1)铁路乘车证的签证。

①持用临时定期、软席、硬席、探亲乘车证时，须由车站签证。车站对要求签证的人员应查验有关证件，临时定期乘车证在卡片上签证，软席、硬席乘车证在背面签证，对号列车应发给座位号。

②持用全年定期、定期通勤、通勤、通学、定期就医、购粮乘车证乘坐普速旅客列车可免于签证。如需座位号、卧铺时，可按规定办理签证。

③符合使用卧铺规定的人员登记卧铺时，车站或指定的代办部门应查验有关证件，对有卡片的乘车证在卡片上登记；对无卡片的乘车证在乘车证背面登记，并发给卧铺号；在列车上登记卧铺时，由列车长按上述方法同样办理。

(2)铁路乘车证的查验。

①站、车客运人员必须熟知乘车证使用的有关规定，认真查验乘车证填载项目和必须携带的有关证件和证明，并打检(剪)标记。如有不符，视为无效，并有权扣留所持乘车证，按有关规定处理。

②对持用的全年定期、临时定期、通勤、定期通勤、通学、全年定期就医(购粮)和临时定期就医乘车证免打查验标记，其他乘车证均须于始乘站和返乘站予以检(剪)票，列车内查验时应打查验标记，否则按客运有关规定办理。

③铁路各部门特定的在列车上工作的各种证件(如铁路运输收入稽查证、客运监察证、铁路乘车证监察证等)，只能作为工作证，均不能作为乘车的凭证。

(3)铁路乘车证免费使用卧铺的规定。

①职工(含路外符合使用乘车证的人员)出差、驻勤、开会、调转赴任、医疗转院(含职工供养的直系亲属)、疗养、护送、出入学校，以本人开始乘坐本次列车开车时刻计算，从20:00至(次日)7:00之间，在车上过夜6 h(含6 h)或连续乘车超过12 h(含12 h)以上的，准予免费使用卧铺。

②使用卧铺中途不应下车。如必须下车，不足夜间乘车6 h或连续乘车12 h的，列车长应按章核收已乘区间的卧铺票价。

③持乘车证到列车上使用卧铺时，应将出差证明、卡片连同乘车证交列车员保管，并办理签证。持用全年定期乘车证，可不交乘车证。

④机车乘务员便乘按预留铺位使用。旅客列车(国际列车和直达特快列车除外)应

预留3个铺,供便乘机车乘务员使用。机务段(或折返段)如同一次车填发超过3人的机车便乘证时,填发段应自第4人起加盖或注明“无卧铺”的字样。列车员在机车乘务员上车时,应收回便乘证进行登记并保管,机车乘务员下车前在便乘证上加盖“已乘”戳后交本人。

5. 铁路乘车证使用的其他有关规定及违章使用铁路乘车证的处理

(1)铁路乘车证使用的其他有关规定。

①乘车证限乘车证上所填写的持用人在有效期间和区间使用。乘车证(全年定期乘车证除外)的有效期间和出差证明、探亲证明时间应填写一致。

②各种乘车证(全年定期、临时定期乘车证除外)每张限填一个到站。由始发站至到达站有直达列车,一般应乘直达列车; 因签证原因不能乘直达列车的,可在同一方向换乘站中转换乘(限换乘一次),经换乘站签证后,可继续乘车至到达站。

③定期通勤乘车证一个月只限使用一次,不能提前或移作下月使用。如节假日适逢月初或月末,乘车证的往返日期可跨及上月末或下月初,但起止时间不超过一周。如有特殊情况,可根据批准假期天数填发。

④全年定期、定期通勤、通勤、就医(全年定期)乘车证有效期为一年,可延期使用到次年的1月15日。

⑤持用铁路各种乘车证,均不能免费托运行李、搬家物品等。

⑥乘车证实行一人一票制。除探亲、便乘、就医乘车证外,以及除职工集中培训、施工等人员使用的硬席乘车证每张填发人数不得超过10人且仅限乘坐本局管内列车外,其余各种乘车证限填发一人使用。

(2)违章使用铁路乘车证的处理。

①违章使用乘车证,如在票面上加添、涂改、转借、超过有效期限或有效区间乘车,未持规定的有关证明、证件或持伪造证明、证件的均按无票处理,要查扣其乘车证及有关证件。对持用伪造乘车证者,一经发现,应立即查扣,并移交公安机关依法处理。超出规定条件使用乘车证者,也按违章使用处理。

②违章使用乘车证均要按所乘旅客列车的等级、席别、铺别、区间(单程或往返)及票面填写人数,按照《国铁集团客规》的规定补收和加收票款,下列乘车证还应按票面记载的席别、区间,按照下列计算方法加收罚款:

a. 定期通勤乘车证,按票面填写乘车区间,自有效月份起至发现违章月份止,按每月一次往返的里程计算。

b. 全年定期乘车证,临时定期乘车证、通勤(学)乘车证。从有效日期(过期的从有效期终了的次日)至发现违章日期止,票面填写的乘车区间在一个铁路局集团公司以内的,按每日乘车50 km计算票价;乘车区间跨铁路局集团公司的,按每日乘车100 km计算票价,计算后低于50元的按50元核收。

c. 发现其他违章行为的,均按《国铁集团客规》的规定相应处理。

③乘车证使用过程中发现的违章事项，当时处理不了的，由站、车编制客运记录，连同查扣的乘车证及有关证件报本铁路局集团公司收入稽查处，由铁路局集团公司依据规定向违章职工单位发函并追补应收票款和罚款；违章职工单位接到函件，要查证落实严肃处理，并将应补票款和处理结果于30 d内报送发函单位收入部门。如违章者单位未按来函要求补缴款额的，铁路局集团公司要报告上级机关督促违章者单位迅速处理，必要时要追究单位领导责任。

④违章使用乘车证的处理实例。

【例7-1】 2024年5月23日Z××次（北京西经由石家庄、太原、中卫、武威南、乌鲁木齐，北京局集团公司担当，空调车）太原开车后查验车票时，发现太原市税务局李某借用太原工务段职工王某2024年度太原—吕梁定期通勤乘车证号DT×××××，列车应如何处理？

【解】 转借定期通勤乘车证。

(1)按无票处理：

太原$\xrightarrow{8\ \mathrm{km}}$太原南$\xrightarrow{173\ \mathrm{km}}$吕梁181 km

空调硬座客快速票价：28.50元

加收50%票款：28.50×50%≈14.50（元）

(2)违章：

太原—吕梁181 km

往返里程：181×2=362(km)

硬座客快票价：26.50元

5个往返客票票价：26.50×5=132.50（元）

合计：28.50+14.50+132.50=175.50（元）

收回原票，编制客运记录（图7-10），上报铁路局集团公司收入稽查处。

【例7-2】 2024年3月5日Z××次（北京西经由石家庄北、太原、绥德、西安，西安局集团公司担当，空调车）汾阳开车验票发现一旅客持用更换相片的石家庄电务处杨某的2024年度石家庄北—吕梁硬席全年定期乘车证公YNa×××××号，Z××次应如何办理？

【解】 伪造硬席全年定期乘车证。

(1)按无票处理：

石家庄北$\xrightarrow{30\ \mathrm{km}}$获鹿所$\xrightarrow{203\ \mathrm{km}}$太原南$\xrightarrow{173\ \mathrm{km}}$吕梁406 km

空调硬座客快速票价：62.50元

加收50%票款：62.50×50%=31.25≈31.50（元）

(2)违章：

跨铁路局集团公司按100 km计算。

太原局集团公司　　客统—1

客　运　记　录

第　5　号

记录事由：查扣转借定期通勤乘车证

北京局集团公司收入稽查处：

2024年5月23日，我车检票发现，太原工务段职工王某，将2024年度太原—吕梁定期通勤乘车证(DT×××××号)借于他人，我车已按章补收票款175.50元，现将乘车证DT×××××号上报。

注：

1.站、车需要编制记录时均适用。

2.本记录不能作为乘车凭证。

北京客运 ~~站~~ 段　编制人员　××次列车长（印）

站 段　签收人员（印）

2024年5月23日编制

图7-10　客运记录

硬座客票票价:7.50元;1月1日—3月5日为64 d。

64 d硬座客快票价:7.50×64=480.00(元)

合计:62.50+31.50+480.00=574.00(元)

原票收回,编制客运记录上报铁路局集团公司收入稽查处。

【例7-3】 2024年9月16日大同开运城K××××次新型空调列车到达大同站下车旅客出站,查出呼和浩特工务段职工林某持用呼和浩特—太原往返硬席乘车证,票号YX××××××,有效日期2024年7月16日—8月17日,大同站应如何办理?

【解】 违章使用乘车证均要按所乘旅客列车的等级、席别、铺别、区间(单程或往返)及票面填写人数按照《国铁集团客规》的规定补收和加收票款。

(1)按无票处理:

太原$\overline{355\ \text{km}}$大同$\overline{266\ \text{km}}$呼和浩特 621 km;

往返里程:621×2=1 242(km)

空调硬座客快速票价:152.50元;

加收已乘区间票价50%票款:152.50×50%=76.25≈76.50(元)

(2)违章:

跨铁路局集团公司按100 km计算。

硬座客票票价:7.50元;

8月18日—9月16日为30 d;

30 d硬座客快票价:7.50×30=225.00(元)

合计:152.50+76.50+225.00=454.00(元)

德育天地

文化传递,铁路搭建的桥梁

中国铁路网遍布全国,连接着不同的地域与文化。铁路就像是连接这些文化宝藏的桥梁,让旅客在旅途中能够亲身体验到中华大地的风土人情、历史遗迹和民俗文化。从北国的雪域风光到南疆的热带雨林,从古朴的古镇小巷到繁华的都市天际线,每一次旅行都是一次深刻的文化洗礼。这种跨地域的文化交流,不仅丰富了旅客的精神世界,也促进了中华民族多元文化的传承与发展。

从购票到进站,从安检到上车,每一个环节都要求旅客按照既定规则行事。这不仅是对个人行为的规范,更是对社会秩序的维护。在铁路旅行中,人们也能深刻体会到"无规矩不成方圆"的道理,从而在潜移默化中增强了规则意识,学会了在复杂多变的社会环境中,如何以理性和自律来约束自己的行为。

任务布置

2024年8月2日大同开运城K78××次空调列车到达太原站,旅客出站验票查出一名旅客借用太原铁路工务段职工李某2024年度大同至太原定期通勤乘车证DT××××,如何处理?

任务实施

操作流程	工作任务	
	借用乘车证的处理	实操记录
熟悉《国铁集团客规》相关规定	违章使用乘车证均要按所乘旅客列车的等级、席别、铺别、区间(单程或往返)补收和加收票款	
计算运价里程	计算大同—太原的里程	
按无票处理	空调硬座客快速票价并加收50%票价	
按违章罚款	每月一次往返里程,按8个月补收普通硬座客快票价	

任务评价

任务测评	评分标准	本人自评得分（20%）	小组互评得分（20%）	任课教师评价得分（30%）	企业导师评价得分（30%）	综合得分
知识点掌握（30分）	熟练掌握违章的处理规定					
技能点运用（40分）	熟练计算票价					
职业素养（30分）	具备敬业爱岗工作作风					
综合评价						

学生反思

思考总结	
心得分享	

任务2　路用品的携带与运送	编号	XM7-2
	岗位	铁路客运员、列车员
	技能点	运用路用品的携带与免费运送的规定解决问题

任务引入

某市政府近期开展一项大型民生工程，涉及多部门协同。项目推进中，大量公文需传递。用邮寄怕延误，传真又缺原件效力。

请思考：

车递公文能否担此重任？哪些文件适用于车递？

知识链接

7.2.1　车递公文

1. 车递公文的范围

（1）车递公文的范围，主要包括铁路系统各单位为处理公务而形成的文件及记载文件资料的光盘等载体。

(2)根据铁路行业的特殊性质,下列物品可比照车递公文办理:

①票据、款袋。

②国际联运清算单、财务会计账单和凭证。

③车递文件和物品使用的回空容器。

④证件、奖状、锦旗。

⑤自办发行的《人民铁道》报及各铁路局集团公司的局报、内部期刊。

(3)任何单位和个人不得擅自扩大车递公文范围,超出范围车递的,收寄单位或人员应拒绝受理,特殊情况,确需扩大范围的,须报经铁路局集团公司或国铁集团车递公文主管部门批准。

(4)凡按铁路公文车递的均免费运送,但按包裹车递的公文应收取运输杂费。

2. 车递挂号规定

(1)下列物品通过车递公文渠道运送时应当挂号:

①发文单位认为重要的文件。

②国际联运清算单、财务会计账单和凭证。

自办发行的内部报纸、期刊不得挂号。

(2)车递公文挂号应使用专用戳及注明挂号件编号。

①车递公文挂号专用戳。各单位应规范挂号专用戳的刻制和使用管理,不得用单位公章或个人名章代替挂号专用戳;各单位挂号专用戳应在车站车递公文收发室备案,加盖不符合规定的挂号专用戳、单位公章或个人名章的挂号件,收件部门有权拒收。

②车递挂号件编号。车递挂号件编号由使用单位自行制定,但不得单独使用年月日等时间数字作为编号。原则上注明挂号件编号时,应不少于4位阿拉伯数字。

3. 车递物品规格

(1)车递公文数量较多时,须分别包装。每包重量不得超过5 kg,长、宽、高均不超过0.35 m。同一寄送单位发往同一收件单位的物品不得超过4包。

(2)一次发送文件重量超过20 kg或体积超过0.1 m^3的车递物品,应按包裹办理。

按包裹办理的车递物品,发件单位须出具相关证明,在车站行包房办理托运手续,按包裹运送(包裹,每件重量和规格按现行铁路客运规章办理),将证明收回附在小件运单甲联上报,免收运费,但按规定收取运输杂费。包裹到达后,到站应及时通知收件单位领取。

4. 严禁车递物品

下列物品,严禁通过车递公文渠道运送:

(1)国家法律、行政法规禁止寄递的物品。

(2)易燃、易爆、剧毒、放射、传染、强磁等影响铁路安全的危险物品。

(3)对客运设施和作业人员造成危害的物品。

(4)除《人民铁道》报及各铁路局集团公司的局报以外,其他公开发行的报纸、期刊、图书。

(5)路内外单位生产、加工的营利性物品。

(6)涉密文件。

(7)人事档案。

(8)企业广告。

(9)私人物品(含现金、有价证券、药品、私人证件等)。

(10)私人信件(含上访信、举报信等)。

(11)破封款袋或包装严重破损的物品;单包不符、封皮或内件严重破损,或有拆动嫌疑的物品。

(12)其他不宜车递的物品。

涉密文件、人事档案等,应通过机要通信渠道发送。

5. 车递公文流程

车递公文按照以下流程办理:

(1)寄件部门发件。寄件部门按要求对车递公文封装、挂号后送往本单位的收发部门。寄件部门对本单位车递物品适用范围和安全承担主体责任。

(2)寄件单位收寄。寄件单位收发部门对车递公文进行收集验视、分拣打包。按照挂号办理的公文应当填写“铁路公文物品运送单”一式四份,寄件单位留存 1 份,其余 3 份随文件交给发站行李员用于办理交接。

(3)客运车站收寄。客运(车务)车站车递公文收发室对各单位车递公文进行交接、分拣,车站行李员按车次、到站送上行李车,并与列车行李员办理交接。

(4)担当客车运送。列车行李员按到达站先后顺序分拣后与到达、中转站行李员办理交接。

(5)收件车站收发。到站车递公文收发室对从行李车上接收的车递公文进行分拣、投递。

(6)收件单位接收。收件单位公文收发部门到车站车递公文收发室(行李房)领取,与车站办理交接。

车递公文环节各单位应严格落实交接手续,交接应层层办理签收手续,并加盖名章,做到有迹可查。

7.2.2 路用品的携带与免费运送

1. 铁路衡器检修人员用品的携带规定

铁路衡器管理所检修工作人员,持证明到各站检定、修理衡器时,准许随身携带小型配件、调和漆 5 kg 和标准砝码 200 kg。也可凭书面证明免费托运砝码和衡器配件。

2. 中国铁路文工团有限公司到铁路基层单位慰问演出用品的免费运送规定

中国铁路文工团有限公司到铁路基层单位慰问演出,对该团演出用的服装、道具、布景准予免费运输。

3. 中铁快运小型包裹集装箱的空箱运输按路用品办理的规定

中铁快运小型包裹集装箱的空箱运输按路用品办理,运输时,应拆解折叠并成组包装，每组最大重量不得大于 50 kg。

德育天地

源头控制保安全

在快速发展的现代社会，铁路作为国民经济的大动脉，不仅承载着人流的涌动，也肩负着物流运输的重任。铁路旅客携带品，作为铁路运输管理中的一项重要内容，不仅关乎旅客出行的便捷与安全，更是社会文明与法治精神的直接体现。

某次春运高峰期，一列由南向北的列车上，发生了一起因旅客违规携带违禁品引发的紧急事件。一名旅客因不了解铁路禁限携带品规定，私自携带了易燃易爆物品上车，幸而在列车员例行检查时及时发现并妥善处理，避免了可能发生的重大安全事故。

安全是铁路运输永恒的主题。本例中，旅客的疏忽大意险些酿成大祸，再次敲响了安全警钟。每一位旅客都应树立强烈的安全意识，自觉学习并遵守铁路禁限携带品规定，从源头上消除安全隐患。同时，铁路部门也应加强宣传教育，提升旅客的安全防范能力，共同营造一个安全、和谐的乘车环境。

任务布置

为推进铁路某新线路建设项目的顺利开展，位于 A 市的铁路建设指挥部需向位于 B 市的工程设计单位发送一份关键施工图纸的车递公文。该公文涉及重要工程细节，对整个项目进度影响重大，务必保证传递的准确性与安全性。应如何办理车递公文？

任务实施

操作流程	工作任务	
	车递公文办理	实操记录
寄件单位发件	铁路建设指挥部的项目负责人依据车递公文封装标准，将施工图纸放入特制的防水、防火公文袋，并使用专用封条进行密封。填写寄件人、收件人及公文相关信息，送至指挥部内部的收发室	
寄件单位收寄	指挥部收发室工作人员接收车递公文，对公文的封装完整性进行仔细检查	
客运车站收寄	A 市的客运车站车递公文收发室收到来自铁路建设指挥部等多家单位的车递公文，进行交接分拣，车站行李员按车次、到站送上行李车，并与列车行李员办理交接	
担当客车运送	列车行李员按到达站先后顺序分拣后与到达、中转站行李员办理交接	
收件车站收发	到站车递公文收发室对从行李车上接收的车递公文进行分拣、投递	
收件单位接收	收件单位公文收发部门到车站车递公文收发室（行李房）领取与车站办理交接	

任务评价

任务测评	评分标准	本人自评得分（20%）	小组互评得分（20%）	任课教师评价得分（30%）	企业导师评价得分（30%）	综合得分
知识点掌握（30分）	熟练掌握路用品的携带规定					
技能点运用（40分）	熟练运用路用品的规定解决所遇问题					
职业素养（30分）	具有诚实守信的品质					
综合评价						

学生反思

思考总结	
心得分享	

知识拓展

全国铁路通用乘车证

根据国家有关部门工作需要，国铁集团每年制发一批“全国铁路通用乘车证”，为进一步规范其使用和管理，有关事项规定如下：

“全国铁路通用乘车证”为有价凭证，其费用已由国铁集团和使用单位统一结清。持证可乘坐除国际列车、联运车厢以外普速列车所有座席、卧铺及动车组列车二等座。

“全国铁路通用乘车证”为不记名式，由国铁集团统一制发，加盖国铁集团印章，使用时必须同时出示使用者本人工作证方为有效。

持“全国铁路通用乘车证”签证时，车站在有能力的情况下，应优先予以安排。持“全国铁路通用乘车证”直接进站、乘车时，各车站、列车应尽力提供必要的方便。

巩固提升

1. 铁路乘车证分类如何？
2. 违章使用铁路乘车证如何处理？
3. 挂号车递公文的范围有哪些？
4. 超范围车递物品如何处理？
5. 铁路衡器检修人员用品的携带有何规定？

项目8 铁路国际旅客联运

项目导读

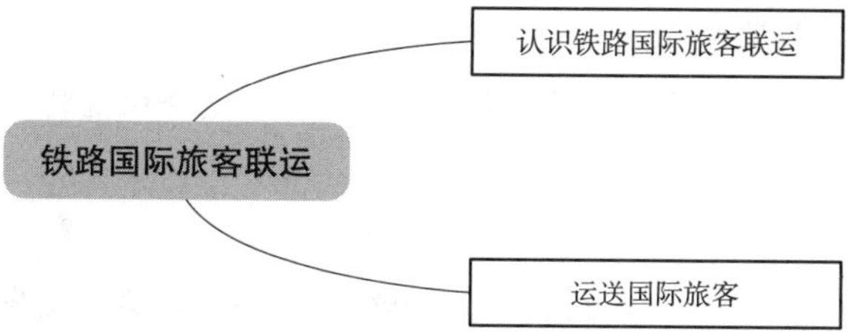

学习目标

1. 知识目标

(1)了解国际联运的概念及联运站分布。

(2)认识国际联运旅客乘车票据。

(3)掌握国际联运旅客运送条件。

2. 技能目标

(1)会填写国际联运旅客乘车票据。

(2)会计算国际联运运送费用。

3. 素养目标

(1)培养严谨认真的职业精神。

(2)树立牢记使命、热情服务的意识。

(3)树立坚定祖国利益至上的爱国信念。

学习工具

中国铁路国际旅客联运站示意图、国际列车时刻表、乘车票据样张。

<table>
<tr><td rowspan="3">任务 1　认识铁路国际旅客联运</td><td>编号</td><td>XM8-1</td></tr>
<tr><td>岗位</td><td>列车员、铁路售票员</td></tr>
<tr><td>技能点</td><td>查找国际列车,查找我国铁路旅客联运站</td></tr>
</table>

任务引入

1. 我国铁路国际旅客联运站

王某购买了一张由北京站—乌兰巴托站的车票,中途会经过哪些车站?这些车站与普通车站有什么区别?

2. 国际旅客列车

铁路爱好者谭某想乘坐列车出国旅行,领略"一带一路"共建国家风土人情。他可以乘坐哪些列车?去哪些国家游玩?

知识链接

铁路国际旅客联运是指发、到站不在同一国内的旅客、行李和包裹铁路运输,包括海铁联运。随着经济全球化的深入发展,我国与世界各国之间的联系日益紧密,掌握铁路国际旅客联运内容显得尤为重要。本任务所述的国际旅客联运,系指我国同其他国家铁路间办理的旅客、行李和包裹运输。

8.1.1　参加国际联运的国家

在两个或两个以上国家铁路全程运送中,使用一份票据并以连带责任办理的运送,称为国际铁路联运。国际铁路联运分为旅客运输和货物运输两大类。

参加《国际旅客联动协定》(以下简称《国际客协》)的国家有阿塞拜疆共和国、阿富汗伊斯兰共和国、阿尔巴尼亚共和国、白俄罗斯共和国、保加利亚共和国、越南社会主义共和国、格鲁吉亚、哈萨克斯坦共和国、中华人民共和国、朝鲜民主主义人民共和国、吉尔吉斯共和国、拉脱维亚共和国、立陶宛共和国、摩尔多瓦共和国、蒙古国、波兰共和国、俄罗斯联邦、斯洛伐克共和国、塔吉克斯坦共和国、土库曼斯坦、乌兹别克斯坦共和国、乌克兰、捷克共和国、爱沙尼亚共和国。

8.1.2　我国铁路的旅客联运站

《国际客运运价规程》(以下简称《国际客价》)中规定的办理旅客联运的车站称之为联运站。我国铁路现有 32 个旅客联运站:北京、北京西、天津、衡阳、长沙、汉口、郑州、呼和浩特、集宁南、二连、沈阳、长春、丹东、哈尔滨、牡丹江、满洲里、绥芬河、桂林北、南宁、崇左、凭祥、乌鲁木齐、乌鲁木齐南、霍尔果斯、阿拉山口、昆明北、河口、山海关、开远、宜良、山腰、昂昂溪。我国铁路国际旅客联运站示意图如图 8-1 所示。

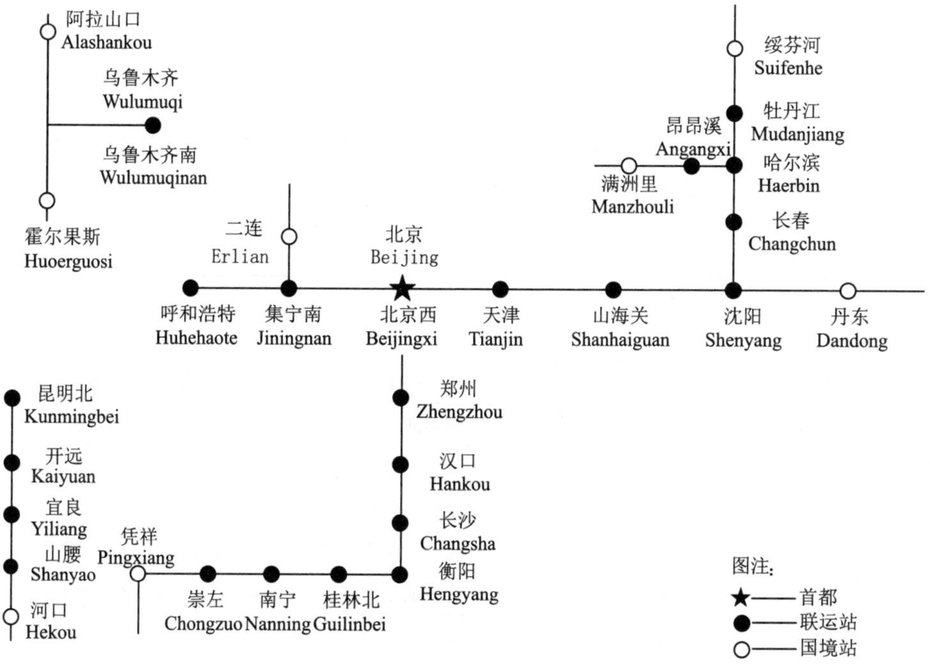

图 8-1 我国铁路国际旅客联运站

8.1.3 国境站及国际列车

国与国之间邻接的车站称为国境站,我国现有国际旅客联运的国境站见表 8-1。

表 8-1 国际旅客联运的国境站站名表

路别	车站名称
中铁 朝铁	丹东(Dandong)
	新义州(Sinuiju)
中铁	凭祥(Pingxiang)
	河口(Hekou)
越铁	同登(Dongdang)
	老街(Laocai)
中铁 蒙铁	二连(Erlian)
	扎门乌德(Zamiin - Uud)
中铁	满洲里(Manzhouli)
	绥芬河(Suifenhe)
俄铁	后贝加尔(Zabaikalsk)
	格罗迭科沃(Grodekovo)

续上表

路别	车站名称
中铁	阿拉山口(Alashankou)
	霍尔果斯(Huoerguosi)
哈铁	多斯特克(Dostyk)
	阿腾科里(Altynkol)

我国铁路与其他国家铁路间现有部分国际旅客列车见表8-2。

表8-2　我国部分国际旅客列车

路别	车次	开行频次	运行区间
中、蒙、俄	K3/4	每周一个往返	北京—乌兰巴托—莫斯科
中、俄	K19/20	每周一个往返	北京—莫斯科
中、俄	653/654	每周两个往返	满洲里—赤塔
中、俄	402/401	每日一个往返	绥芬河—格罗迭科沃
中、蒙	K23/24	每周一个往返	北京—乌兰巴托
中、蒙	4653/4652/33/34/681/682	每周两个往返	呼和浩特(二连)—乌兰巴托
中、蒙	685/686/21/22	每周两个往返	二连—乌兰巴托
中、朝	K27/28	每周四个往返	北京—平壤
中、朝	95/85	每日一个往返	丹东—平壤
中、越	Z5/6	每周两个往返	北京西—河内
中、越	T8701/8702	每日一个往返	南宁—河内
中、哈	K9795/9796	每周一个往返	乌鲁木齐—阿拉木图
中、哈	K9797/9798	每周一个往返	乌鲁木齐—阿拉木图/努尔苏丹

德育天地

穿行亚欧大陆的中华第一车——K3/4次国际旅客列车

K3/4次列车，是我国铁路的一趟国际联运快速列车，由北京站发出经乌兰巴托终到莫斯科站，于1959年6月4日正式开行，现由北京客运段国际联运车队负责客运任务。该次列车运行横贯亚欧大陆，途经中国、蒙古国、俄罗斯三国，全程7 692 km，往返运行需13 d，是我国铁路开行里程最长的旅客列车，被赞誉为“中华第一车”。

六十多年风雨历程，几代联运人秉承“思想过硬、纪律严明、热诚服务、旅客至上”的建队宗旨，为“国内精品、国际一流”付出不懈努力，不仅创造了良好的经济效益，同时也收到了较好的社会效益。

如今，联运车队紧跟时代变化的要求，不断变换服务方式、更新服务理念，推出特色服务，以“祖国利益高于一切、牢记使命不辱国威、热情服务四海宾朋、笑颜面对一切困苦”的队魂，逐渐形成一支具有深厚文化底蕴的新型旅客服务队伍。

任务布置

家住太原的小李想乘坐铁路列车前往莫斯科探亲，请帮助小李做好路线规划。

任务实施

操作流程	工作任务		
	确定国际旅客联运径路		实操记录
查找国际列车	铁路售票员	中俄间开行列车车次有K3/K4、K19/K20	
查找附近联运站	铁路售票员	郑州、呼和浩特、北京、北京西、天津	
确定最短径路	铁路售票员	太原—北京—乌兰巴托—莫斯科	

任务评价

任务测评	评分标准	本人自评得分（20%）	小组互评得分（20%）	任课教师评价得分（30%）	企业导师评价得分（30%）	综合得分
知识点掌握（30分）	能够复述国际联运、国境站、国际列车概念					
技能点运用（40分）	会查找我国铁路国际旅客联运站					
职业素养（30分）	具有热情服务的意识和祖国利益至上的爱国信念					
综合评价						

学生反思

思考总结	
心得分享	

任务2　运送国际旅客	编号	XM8-2
	岗位	列车员、铁路售票员
	技能点	会填写乘车票据

任务引入

1. 儿童乘车条件

中老铁路开通后，大幅缩短了沿线城市间时空距离，成为两国民众出行首选。住在昆明的张先生一家即准备乘坐列车前往老挝首都万象旅行。他携带了3周岁和10周岁儿童各一名,其中10周岁儿童单独使用卧铺。应如何发售车票?

2. 携带品

K3次列车(北京—莫斯科)上发现一成人旅客李某携带背包一件10 kg,手提包一件8 kg,行李箱一件20 kg。其携带物品是否超重?若超重,K3次列车应如何处理?

知识链接

8.2.1 国际联运旅客乘车票据

《国际客协》所规定的乘车票据是指证明旅客运输合同的票据,由客票、卧铺票和补加费收据组成。

乘车票据用承运人所在国文字和(或)英文、中文、德文、俄文之一填制。可用规定样式的空白票据办理,也可用电子方式办理,对旅客乘车具有同等法律效力。旅客凭电子乘车票据上车时,应核对其身份证件信息,如信息不符,则不允许乘车。对丢失和损毁的乘车票据不予补办,已付款额不予退还。

1. 客票

客票是证明缔结国际联运旅客运输合同的运送票据,赋予乘坐相应等级车厢的权利。

客票上应记载下列主要事项:

(1)发站和到站名称。

(2)印制的客票号码。

(3)径路。

(4)车厢等级。

(5)人数。

(6)客票票价。

(7)客票有效期(用电子方法办理的客票上)。

(8)客票发售日期。

(9)发售客票的铁路名称。

除此之外,也可在客票上注明其他信息,包括与其身份证件相符的旅客个人信息。

2. 卧铺票

旅客乘坐卧车、座卧车及规定预留席位的座席车时,除客票外,还应有占用相应铺位的卧铺票。

卧铺票应记载下列主要事项:

(1)承运人代号。

(2)发站和到站名称。

(3)运输合同规定的运行经路。

(4)发车日期和时分、车次、车厢号和铺位号。

(5)车厢等级和铺位种类。

(6)人数。

(7)卧铺票票价。

(8)卧铺票发售日期和地点。

(9)客车经营人代号。

在有空闲铺位的条件下,旅客(团体旅客)在客票有效期内有权将已办理的卧铺票更换成同一经路的新卧铺票,但应不迟于卧铺票所载列车开车6 h 前向售票点提出乘车票据,应不迟于卧铺票所载列车开车 5 d 前(立陶宛共和国和爱沙尼亚共和国的承运人为 1 d)向售票点提出团体乘车票据。

对乘坐卧车和座卧车的旅客提供卧具,每套卧具使用 5 d。全套卧具使用费包含在卧铺票价中。

3. 补加费收据

补加费收据是指当运输合同条件变更时开具的乘车票据。如变更径路、等级,以及同一径路上分乘不同等级车厢等。

8.2.2 国际联运旅客运送条件

1. 乘车票据的有效期

客票有效期为 2 个月,自发售日起算,以客票上注明之日为准。如有卧铺票或客票上有针孔(戳记)的,自发送旅客当日起算。截止日期为有效期最后一日的 24:00。有卧铺票或针孔(戳记)的,根据所载的旅客到站日期和时间的信息。

如旅客由于不得已的原因不能在客票规定的有效期内结束乘车,在客票有效期终了前,并提出有关证明文件的条件下,有权向铁路提出延长有效期。一张客票有效期延长不得超过 2 次,每次延长不得超过 2 个月。铁路接到旅客延长客票有效期请求,在认可必须延长的理由正当后,应予延长客票有效期。

2. 变更席别和径路

(1)变更席别。

由于铁路责任(如发售重号等)不能给旅客提供符合票面等级的席位时,旅客可拒绝乘车或占用该列车其他车厢的席位。在有空闲席位的情况下,须向旅客提供其他车厢的席位。在提供较高等级和种类车厢中的席位时,不核收客票和卧铺票的票价差额。在提供较低等级和种类车厢中的席位时,按照规定退还票价差额。

如列车中不能为旅客提供席位,则承运人须将旅客安置到按同一径路或其他径路开往同一到站的另一列车,而不核收票价差额,并协助旅客尽可能及时抵达到站。

(2)变更径路。

旅客有权在乘车开始前或在运行途中变更乘车径路。

如变更乘车径路,旅客应向铁路售票窗口或售票处提出乘车票据,必要时,还应补交乘车费用。

如因运送过程参加者的过错旅客未赶上乘车票据所载列车,以及列车全程或部分区段停运,而旅客仍希望继续乘车时,则在有空闲席位时,承运人应将旅客及其行李随同最近一次列车发送至到站,并根据规定向旅客提供席位。

3. 儿童乘车条件

(1)未满 4 周岁的儿童不单独占用席位时,每名成人旅客可免费携带 1 名;超过 1 名时,其他儿童应购买儿童客票。单独占用席位时,每名儿童均应购买儿童客票;单独占用卧铺时,还应购买卧铺票。

(2)年满 4 周岁但不超过 12 周岁的儿童不论是否单独占用席位,每名儿童均应购买儿童客票;单独占用卧铺时,还应购买卧铺票。

(3)12 周岁以上儿童乘车条件与成人相同。

儿童年龄以乘车开始之日护照所载为准。

4. 活动受限人士的运送

承运人应以最便于活动受限人士获知的形式提供相关信息,如能提供哪些服务,完成乘车及进入铁路车站、旅客站台和车厢的可能性。

承运人在有可能的情况下,应保证活动受限人士进入铁路车站、旅客站台和车厢。这些服务不收取额外费用。

如活动受限人士在进入铁路车站、旅客站台和车厢时需要帮助,应不晚于乘车 48 h 前将自己乘车的意愿告知承运人。如有必要使用用于运送活动受限人士的专用车厢,则递交申请的期限由提供该服务的承运人规定。如未遵守该条件,承运人应采取一切可能的措施组织活动受限人士的运送。

活动受限人士有权免费随行运送超出携带品规定标准的辅助其行动的必要设备。

5. 中途下车

如护照和行政当局的规定许可,旅客有权在客票有效期内在中途站下车,不限次数和时间,但中途下车不延长客票的有效期,并应在列车到达时起 3 h 内,向车站提出乘车票据,以便做关于中途下车的记载。

旅客在客票有效期内向售票处提出客票并办理手续后可再继续乘车。继续乘车时,旅客须根据适用的运价规程购买卧铺票。如旅客从未列入适用的运价规程的车站继续乘车,则应自列入运价规程的前一站起支付卧铺费。

6. 携带品

在不违反国境联检部门规定的前提下,旅客可以携带随身物品乘坐国际旅客列车和直通客车。免费运送携带品的总重量,成人旅客每人不得超过 36 kg,未满 12 周岁的儿童每人不得超过15 kg。有儿童乘车时，属于儿童的一辆童车可以携带上车，且不计算在重量标准内。在外交信使占用的单独包房内，允许携带200 kg以内的外交邮件和行李。在这种情况下，应按包房内的铺位数支付乘车票价。同时，超过免费运送携带品标准的外交邮件，应按适用的运价规程规定的费率支付行李运费，并作为手提行李办理。

国际联运车厢内，旅客有权使用专门的容器随身携带动物（狗、猫、鸟），且将其放在专门放置携带品的位置，而无须购买包房内所有席位。戴嘴套和狗襻的狗，可不装入专门容器运送。此类狗应由旅客占用包房式车厢的单独包房运送（一个包房内不得超过两只），以及在承运人同意的情况下占用更高等级的车厢包房运送。为此，旅客须按全价支付包房内未占用席位的乘车票据费。如果铁路不能为运送狗提供单独包房，则不准运送。

运送导盲犬可不戴嘴套，但应用短狗襻，且无须购买包房内所有席位。

可根据适用的运价规程核收运送动物的费用。

旅客应看管好自己的随身携带品和动物。携带动物时，旅客应随时清扫车厢，并对因所携带动物造成的破坏和污染负完全责任。

为确保国际旅客列车的安全，下列物品禁止携带上车：

（1）能损坏或弄脏车厢，给其他旅客或其携带品带来损害的物品。

（2）易燃品、易起火品、自燃品、爆炸品、放射性、腐蚀性和毒害性物质。

（3）装有弹药的武器。

（4）能造成感染或具有恶臭气味的物品。

（5）海关和其他规定禁止运送的物品。

（6）长、宽、高相加超过200 cm的大件物品。

如承运人有理由认为旅客违反上述规定（第5条除外），则有权在旅客在场时检查携带品内容。

7. 乘车票据的查验

旅客应依照车厢乘务人员或有关检查机关代表的要求出示乘车票据。当乘车票据上载有旅客的个人信息时，旅客还应出示其身份证件，凭优惠乘车票据乘车的旅客，还应出示证明其有权享受优惠的文件。

在国际联运卧车和座卧车内，旅客的所有乘车票据均应在发车后交给列车员，在旅客乘车期间由列车员保管。

旅客如不能出示有效车票，或不能同时出示证明其有权享受优惠的证件原件时，应承担相应责任。

德育天地

合作共赢筑梦丝路，中老铁路国际黄金大通道作用凸显

作为“一带一路”、中老友谊标志性工程，中老铁路是名副其实的国际黄金大通道。

中老铁路北起中国昆明，南至老挝万象，全长1 035 km。自2021年12月正式通车以来，以便捷的运输优势，丰富多彩的民族文化和沿途美景美食的吸引力，迅速成为连接中国和东南亚的黄金线路。不仅实现了客货运量的快速增长，更在提升运输服务品质、促进经贸发展等方面取得了显著成效。截至2024年9月30日，中老铁路累计开行旅客列车5.87万列，吸引了来自全球101个国家和地区的28.2万余名旅客前来体验，发送国内外旅客数量突破4 000万人次，不仅见证了中老两国之间的深厚友谊和紧密合作，更为区域经济一体化和“一带一路”倡议的推进注入了强大动力。这条国际黄金大通道，正以其独特的优势和潜力，书写着跨国铁路合作的新篇章。

任务布置

大二学生小王趁假期乘坐南宁始发至越南河内(嘉林)的T8701次卧车从南宁经凭祥至嘉林游玩。请根据规定向小王发售乘车票据。

任务实施

操作流程	工作任务		
	填写乘车票据		实操记录
填写册页票本票皮	铁路售票员	有效期将“4个月”对角叉线划销；票价总额填写“215.00”元；售票处日期戳方格内加盖本售票日期戳	
填写册页客票	铁路售票员	旅客人数“1(壹)”；往程自“南宁”至“嘉林”，将“2等”对角叉线划销；经由“凭祥”；一名旅客客票票价“27.88”；客票票价总额瑞士法郎“27.88”，“￥190.00”元；售票处日期戳方格内加盖本售票日期戳	
填写卧铺票	铁路售票员	客票号直接抄写；供“1”人乘车用；自“南宁”至“嘉林”经由“凭祥”；发车日期、发车时间、车次、车厢、席位按实际情况填写；所属铁路“KZD”；等级和种类“1/4”；一名旅客卧铺费“3.65”瑞士法郎；卧铺费总额“3.65”瑞士法郎，手续费一栏对角叉线划销；发售国货币(人民币)“￥25.00”元，手续费一栏对角叉线划销；卧铺票上加盖发售处所的戳记、注明日期	

任务评价

任务测评	评分标准	本人自评得分(20%)	小组互评得分(20%)	任课教师评价得分(30%)	企业导师评价得分(30%)	综合得分
知识点掌握(30分)	列举并区分乘车票据种类					

续上表

任务测评	评分标准	本人自评得分（20%）	小组互评得分（20%）	任课教师评价得分（30%）	企业导师评价得分（30%）	综合得分
技能点运用（40分）	正确填写乘车票据					
职业素养（30分）	具有严谨认真的职业精神					
综合评价						

学生反思

思考总结	
心得分享	

知识拓展

国际铁路旅客联运运送费用

1. 客票票价

计算国际联运客票票价时，先根据旅客要求的乘车径路，在《国际客价》里程表中查出经由的每一国家铁路里程，按照旅客提出的车厢等级和席位种类，再根据《国际客价》客票基础票价表费率并考虑系数，分别按每一铁路的运送里程分段进行计算，然后加总。多名旅客乘车时，乘以旅客人数。旅客享受减成时，扣除减成数额。

计算使用减成和优惠的客票票价时，单独对每一国家境内，按数学规则精确到小数点后一位进整，即票价 0.05 以下进整为 0.0，大于等于 0.05 进整为 0.1。

2. 卧铺费

旅客乘坐卧铺车时应购买卧铺票，卧铺费系根据《国际客价》卧车卧铺票基础票价表费率并考虑系数，按每一个换乘区段总运送里程计算。

3. 行李运费

计算国际联运行李运费时，先根据发送人提出的径路和到站，在《国际客价》里程表中查出经由的每一国家铁路里程，然后从各国铁路公布的行李运费表中查出相应里程下每 1 kg 行李的运费，再乘以该批行李公斤数，最后将各国铁路段运费加总。

4. 声明价格费

声明价格的费用以运价货币计算，记入运送票据内，然后再折算为发送国货币向发送人核收。

声明价格费对经由的每一国家铁路分段计算。因此在计算声明价格费时，首先要确定经由的每一国家铁路里程。声明价格不足 150 瑞士法郎时，可以根据每一国家铁路的运送里程直接在声明价格费率表中查找;超过 150 瑞士法郎时,将一定里程下声明价格为 150 瑞士法郎的费率,乘以声明价格款额所包含的 150 瑞士法郎的倍数,再加上余数的费率。

例如,一名旅客乘软席车(一等)从北京经乌兰巴托至莫斯科,其全程票价计算步骤如下:

(1)旅客乘车径路为北京—二连—乌兰巴托—苏赫巴托—莫斯科。

(2)从里程表中查出里程为

中国铁路(中国铁路里程表第二部分,二连国境线项下)北京—二连/扎门乌德国境线 847 km;

蒙古国铁路(蒙古国铁路里程表第一部分,俄罗斯同中华人民共和国之间)扎门乌德/二连国境线—苏赫巴托/纳乌什基国境线 1 110 km;

俄罗斯铁路(俄罗斯铁路里程表第二部分,纳乌什基国境线项下)纳乌什基/苏赫巴托国境线—莫斯科 5 910 km。

(3)根据《国际客价》客票基础票价表费率并考虑系数计算出各国铁路段一等车厢客票票价分别为

中国铁路(847 km)$31.75\times3.81=120.9675\approx120.97$(瑞士法郎)

蒙古国铁路(1 110 km)$38.98\times2.52=98.2296\approx98.23$(瑞士法郎)

俄罗斯铁路(5 910 km)$109.69\times4.40=482.2636\approx482.64$(瑞士法郎)

将各国铁路段客票票价加总,算出全程客票票价合计:$120.97+98.23+482.64=701.84$(瑞士法郎)

巩固提升

1. 参加《国际客协》的国家有哪些?
2. 我国铁路的旅客联运站及国境站有哪些?
3. 铁路国际旅客联运乘车票据有哪些?
4. 国际旅客联运票据有效期如何确定?
5. 如何利用《国际客协》《国际客价》查找运价里程及票价?

参 考 文 献

[1] 王淑霞,周毅民.铁路客运组织[M].北京:中国铁道出版社,2016.

[2] 中国铁路总公司.铁路旅客运输服务质量规范[S].北京:中国铁道出版社,2016.

[3] 中国铁路总公司.铁路技术管理规程(普速铁路部分)[S].北京:中国铁道出版社,2014.

[4] 中国铁路总公司.铁路技术管理规程(高速铁路部分)[S].北京:中国铁道出版社,2014.

[5] 中国国家铁路集团有限公司客运部.铁路客运运价里程表[S].北京:中国铁道出版社有限公司,2021.

[6] 王立华,赵珍祥.铁路客运组织[M].上海:上海交通大学出版社,2018.

[7] 韩莹.铁路客运组织[M].上海:上海交通大学出版社,2019.

[8] 纪书景,张进奎.铁路客运组织[M].上海:上海交通大学出版社,2018.

[9] 殷敏,李培锁.铁路客运组织[M].上海:上海交通大学出版社,2018.

[10] 佟立本.铁道概论[M].7版.北京:中国铁道出版社,2016.

[11] 胡小敏.铁路客运组织[M].成都:西南交通大学出版社,2019.

[12] 彭进.铁路客运组织[M].3版.北京:中国铁道出版社,2015.

[13] 李卫红,徐琳.铁路客运组织[M].北京:人民交通出版社,2018.

[14] 苏培.铁路客运安全与应急[M].北京:人民交通出版社股份有限公司,2020.

[15] 裴瑞江.铁路客运安全应急与路风[M].北京:中国铁道出版社,2018.

[16] 兰云飞.铁路客运规章应用实务[M].北京:北京交通大学出版社,2017.

[17] 尹小梅.高速铁路客运规章[M].北京:科学出版社,2018.

[18] 冯溪阳,黄艺璇.高铁乘务安全管理与应急处理[M].北京:航空工业出版社,2019.

[19] 国家铁路局.国际旅客联运协定(国际客协)国际旅客联运协定办事细则(国际客协办事细则)[S].北京:中国铁道出版社有限公司,2022.

[20] 中国国家铁路集团有限公司.中国国家铁路集团有限公司铁路旅客运输规程(2024年版)[S].北京:中国铁道出版社有限公司,2024.

[21] 国家铁路局.铁路旅客车票实名制管理办法[S].北京:中国铁道出版社有限公司,2022.

[22] 国家铁路局.铁路旅客运输规程[S].北京:中国铁道出版社有限公司,2022.